机车司机技师、高级技师培训教材

# 铁路机车司机

王小龙　刘　真◎主编
韩　钧◎主审

中国铁道出版社有限公司

2025年·北　京

## 内 容 简 介

本书为机车司机技师、高级技师培训教材。全书以铁路现行规章、规范和岗位作业标准为依据，将机车司机技师、高级技师培训所需的内容进行梳理、归纳，划分为13篇，分别为普速铁路机务行车规章、高速铁路机务行车规章、制动系统、交流传动电力机车牵引传动系统、交流传动内燃机车电传动系统、交流传动内燃机车柴油机技术、牵引理论与列车优化操纵、列车运行监控装置、机车新技术、行车结合部、教学技能、微课设计与开发、行车安全心理学。

本书可作为铁路机车司机技师、高级技师研修培训教材，也可作为铁路机车运用专业其他层次适应性培训的参考书。

**图书在版编目(CIP)数据**

铁路机车司机 / 王小龙，刘真主编. -- 北京 ：中国铁道出版社有限公司，2025. 6. --（机车司机技师、高级技师培训教材）. -- ISBN 978-7-113-32345-5

Ⅰ. U268.48

中国国家版本馆 CIP 数据核字第 2025JF2534 号

**书　　名：铁路机车司机**
**作　　者：** 王小龙　刘　真

**责任编辑：** 亢丽君　　**编辑部电话：**（010）51873205　　**电子邮箱：** 67204751@qq.com
**封面设计：** 郑春鹏
**责任校对：** 刘　畅
**责任印制：** 赵星辰

**出版发行：** 中国铁道出版社有限公司（100054，北京市西城区右安门西街8号）
**网　　址：** https://www.tdpress.com
**印　　刷：** 河北京平诚乾印刷有限公司
**版　　次：** 2025年6月第1版　2025年6月第1次印刷
**开　　本：** 787 mm×1 092 mm 1/16　**印张：** 15.5　**字数：** 368千
**书　　号：** ISBN 978-7-113-32345-5
**定　　价：** 56.00元

# 前　言

为提升广大职工业务素质和岗位技能，拓宽机车司机技师、高级技师专业知识和铁路管理及职工培训知识领域，培养具有扎实理论专业知识，掌握机车前沿技术，具有较强分析能力、较好操作技能的铁路机车运用人才和职工培训人才，特组织编写本书，以期为机车司机技师、高级技师的日常培训学习提供支持。

本书紧密结合机车司机技师、高级技师岗位作业实际，充分依据现行基本规章和作业标准，并结合编者教学和实践经验，以简洁、直观的方式使学习者掌握专业知识及操作技能。全书共分13篇，对应了机车司机技师、高级技师培训中需掌握的必备知识篇目，分别是普速铁路机务行车规章、高速铁路机务行车规章、制动系统、交流传动电力机车牵引传动系统、交流传动内燃机车电传动系统、交流传动内燃机车柴油机技术、牵引理论与列车优化操纵、列车运行监控装置、机车新技术、行车结合部、教学技能、微课设计与开发、行车安全心理学。本书各篇章相对独立又紧紧围绕机车运用工作，使整体内容分布更加清晰与紧凑。

本书由宝鸡铁路技师学院王小龙、刘真任主编，宝鸡铁路技师学院霍小刚、李睿博任副主编，中国国家铁路集团有限公司劳动和卫生部职工培训处韩钧任主审。宝鸡铁路技师学院李海强、乔军华、张睿、吕博、刘开创、何亚龙、王林洁、李毅、岳常瑞、赵文斌、何燕、陈丽媛、李瑜、刘睿参与编写。具体编写分工如下：第一篇由李海强编写；第二篇由乔军华编写；第三篇由张睿、吕博编写；第四篇由李睿博、刘开创编写；第五篇由霍小刚、王小龙编写；第六篇由何亚龙、王林洁编写；第七篇由李毅、岳常瑞编写；第八篇由刘真、赵文斌编写；第九篇由何燕、陈丽媛编写；第十篇由乔军华、王小龙编写；第十一篇由张睿编写；第十二篇由李瑜编写；第十三篇由刘睿编写。

本书在编写过程中得到了中国国家铁路集团有限公司劳动和卫生部，各铁路局集团公司职教部、机务部的大力支持和帮助，在此表示衷心的感谢。

由于编者水平有限，书中难免有疏漏和不妥之处，恳请广大读者批评指正。

编　者

2025年4月

# 目　录

## 第一篇　普速铁路机务行车规章



## 第二篇　高速铁路机务行车规章

## 第三篇　制动系统



## 第四篇　交流传动电力机车牵引传动系统



## 第五篇　交流传动内燃机车电传动系统

## 第六篇 交流传动内燃机车柴油机技术



## 第七篇 牵引理论与列车优化操纵

## 第八篇　列车运行监控装置



## 第九篇　机车新技术



## 第十篇　行车结合部

## 第十一篇　教学技能



## 第十二篇　微课设计与开发



## 第十三篇　行车安全心理学

# 第一篇
# 普速铁路机务行车规章

本篇聚焦普速铁路机务行车规章，深入且系统地讲解相关关键知识。从铁路行车信号入手，详细阐述固定信号和移动信号的设置及作用；在行车闭塞部分，对各类闭塞法，包括电话闭塞，以及一切电话中断时的行车方法进行剖析；列车运行板块内容丰富，从列车运行的一般要求，到列车在区间被迫停车、分部运行、退行等特殊情况的处理，以及列车运行中应急处理办法和救援列车、路用列车的开行规定等均有涉及，帮助学员全方位熟悉列车运行的各种场景与应对策略，提升实际操作和应急处置能力，为铁路安全高效行车奠定坚实基础。

# 第一章　铁路行车信号

## 一、进站信号机

车站必须设进站信号机。进站信号机应设在距进站最外方道岔尖轨尖端(顺向为警冲标)不小于 50 m 的地点(图 1-1-1),因调车作业或制动距离需要延长时,一般不超过 400 m。

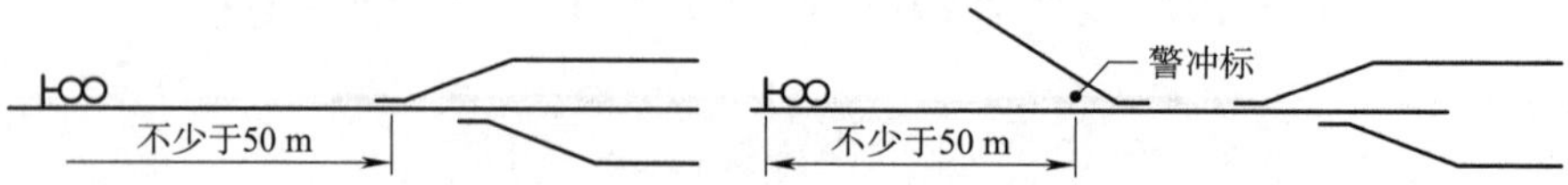


图 1-1-1　进站信号机设置位置

双线自动闭塞区间反方向进站信号机前方应设置预告标。

## 二、出站信号机

在车站的正线和到发线上,应设出站信号机。出站信号机应设在每一发车线的警冲标内方(对向道岔为尖轨尖端外方)适当地点,如图 1-1-2 所示。

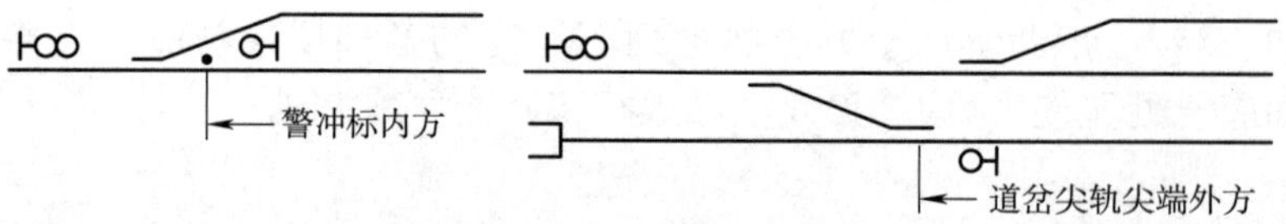


图 1-1-2　出站信号机设置位置

在调车场的编发线上,必要时可设线群出站信号机。

## 三、通过信号机

通过信号机应设在闭塞分区或所间区间的分界处。自动闭塞区段的通过信号机不应设在停车后可能脱钩、牵引供电分相的处所,也不宜设在起动困难的地点。

自动闭塞区段信号机设置位置和显示关系应根据列车牵引计算确定,并应满足列车运行速度规定的制动距离和线路通过能力的要求。

在自动闭塞区段内,当货物列车在设于上坡道上的通过信号机前停车后起动困难时,在该信号机上应装设容许信号。在进站信号机前方第一架通过信号机上,不得装设容许信号。

在三显示自动闭塞区段的进站信号机前方第一架通过信号机柱上,应涂三条黑斜线;四显示自动闭塞区段的进站信号机前方第一、第二架通过信号机的机柱上,应分别涂三条、一条黑斜线。

## 四、遮断信号机

有人看守道口设遮断信号机；在有人看守的桥隧建(构)筑物及可能危及行车安全的坍方落石地点，根据需要设遮断信号机。该信号机距防护地点不得小于 50 m。

## 五、移动信号

1. 停车信号(图 1-1-3)

(1)昼间为表面有反光材料的红色方牌。

(2)夜间为柱上红色灯光。

图 1-1-3　停车信号

2. 减速信号

(1)表面有反光材料的黄底黑字圆牌，标明列车限制速度，如图 1-1-4 所示。

(2)带“减速”字样的表面有反光材料的黄底黑字圆牌，标明“减速”两字，如图 1-1-5 所示。

图 1-1-4　减速信号(标明列车限制速度)

图 1-1-5　减速信号(标明“减速”字样)

3. 减速防护地段终端信号

(1)表面有反光材料的绿色圆牌，如图 1-1-6 所示。

(2)在有 10 000 t 或 20 000 t(含 15 000 t)货物列车运行的线路增设的一万吨、两万吨(含一点五万吨)减速防护地段终端信号牌为表面有反光材料的绿底黑“W”字(10 000 t)或黑“L”字(15 000 t 和 20 000 t)圆牌，如图 1-1-7 所示。

图 1-1-6　减速防护地段终端信号

图 1-1-7　万吨、两万吨减速防护地段终端信号

4. 响墩及火炬信号

响墩设置如图 1-1-8 所示，火炬信号设置如图 1-1-9 所示；响墩爆炸声及火炬信号的火光，均要求紧急停车。

图 1-1-8　响墩设置

图 1-1-9　火炬信号设置

# 第二章　行车闭塞

## 第一节　行车闭塞法

### 一、区间及闭塞分区的界限划分

列车运行是以车站、线路所所划分的区间及自动闭塞区间的通过信号机所划分的闭塞分区作间隔。区间及闭塞分区的界限按下列规定划分。

1. 站间区间

(1)在单线上,车站与车站间以进站信号机柱的中心线为车站与区间的分界线,如图 1-2-1 所示。

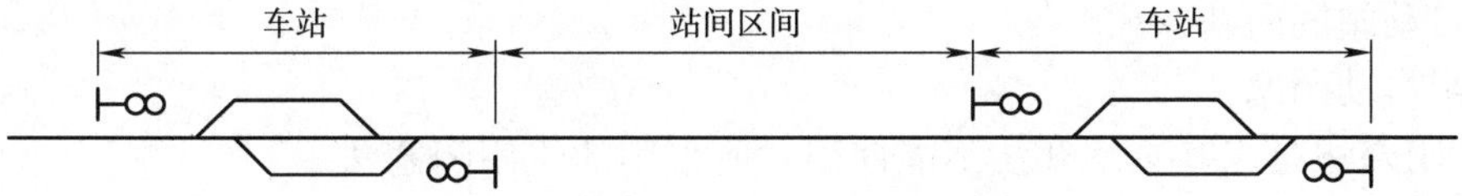


图 1-2-1　单线上车站与区间分界线

(2)在双线或多线上,车站与车站间分别以各该线的进站信号机柱或站界标的中心线为车站与区间的分界线,如图 1-2-2 所示。

图 1-2-2　双线或多线上车站与区间分界线

2. 所间区间

两线路所间或线路所与车站间,以该线上的通过信号机柱的中心线为所间区间的分界线。设有进站信号机的线路所,所间区间的分界方法与站间区间相同,如图 1-2-3 所示。

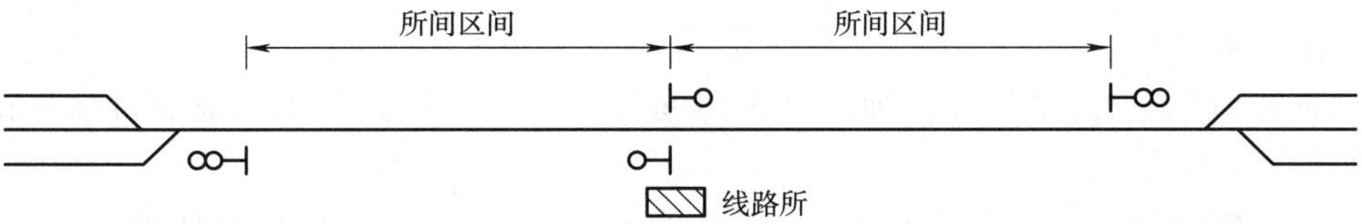


图 1-2-3　所间区间分界线

3. 闭塞分区

自动闭塞区间同方向相邻的两架色灯信号机间，以该线上的通过信号机柱的中心线为闭塞分区的分界线，如图 1-2-4 所示。

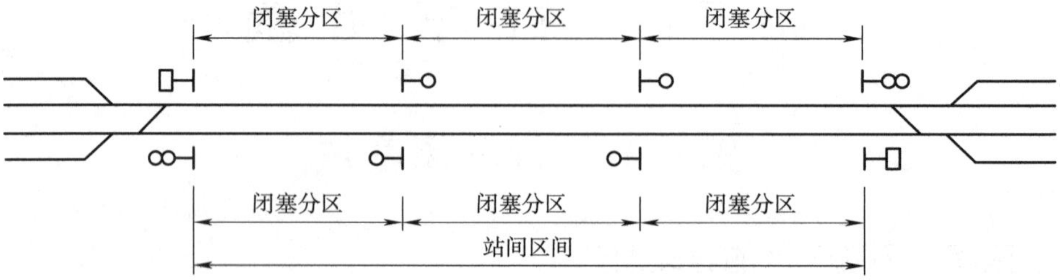


图 1-2-4　闭塞分区分界线

## 二、行车基本闭塞法

车站均须装设基本闭塞设备。行车基本闭塞法采用下列三种：

(1)自动闭塞。

(2)自动站间闭塞。

(3)半自动闭塞。

电话闭塞法是当基本闭塞法不能使用时所采用的代用闭塞法。

原则上不使用隔时续行办法，如必须使用时，由铁路局集团公司(以下简称铁路局)规定。

当基本闭塞法不能使用时，应根据列车调度员的命令采用电话闭塞法行车。遇列车调度电话不通时，闭塞法的变更或恢复，应由该区间两端站的车站值班员确认区间空闲后，直接以电话记录办理。列车调度电话恢复正常时，两端站车站值班员应及时向列车调度员报告。

遇下列情况，应停止使用基本闭塞法，改用电话闭塞法行车。

(1)基本闭塞设备发生故障导致基本闭塞法不能使用、自动闭塞区间内两架及以上通过信号机故障或灯光熄灭时。

(2)无双向闭塞设备的双线区间反方向发车或改按单线行车时。

(3)发出由区间返回的列车，或发出挂有由区间返回后部补机的列车时。

(4)自动站间闭塞、半自动闭塞区间，由未设出站信号机的线路上发车，或超长列车头部越过出站信号机并压上出站方面轨道电路发车时。

(5)在夜间或遇降雾、暴风雨雪，为消除线路故障或执行特殊任务，开行轻型车辆时。

自动站间闭塞设备故障，半自动闭塞设备良好时，可根据调度命令改按半自动闭塞法行车。

1. 自动闭塞

(1)使用自动闭塞法行车时，列车进入闭塞分区的行车凭证为出站或通过信号机显示的允许运行的信号。

自动闭塞区段的车站，办理发车前应向接车站预告；单线自动闭塞区段的车站，还须得到列车调度员的同意(列车调度员已下达列车运行调整计划时除外)。已向接车站预告，但列车不能出发时，发车站须通知接车站取消预告。

（2）自动闭塞区段遇下列情况发车的行车凭证见表 1-2-1。

**表 1-2-1　自动闭塞区段特殊情况行车凭证表**

<table>
<tr><th>列车出发情况</th><th>行车凭证</th><th>发给行车凭证的依据</th><th>附带条件</th></tr>
<tr><td>1. 出站信号机故障时发出列车</td><td rowspan="3">绿色许可证（图 1-2-5）</td><td rowspan="3">1. 监督器表示第一个闭塞分区空闲，不表示时为接到前次列车到达邻站的通知或前次列车发出后不少于 10 min 的时间<br>2. 确认道岔位置正确及进路空闲<br>3. 单线须取得对方站确认区间内无迎面列车的电话记录号码</td><td rowspan="3">从监督器上不能确认第一个闭塞分区空闲时，车站应发给司机书面通知（图 1-2-6），司机以在瞭望距离内能随时停车的速度，最高不超过 20 km/h，运行到第一架通过信号机，按其显示的要求执行</td></tr>
<tr><td>2. 由未设出站信号机的线路上发出列车</td></tr>
<tr><td>3. 超长列车头部越过出站信号机发出列车</td></tr>
<tr><td>4. 发车进路信号机发生故障时发出列车</td><td rowspan="2">绿色许可证</td><td rowspan="2">确认道岔位置正确及进路空闲</td><td rowspan="2">列车到达次一信号机按其显示的要求执行</td></tr>
<tr><td>5. 超长列车头部越过发车进路信号机发出列车</td></tr>
<tr><td>6. 自动闭塞作用良好，监督器故障时发出列车</td><td rowspan="2">出站信号机显示的允许运行的信号</td><td></td><td>与邻站车站值班员及本站信号员联系</td></tr>
<tr><td>7. 双线双向闭塞设备的车站，反方向发出列车</td><td>1. 区间占用表示灯表示区间空闲<br>2. 双线反方向行车的调度命令</td><td>反方向发车进路表示器显示正确（进路表示器故障时通知司机）</td></tr>
</table>

注：在四显示区段，因设备不同，执行上述条款困难的，可按铁路局规定办理。

**许 可 证**

第＿＿＿＿＿＿号

在出站（进路）信号机故障、未设出站信号机、列车头部越过出站（进路）信号机的情况下，准许第＿＿＿＿次列车由＿＿＿＿线上发车。

站（站名印）车站值班员（签名）

年　　月　　日填发

注：1. 绿色纸，复写一式两份，司机一份，存根一份；　　（规格 90 mm×130 mm）

2. 不用的字句抹消。

图 1-2-5　绿色许可证

| 书面通知 |
| --- |
| 第______次司机： |
| 监督器上不能确认第一个闭塞分区空闲，以在瞭望距离内能随时停车的速度，最高不超过 20 km/h，运行至第一架通过信号机，按其显示的要求执行。 |
| 站(站名印)车站值班员(签名) |
| 年　　月　　日填发 |

注：白色纸，复写一式两份，司机一份，存根一份。　　(规格 90 mm×130 mm)

图 1-2-6　书面通知

(3)自动闭塞区间通过信号机显示停车信号(包括显示不明或灯光熄灭)时，列车必须在该信号机前停车，司机应使用列车无线调度通信设备通知车辆乘务员(随车机械师)。停车等候 2 min，该信号机仍未显示允许运行的信号时，即以遇到阻碍能随时停车的速度继续运行，最高不超过 20 km/h，运行到次一通过信号机(进站信号机)，按其显示的要求运行。在停车等候同时，必须与车站值班员、列车调度员联系，如确认前方闭塞分区内有列车时，不得进入。

装有容许信号的通过信号机，显示停车信号时，准许铁路局规定停车后起动困难的货物列车，在该信号机前不停车，按上述速度通过。当容许信号灯光熄灭或容许信号和通过信号机灯光都熄灭时，司机在确认信号机装有容许信号时，仍按上述速度通过该信号机。

装有连续式机车信号的列车，遇通过信号机灯光熄灭，而机车信号显示允许运行的信号时，应按机车信号的显示运行。

司机发现通过信号机故障时，应将故障信号机的号码通知前方站(列车调度员)。车站值班员(列车调度员)发现或得到区间通过信号机故障的报告后，在故障修复前，对尚未进入区间的后续列车，改按站间组织行车。

2. 自动站间闭塞

(1)使用自动站间闭塞法行车时，列车凭出站信号机或线路所通过信号机显示的允许运行的信号进入区间。

(2)自动站间闭塞须与集中联锁设备结合使用，自动检查区间空闲，发车站办理发车进路后即自动构成站间闭塞。列车到达接车站或返回发车站并出清区间后，自动解除闭塞。

(3)发车站在办理发车进路前，须确认区间空闲、接车站未办理同一区间的发车进路，并向接车站预告。发车站已向接车站预告，但列车不能出发时，在取消发车进路后，须通知接车站。

3. 半自动闭塞

(1)使用半自动闭塞法行车时，列车凭出站信号机或线路所通过信号机显示的允许运行的信号进入区间。

开放出站信号机或通过信号机前，双线区段必须得到前次列车到达前方站的到达信号；单线区段必须得到接车站的同意闭塞信号。

发车站办理闭塞手续后，列车不能出发时，应将事由通知接车站，取消闭塞。

(2)半自动闭塞区段，遇超长列车头部越过出站信号机而未压上出站方面的轨道电路发车时，行车凭证为出站信号机显示的允许运行的信号，并发给司机调度命令；遇发车进路信号机故障或超长列车头部越过发车进路信号机发车时，列车越过发车进路信号机的行车凭证为半自动闭塞发车进路通知书(图 1-2-7)。

**半自动闭塞发车进路通知书**

第______号

1. 在列车头部越过发车进路信号机的情况下，准许第______次列车由______线发车。

2. 在______发车进路信号机故障的情况下，准许第______次列车越过该发车进路信号机。

站(站名印)车站值班员(签名)

年　　月　　日填发

注：1. 白色纸，复写一式两份，司机一份，存根一份；　　(规格 90 mm×130 mm)

2. 不用的字句抹消。

图 1-2-7　半自动闭塞发车进路通知书

# 第二节　电话闭塞

使用电话闭塞法行车时，列车占用区间的行车凭证为路票(图 1-2-8)。当挂有由区间返回的后部补机时，另发给补机司机路票副页。

**路　票**

电话记录第　　号

车　次______

**延　安 ➡ 延安北**

延安站(站名印)　　　　编号　1 2 3 4 5 6

注：1. 路票为预先印好区间(即站名)和编号的硬卡片；　　(规格 75 mm×88 mm)

2. 加盖(副)字戳记者，为路票副页。

图 1-2-8　路票

单线或双线反方向发车(正方向首列发车)时,根据《行车日志》查明区间已空闲,并取得接车站承认的电话记录号码,在发车进路准备妥当后,方可填发路票。双线正方向发车(首列除外)时,根据收到的前次发出的列车到达的电话记录号码,在发车进路准备妥当后,即可填发路票。

办理电话闭塞时,下列各项应发出电话记录号码,并记入《行车日志》:

(1)承认闭塞。

(2)列车到达,补机返回。

(3)取消闭塞。

(4)单线或双线反方向越出站界调车。

电话记录号码自每日 0 时起至 24 时止,按日循环编号,编号办法由铁路局规定。

路票应由车站值班员或指定的助理值班员填写。

对于填写的路票,车站值班员应根据《行车日志》的记录,进行认真核对,确认无误,并加盖站名印后,方可送交司机。

双线反方向行车使用路票时,应在路票上加盖"反方向行车"章;两线、多线区间使用路票时,应在路票上加盖"××线行车"章。

# 第三节　一切电话中断时的行车办法

## 一、车站行车室内一切电话中断时的行车凭证

(1)车站行车室内一切电话中断,单线行车按书面联络法,双线行车按时间间隔法,列车进入区间的行车凭证均为红色许可证(图 1-2-9)。

**许　可　证**　　　　第______号

现在一切电话中断,准许第______次列车自______站至______站,本列车前于______时______分发出的第______次列车,邻站到达通知已/未收到。

**通　知　书**

1. 第______次列车到达你站后,准接你站发出的列车。
2. 于______时______分发出第______次列车,并于______时______分再发出第______次列车。

站(站名印)车站值班员(签名)

年　　月　　日填发

注:1. 红色纸,复写一式两份,司机一份,存根一份;　　　　(规格 90 mm×130 mm)
　　2. 不用的字句抹消。

图 1-2-9　红色许可证

(2)在双线自动闭塞区间,如闭塞设备作用良好时,列车运行仍按自动闭塞法行车,但

车站与列车司机应以列车无线调度通信设备直接联系（说明车次及注意事项等）。如列车无线调度通信设备故障时，列车必须在车站停车联系。

## 二、一切电话中断时，禁止发出的列车

（1）在区间内停车工作的列车（救援列车除外）。

（2）开往区间岔线的列车。

（3）须由区间内返回的列车。

（4）挂有须由区间内返回后部补机的列车。

（5）列车无线调度通信设备故障的列车。

在一切电话中断时间内，如有封锁区间抢修施工或开通封锁区间时，由接到请求的车站值班员以书面通知封锁区间的相邻车站。

## 三、不应答站的行车办法

（1）单线区间的车站，经以闭塞电话、列车调度电话或其他电话呼唤 5 min 无人应答时，由列车调度员查明该站及其相邻区间确无列车（包括单机、大型养路机械及重型轨道车）后，可发布调度命令，封锁相邻区间，按封锁区间办法向不应答站发出列车。

（2）该列车应在不应答站的进站信号机外停车，判明不应答原因及准备好进路后，再行进站。司机或车站值班员应将经过情况报告列车调度员。

# 第三章　列车运行

## 第一节　列车运行的一般要求

### 一、列车的概念

(1)列车是指编成的车列并挂有机车及规定的列车标志。动车组列车为自走行固定编组列车。

(2)单机、大型养路机械及重型轨道车,虽未完全具备列车条件,亦应按列车办理。

(3)旅客列车的尾部标志应使用电灯,动车组以外的旅客列车尾部标志灯的摘挂、保管,由车辆部门负责。对中途转向的动车组以外的旅客列车应有备用标志灯,以备转向时使用。

### 二、对动车组以外的列车司机在列车运行中的要求

(1)列车在出发前输入监控装置有关数据;按规定对列车自动制动机进行试验,在制动保压状态下列车制动主管的压力 1 min 内漏泄不得超过 20 kPa,确认列尾装置作用良好。

装备机车综合无线通信设备的机车,开车前司机要选定机车综合无线通信设备通信模式和运行线路。在 GSM-R 区段运行时,机车综合无线通信设备、GSM-R 手持终端按规定注册列车车次,并确认正确。

(2)遵守列车运行图规定的运行时刻和各项允许及限制速度。彻底瞭望,确认信号,执行呼唤应答制度,严格按信号显示要求行车,确保列车安全正点。遇有信号显示不明或危及行车和人身安全时,应立即采取减速或停车措施。

(3)机车信号、列车无线调度通信设备、列车运行监控装置(轨道车运行控制设备)和列尾装置必须全程运转,严禁擅自关机。

运行途中,遇列尾装置、机车信号、列车运行监控装置(轨道车运行控制设备)发生故障时,司机应立即使用列车无线调度通信设备报告车站值班员或列车调度员,并根据实际情况掌握速度运行;遇机车信号、列车运行监控装置(轨道车运行控制设备)发生故障时,司机应控制列车运行至前方站停车处理或请求更换机车,在自动闭塞区间,列车运行速度不超过 20 km/h;遇列车无线调度通信设备发生故障时,司机应在前方站停车报告。

(4)起动稳,加速快,精心操纵,停车准确,按规定鸣笛,防止列车冲动和断钩。

(5)随时检查机车总风缸、制动主管的压力。检查内燃机车柴油机的润滑油压力、冷却水的温度及其转数等情况。注意电力机车的各种仪表的显示及接触网状态。

(6)在区间内列车停车进行防护、分部运行、装卸作业或使用紧急制动阀停车后再开车时,司机必须检查试验列车制动主管的贯通状态,确认列车完整,具备开车条件后,方可起动列车。

(7)单机、自轮运转特种设备在自动闭塞区间紧急制动停车或被迫停在调谐区内时,司

机须立即通知后续列车司机、向两端站车站值班员(列车调度员)报告停车位置(具备移动条件时司机须先将机车移动不少于 15 m),并在轨道电路调谐区外使用短路铜线短接轨道电路。

(8)等会列车时,不准关闭空气压缩机,并应按规定显示列车标志。

(9)负责货运票据的交接与保管。

(10)将列车运行中发生的问题及使用紧急制动阀的情况,及时报告列车调度员。

## 第二节　列车在区间被迫停车后的规定

### 一、列车在区间被迫停车不能继续运行时的处理

(1)列车在区间被迫停车不能继续运行时,司机应立即使用列车无线调度通信设备通知两端站(列车调度员)及车辆乘务员(随车机械师),报告停车原因和停车位置,根据需要迅速请求救援。需要防护时,列车前方由司机负责,列车后方由车辆乘务员(随车机械师)负责,无车辆乘务员(随车机械师)为列车乘务员负责。配备列车防护报警装置的列车应首先使用列车防护报警装置进行防护。单班单司机值乘的列车防护作业办法由铁路局规定。

(2)如遇自动制动机故障,动车组以外的旅客列车司机应通知车辆乘务员立即组织列车乘务人员拧紧全列人力制动机,以保证就地制动;其他列车司机应立即采取安全措施,并向车站值班员(列车调度员)报告,请求救援。

(3)对已请求救援的列车,不得再行移动,并按规定对列车进行防护。

(4)车站值班员(列车调度员)接到司机通知后,应将区间内列车运行情况通知司机,并立即使用列车无线调度通信设备转告区间内有关列车。在停车原因消除前不得再放行追踪、续行列车。

(5)需组织旅客疏散时,车站值班员得到列车调度员准许后,扣停邻线列车并通知司机,司机通知有关作业人员办理。

### 二、列车被迫停车可能妨碍邻线时的处理

(1)列车被迫停车可能妨碍邻线时,司机应立即用列车无线调度通信设备通知邻线上运行的列车和两端站(列车调度员),并与车辆乘务员(随车机械师)分别在列车的头部和尾部附近邻线上点燃火炬;在自动闭塞区间,还应对邻线来车方向短路轨道电路。配备列车防护报警装置的列车应首先使用列车防护报警装置进行防护。司机应亲自或指派人员沿邻线一侧对列车进行检查,发现妨碍邻线时,应立即派人按规定防护。如发现邻线有列车开来时,应鸣示紧急停车信号。

(2)单班单司机值乘的列车防护作业办法由铁路局规定。

(3)车站值班员(列车调度员)接到列车被迫停车可能妨碍邻线的通知后,应立即通知邻线有关列车停车,在原因消除前不得向邻线放行列车。

### 三、列车在区间被迫停车后的处理

(1)已请求救援时,从救援列车开来方面(不明时,从列车前后两方面),距离列车不小于 300 m 处防护。

(2)一切电话中断后发出的列车(持有红色许可证通知书 1 的列车除外),应于停车后,立即从列车后方按线路最大速度等级规定的列车紧急制动距离位置处防护。

(3)对于邻线上妨碍行车地点,应从两方面按线路最大速度等级规定的列车紧急制动距离位置处防护,如确知列车开来方向时,仅对来车方面防护。

(4)列车分部运行,机车进入区间挂取遗留车辆时,应从车列前方距离不小于 300 m 处防护。防护人员设置的响墩待停车原因消除后可不撤除(运行动车组列车的区段除外)。

## 第三节　列车分部运行及退行的规定

### 一、列车分部运行时的处理

(1)在不得已情况下,列车必须分部运行时,司机应报告前方站(列车调度员),并做好遗留车辆的防溜和防护工作。司机在记明遗留车辆辆数和停留位置后,方可牵引前部车辆运行至前方站。在运行中仍按信号机的显示进行,但在半自动闭塞区间或按电话闭塞法行车时,该列车必须在进站信号机外停车(司机已报告前方站或列车调度员列车为分部运行时除外),将情况通知车站值班员后再进站。车站值班员应立即报告列车调度员封锁区间,待将遗留车辆拉回车站,确认区间空闲后,方可开通区间。

(2)下列情况列车不准分部运行:

①采取措施后可整列运行时。

②对遗留车辆未采取防护、防溜措施时。

③遗留车辆无人看守时。

④司机与车站值班员及列车调度员均联系不上时。

⑤遗留车辆停留在超过 6‰坡度的线路上时。

### 二、列车退行时的处理

(1)在不得已情况下,列车必须退行时,车辆乘务员或随车机械师(无车辆乘务员或随车机械师时为指派的胜任人员)应站在列车尾部注视运行前方,发现危及行车或人身安全时,应立即使用紧急制动阀(紧急制动装置)或使用列车无线调度通信设备通知司机,使列车停车。

列车退行速度,不得超过 15 km/h。未得到后方站(线路所)车站值班员准许,不得退行到车站的最外方预告标或预告信号机(双线区间为邻线预告标或特设的预告标)的内方。

车站接到列车退行的报告后,除立即报告列车调度员外,根据线路占用情况,可开放进站信号机或按引导办法将列车接入站内。

(2)下列情况列车不准退行:

①按自动闭塞法运行时(列车调度员或后方站车站值班员确认该列车至后方站间无列车,并准许时除外)。

②在降雾、暴风雨雪及其他不良条件下,难以辨认信号时。

③一切电话中断后发出的列车(持有红色许可证通知书 1 的列车除外)。

挂有后部补机的列车,除上述情况外,是否准许退行,由铁路局规定。

## 第四节　列车运行中应急处理办法

### 一、天气恶劣，信号机显示距离不足 200 m 时的行车办法

遇天气恶劣，信号机显示距离不足 200 m 时，司机或车站值班员须立即报告列车调度员，列车调度员应及时发布调度命令，改按天气恶劣难以辨认信号的办法行车。

(1)列车按机车信号的显示运行。当接近地面信号机时，司机应确认地面信号，遇地面信号与机车信号显示不一致时，应立即采取减速或停车措施。

(2)当无法辨认出站(进路)信号机显示时，在列车具备发车条件后，司机凭车站值班员列车无线调度通信设备（其语音记录装置须作用良好）的发车通知起动列车，在确认出站(进路)信号机显示正确后，再行加速。

(3)天气转好时，应及时报告列车调度员发布调度命令，恢复正常行车。

### 二、汛期暴风雨行车应急处理

(1)列车通过防洪重点地段时，司机要加强瞭望，并随时采取必要的安全措施。

(2)当洪水漫到路肩时，列车应按规定限速运行；遇有落石、倒树等障碍物危及行车安全时，司机应立即停车，排除障碍并确认安全无误后，方可继续运行。

(3)列车遇到线路塌方、道床冲空等危及行车安全的突发情况时，司机应立即采取应急性安全措施，并立刻通知追踪列车、邻线列车及邻近车站。配备列车防护报警装置的列车应首先使用列车防护报警装置进行防护。

### 三、双管供风旅客列车运行途中发生双管供风设备故障或用单管供风机车救援接续牵引时的处理办法

双管供风旅客列车运行途中发生双管供风设备故障或用单管供风机车救援接续牵引，需改为单管供风时，双管改单管作业应在站内进行。旅客列车在区间发生故障需双管改单管供风时，由车辆乘务员通知司机向列车调度员(车站值班员)提出在前方站停车处理的请求，并通知司机以不超过 120 km/h 速度运行至前方站。列车调度员发布双管改单管供风的调度命令，车辆乘务员根据调度命令在站内将客车风管路改为单管供风状态。旅客列车改为单管供风跨局运行时，由中国国家铁路集团有限公司(以下简称国铁集团)发布调度命令通知有关铁路局，按单管供风办理，直至终到站。

### 四、列车在站内临时停车，待停车原因消除且继续运行时的处理办法

(1)司机主动停车时，自行起动列车。

(2)其他列车乘务人员使用紧急制动阀(紧急制动装置)停车时，由车辆乘务员(随车机械师)通知司机开车。

(3)车站接发车人员使列车在站内临时停车时，由车站按规定发车(动车组列车由车站通知司机开车)。

(4)其他原因的临时停车，车站值班员应组织司机、车辆乘务员(随车机械师)等查明停

车原因，在列车具备运行条件后，由车站按规定发车（动车组列车由车站通知司机开车）。

上述第（1）、（2）、（4）项列车停车后，司机应立即报告车站值班员，并说明停车原因。

### 五、进站、出站、进路及线路所通过信号机发生故障时的处理办法

进站、出站、进路及线路所通过信号机发生故障时，应置于关闭状态，进站信号机及线路所通过信号机发生不能关闭的故障时，应将灯光熄灭或遮住。在将灯光熄灭或遮住，以及信号机灭灯时，于夜间应在信号机柱距钢轨顶面不低于 2 m 处，加挂信号灯，向区间方面显示红色灯光。

### 六、出站信号机发生故障时，对通过列车的处理办法

出站信号机发生故障时，除按规定交递行车凭证外，对通过列车应预告司机，并显示通过手信号。装有进路表示器或发车线路表示器的出站信号机，当该表示器不良时，由办理发车人员通知司机后，列车凭出站信号机的显示出发。

### 七、列车发生火灾、爆炸应急处理

（1）列车发生火灾、爆炸时，须立即停车（停车地点应尽量避开特大桥梁、长大隧道等，选择便于旅客疏散的地点），车站不再向区间放行列车，并通知邻线及后续相关列车停车。电气化区段，现场需停电时，应立即通知供电部门停电。

（2）列车需要分隔甩车时，应根据风向及货物性质等情况而定。一般为先甩下列车后部的未着火车辆，再甩下着火车辆，然后将机后未着火车辆拉至安全地段。

对甩下的车辆，在车站由车站人员负责采取防溜措施；在区间由司机、车辆乘务员负责采取防溜措施。

### 八、列车（动车组列车除外）运行途中发生车辆故障应急处理

（1）发现客车车辆轮轴故障、车体下沉（倾斜）、车辆剧烈振动等危及行车安全的情况时，须立即采取停车措施。由车辆乘务员检查，对抱闸车辆应关闭截断塞门，排除工作风缸和副风缸中的余风，确认安全无误后，方可继续运行；如车轮踏面损坏超过限度或车辆故障不能继续运行时，应甩车处理。

（2）列车调度员接到热轴报告后，应按热轴预报等级要求果断处理。必要时，立即安排停车检查（司机应采用常用制动，列车停车后由车辆乘务员负责检查，无车辆乘务员的由司机确认能否继续安全运行）或就近站甩车处理。

（3）遇客车安全监控系统报警或其他故障需要列车限速运行时，车辆乘务员应使用列车无线调度通信设备通知司机，司机根据要求限速运行并报告车站值班员（列车调度员）。

## 第五节　救援列车及路用列车的开行

### 一、救援列车的开行

（1）车站值班员接到司机或工务、电务、供电等人员的救援请求后，应立即报告列车调

度员。需封锁区间派出救援列车时，列车调度员应向有关车站发布命令封锁区间，并派出救援列车。

(2)向封锁区间发出救援列车时，不办理行车闭塞手续，以列车调度员的命令，作为进入封锁区间的许可。

(3)当列车调度电话不通时，应由接到救援请求的车站值班员根据救援请求办理，救援列车以车站值班员的命令，作为进入封锁区间的许可。

(4)司机接到救援命令后，必须认真确认。命令不清、停车位置不明确时，不准动车。

(5)救援列车进入封锁区间后，在接近被救援列车或车列 2 km 时，要严格控制速度，同时，使用列车无线调度通信设备与请求救援的机车司机进行联系，或以在瞭望距离内能够随时停车的速度运行，最高不得超过 20 km/h，在防护人员处或压上响墩后停车，联系确认，并按要求进行作业。

## 二、遇有施工又必须接发列车的特殊情况时的施工特定行车办法

(1)车站采用固定进路的办法接发列车。施工开始前，车站须将正线进路开通，并对进路上所有道岔按规定加锁(集中联锁良好的道岔可在控制台上进行单独锁闭)。有关道岔密贴的确认及具体的加锁办法，由铁路局规定。

(2)引导接车并正线通过时，准许列车司机凭特定引导手信号的显示，以不超过 60 km/h 速度进站。

(3)准许车站不向司机递交书面行车凭证和调度命令。但车站仍按规定办理行车手续，并使用列车无线调度通信设备(其语音记录装置须作用良好)将行车凭证号码(路票为电话记录号码、绿色许可证为编号)和调度命令号码通知司机，得到司机复诵正确后，方可显示通过手信号。列车凭通过手信号通过车站。

其他具体安全行车办法，由铁路局规定。

## 三、向施工封锁区间开行路用列车时的行车凭证及要求

(1)向施工封锁区间开行路用列车时，列车进入封锁区间的行车凭证为调度命令。该命令中应包括列车车次、停车地点、到达车站的时刻等有关事项，需限速运行时在命令中一并注明。

向施工封锁区间开行路用列车，原则上每端只准进入一列，如超过时，其安全措施及运行办法由铁路局规定。

(2)路用列车应由施工单位指派胜任人员携带列车无线调度通信设备值乘，并在区间协助司机作业。路用列车或施工机械进入施工地段时，应在施工防护人员显示的停车手信号前停车，根据施工负责人的要求，按调车办法，进入指定地点。

(3)列车在区间装卸车时，装卸车负责人应指挥列车停于指定地点。装卸车完毕后，其负责人应负责检查装卸货物的装载、堆码状态，确认限界，清好道沿，关好车门，通知司机开车。

[illegible]

[illegible]

[illegible]

[illegible]

[illegible]

[illegible]

[illegible]

[illegible]

[illegible]

# 第二篇 高速铁路机务行车规章

本篇涵盖了高速铁路机务行车的多个重要方面，深入探讨"高速铁路机务行车规章"，旨在为相关从业人员提供全面且系统的指导。本篇中首先解析了列车运行控制系统（以下简称列控系统）架构及其功能，包括 CTCS-2 级和 CTCS-3 级列控系统架构等内容。在此基础上，对限速管理、集中联锁区段的调车作业与防溜管控、施工与维修时行车的应急处置方案、列车突发状况应急情境下的行车组织、列车设备故障引发的行车组织与保障机制进行讲解。

# 第一章　列控系统架构及其功能

## 第一节　列控系统功能及其控制等级

### 一、列控系统功能

列控系统(train control system)是以技术手段对列车运行方向、运行间隔和运行速度进行控制,使列车能够安全运行并且提高运行效率的系统,在我国铁路领域中,目前主要采用列车自动防护系统。列控系统是随着列车技术的发展及列车与地面信息传输系统发展而发展的轨道交通信号系统,是将先进的控制技术、通信技术、计算机技术与铁路信号技术融为一体的行车指挥、控制、管理自动化系统,它是保证行车安全、提高运输效率的核心。

### 二、高速铁路采用列控系统的必要性

传统的行车方式是司机按照地面信号驾驶列车,司机要正确识别、理解信号并及时正确执行。行车安全由司机保证。铁路沿线设置的闭塞分区长 1.5～2 km,当列车运行速度超过 200 km/h 时,司机每 20 s 就须辨认一次信号,辨识信号的频率和数量增加会使司机疲劳,识别信号的情误概率会显著增加,为防止司机失误影响行车安全,将区间通过信号从简单的“红灯停、绿灯行”转变为速度信号是高速铁路必须采取的措施。为此,需要使车载信号设备把地面传送上来的信号命令直接转变为对列车制动系统的控制,指令由高可靠、高安全的智能设备来保证列车安全运行,实现人控到机控的转变。

2003 年,为满足日益增长的铁路运输需求,参照欧洲列车控制系统(ETCS),结合我国国情,铁道部制定了《中国列车运行控制系统(CTCS)技术规范总则(暂行)》和相应铁路运输安全,以保证我国铁路运输安全,满足长交路运营的需求,适应提速战略的实施。CTCS 就是中国列车运行控制系统(Chinese train control system)的英文缩写。

### 三、我国列控系统的分类

1. 按系统功能分

(1)列车自动防护(ATP)系统。ATP 可对列车运行速度进行实时监督,当列车运行速度超过最大允许速度时,自动控制列车实施常用制动或紧急制动,使列车停在显示禁止信号的信号机或停车标前方。

(2)列车自动控制(ATC)系统。ATC 可根据行车指挥命令、线路参数、列车参数等实时监督列车运行速度,通过控制列车多级常用制动,自动降低列车运行速度,保证行车安全。它是比列车自动防护系统高一级的系统,它可替代司机的部分操作。

2. 按人机设备优先等级分

(1)设备优先的列控系统。设备优先的列控系统在列车速度高于目标速度后立即进行

制动控制，当列车速度低于目标速度后自动缓解，不必司机干预。日本新干线 ATC 采用设备优先控制的方式。

(2)人控优先的列控系统。人控优先的方式只有在列车速度超过安全运行所允许的速度，设备才自动介入实施制动，列车正常运行时设备不干预司机操作。法国 TVM300/430 及德国的 LZB 系统即采用人控优先的方式。

## 四、我国列控系统控制等级划分

根据功能要求和配置将列控系统控制等级分为 0～4 级。

(1)CTCS-0 级的控制模式是目标-距离控制模式，它在既有地面信号设备的基础上，采取大储存的方式把线路数据全部储存在车载设备中，靠逻辑推断地址调取所需的线路数据，结合列车性能计算给出目标-距离控制模式制动曲线。CTCS-0 级适用于列车最高运行速度为 160 km/h 及以下的区段，一般自动闭塞设计仍按固定闭塞方式进行，采用四显示自动闭塞，信号显示具有分级速度控制的概念，其目标-距离控制模式制动曲线可作为参考。

(2)CTCS-1 级由主体机车信号＋加强型运行监控装置组成，面向速度为 160 km/h 及以下的区段，在既有设备基础上强化改造，达到机车信号主体化要求，增加点式设备，实现列车运行安全监控功能、利用轨道电路完成列车占用检测及完整性检查，连续向列车传送控制信息。CTCS-1 级的控制模式为目标-距离控制模式，采取大储存的方式把线路数据全部储存在车载设备中，靠逻辑推断地址调取所需的线路数据，结合列车性能计算给出目标-距离控制模式制动曲线。

(3)CTCS-2 级是基于轨道电路和点式信息设备传输信息的列控系统，面向提速干线和高速新线，适用于各种限速区段，地面可不设通过信号机。CTCS-2 级采用目标-距离控制模式，可根据目标距离、目标速度及列车本身的性能确定列车制动曲线，不设定每个闭塞分区速度等级，采用一次制动方式，CTCS-2 级采取的闭塞方式为准移动闭塞方式，其追踪运行间隔要比固定闭塞小一些。

(4)CTCS-3 级是基于无线通信(GSM-R)的列控系统。轨道电路完成列车占用检测及完整性检查，点式信息设备提供列车用于测距修正的定位基准信息。无线通信系统实现地—车间连续、双向的信息传输，行车许可由地面列控中心产生，通过无线通信系统传送到车上，与 CTCS-2 级一样采用目标-距离控制模式和准移动闭塞方式。由于其实现了地—车间连续、双向的信息传输，所以功能更丰富，实时性更强。

(5)CTCS-4 级是完全基于无线通信(GSM-R)的列控系统。由地面无线闭塞中心(RBC)和车载设备完成列车占用检测及完整性检查，点式信息设备提供列车用于测距修正的定位基准信息。采用目标-距离控制模式，列车按移动闭塞或虚拟闭塞方式运行。虚拟闭塞是准移动闭塞的一种特殊方式，它不设轨道占用检查设备，采取无线定位方式来实现列车定位和占用轨道的检查功能。闭塞分区是以计算机技术虚拟设定的。其追踪运行间隔要比准移动闭塞小一些。

# 第二节　CTCS-2 级、CTCS-3 级列控系统架构

## 一、CTCS-2 级列控系统地面设备及车载设备组成

1. 地面设备组成

CTCS-2 级列控系统地面设备由 ZPW-2000A 型轨道电路、车站电码化、应答器和车站列控中心(包括地面电子单元 LEU)等组成,如图 2-1-1 所示。车站列控中心具备与车站联锁系统、TDCS/CTC、计算机监测等系统的接口。

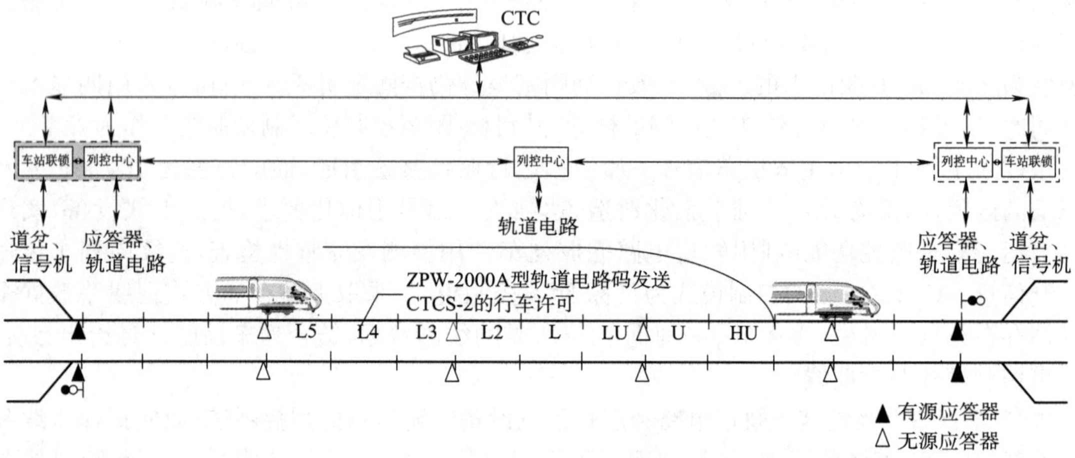


图 2-1-1　CTCS-2 级列控系统地面设备组成

2. 车载设备组成

CTCS-2 级列控系统车载设备由车载安全计算机(EVC)、轨道电路信息接收单元(STM)、应答器信息接收单元(BTM)、制动接口单元(TIU)、记录单元(DRU)、人机界面(DMI)、速度传感器、轨道电路信息接收天线、应答器信息接收天线等组成,如图 2-1-2 所示。

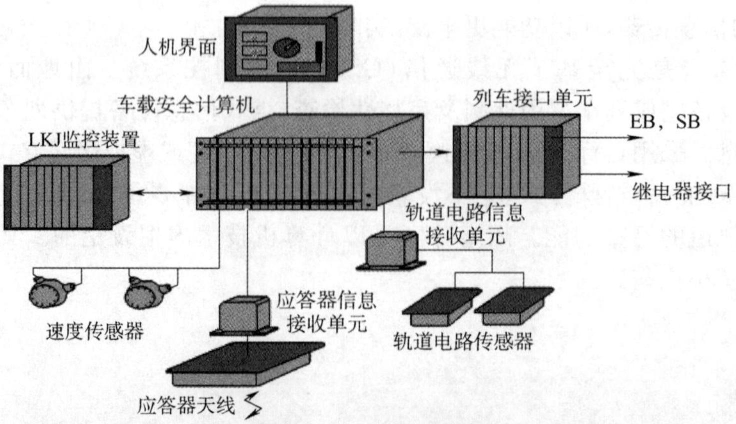


图 2-1-2　CTCS-2 级列控系统车载设备组成

(1)车载安全计算机是 ATP 的核心。它基于两个处理器的实时比较达到 SIL 4 级，为了提高系统可用性采用了 3 个处理器。基于两个不同应用处理器同时执行应用软件，并采用故障安全检测器对这些处理器的输出进行比较。如果输出相同，检测器给出相关输出。若存在任何差异，检测器将输出设置为限制状态。

(2)轨道电路信息接收单元用于接收 ZPW-2000A 型轨道电路及 4 信息、8 信息、18 信息等传统移频轨道电路的信息，并及时将地面轨道电路信息传输给车载安全计算机和 LKJ 监控装置。

(3)应答器信息接收单元通过应答器信息接收天线，接收、解调地面应答器的报文信息，并在校核后将正确的信息传输给车载安全计算机。应答器具有提供精确定位的功能。

(4)各不同型号的动车组列车与各不同型号的 ATP 车载设备均采用统一的制动接口单元。

(5)ATP 车载设备配备了记录单元(内部记录器)，主要用于设备状态和故障信息及各种事件(包括司机对 ATP 车载设备的操作、轨道电路信息、ATP 与机车的信息交换等)的记录。维修人员可通过专用计算机或 IC 卡等进行数据下载。

(6)人机界面如图 2-1-3 所示。配置了扬声器和各种按键的 10 英寸 LED 液晶显示器安装在驾驶台上，其作用是通过按键、声音、文字和图像实现司机与 ATP 车上装置的信息交互。

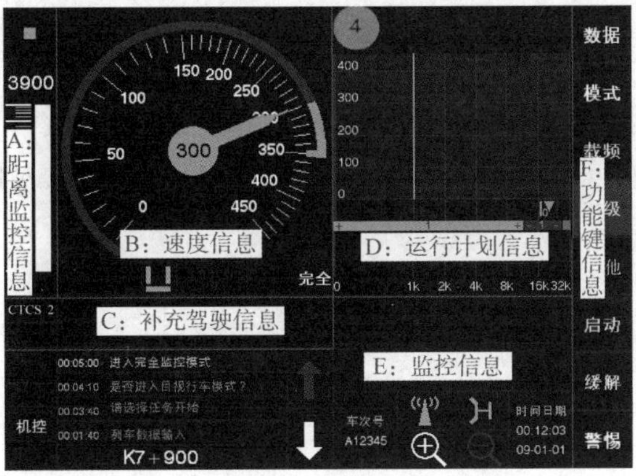


图 2-1-3　人机界面

(7)ATP 车载设备的测速系统要求配置 2 套速度传感器。速度传感器需安装于不同的轴端，可以为车载设备提供速度通道，供车载安全计算机了解列车速度和辅助确定列车距离位置。

(8)轨道电路信息接收天线利用电磁感应接收流经钢轨的信号电流，传送到设置在 ATP 主机柜的轨道电路信息接收单元，轨道电路信息接收单元对该信号进行选择和解调。

## 二、CTCS-3 级列控系统地面设备及车载设备组成

CTCS-3 级列控系统是在 CTCS-2 级列控系统的基础上基于无线传输信息并采用轨道电路等方式检查列车占用的列控系统。其结构如图 2-1-4 所示。

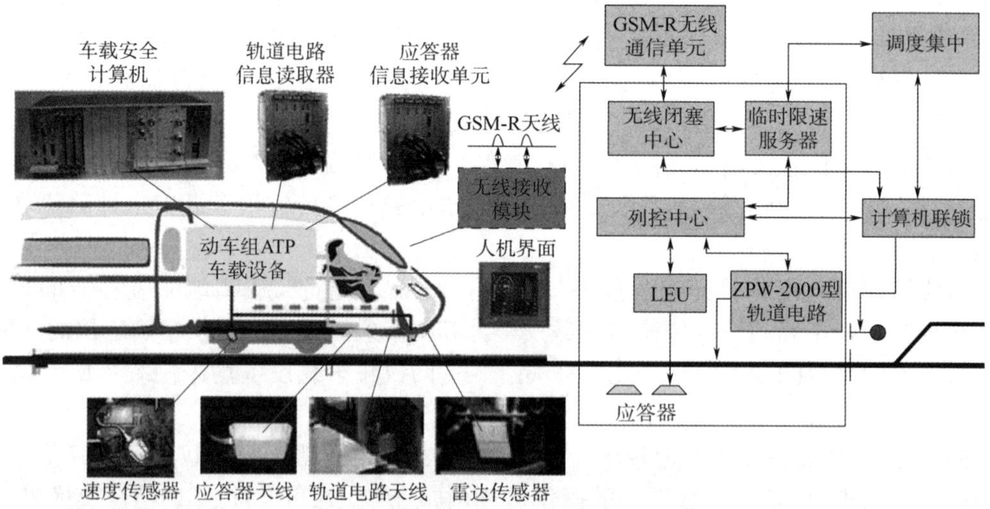


图 2-1-4　CTCS-3 级列控系统结构

1. 地面设备组成

CTCS-3 级列控系统地面设备由列控中心、临时限速服务器、ZPW-2000 型轨道电路、应答器、无线闭塞中心（RBC）、GSM-R 接口设备等组成，不设通过信号机，司机凭车载信号行车。

2. 车载设备组成

CTCS-3 级列控系统车载设备主要由车载安全计算机（EVC）、轨道电路信息读取器（TCR）、应答器信息接收单元（BTM）、列车接口单元、记录单元、人机界面（DMI）、GSM-R 无线通信单元等组成。

# 第二章　限速管理

## 一、临时限速管理

(1)需临时限速时,应由有关单位(人员)提出限速申请或由自然灾害及异物侵限监测系统报警提示。列车调度员应按规定发布临时限速调度命令,并设置列控限速(针对某一列车的限速除外);来不及时,应立即通知司机限速运行,司机按列车调度员通知的限速要求控制列车运行。

(2)在同一处所(地段),当多个单位、自然灾害及异物侵限监测系统提出的限速要求不一致时,列车调度员按最低限速值发布临时限速调度命令。

(3)对于 24 h 内不能取消的临时限速,限速登记单位或设备管理单位应提出限速申请,报告主管业务处,由主管业务处审核后提交调度所发布运行揭示调度命令。列车调度员确认在途列车司机已收到该运行揭示调度命令后,方可不再向该列车司机发布临时限速调度命令。

(4)需变更已纳入运行揭示调度命令管理的限速时,设备管理单位应及时登记,同时向铁路局主管业务处提出新的限速条件或恢复常速申请,调度所根据主管业务处提出的申请,重新发布运行揭示调度命令。

## 二、列控限速设置策略

1. 临时限速设置

从调度中心或车站设置临时限速命令。临时限速报文预先编制,并存储在列控中心(TCC)中。TCC 根据限速命令从数据库中选择相应的临时限速报文,经 LEU、有源应答器发送给列车。

2. 应答器布置(图 2-2-1)

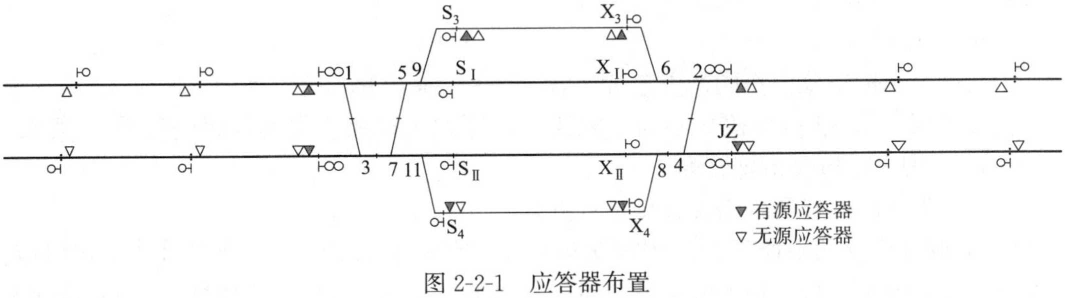


图 2-2-1　应答器布置

(1)进/出站的应答器布置:

有源应答器+无源应答器:提供临时限速、侧线接车信息。

(2)区间的应答器布置：

单个无源应答器：提供线路数据，每个应答器包含前方 10 个轨道区段的信息。

无源应答器组：提供等级预告、等级转换命令。

应答器组应至少包含以下两个应答器组：

(1)发送线路参数的应答器组。

(2)发送等级转换信息的应答器组。

(3)用于识别列车运行方向的应答器组。

(4)位于发车进路始端的应答器组。

3. 临时限速设置原则

相临两个车站之间一个运行方向仅考虑一个临时限速区。限速等级分为 5 挡：45 km/h、60 km/h、80 km/h、120 km/h、160 km/h。

临时限速的起点里程和限速长度精度为 100 m，限速区长度分为 9 挡：100 m、300 m、500 m、800 m、1 000 m、1 200 m、1 500 m、2 000 m、2 200 m。限速区长度超过 2 200 m 按区间限速处理。临时限速设置如图 2-2-2 所示。

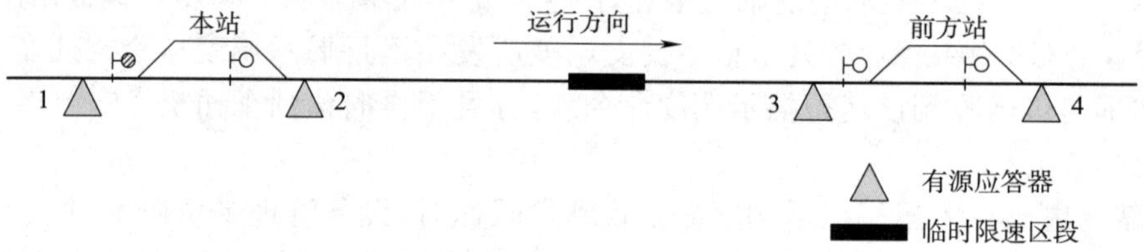


图 2-2-2　临时限速设置

## 三、列控限速管理措施

(1)用于列控系统的限速设置(数据格式)称为列控限速。列控限速由列车调度员通过 CTC 进行设置或取消，并采用双重口令，由列控系统执行。

(2)列控限速数据包括线路号、相关受令车站、限速位置、限速值、限速执行方式、限速开始和结束时间等，侧线列控限速应增加车站号信息。

(3)列控中心控制的每个有源应答器只管辖一定范围内的限速，限速区可以设置在区间、站内正线、站内侧线或区间跨站内正线。

(4)列控限速设置：

①列控限速按挡分为不同的限速等级，最低为 45 km/h。

②设置列控限速时，应按照不高于限速值的原则选择相应限速等级进行设置，但低于 45 km/h 的限速按 45 km/h 设置。

③列控限速的设置和取消按规定流程办理。

(5)如调度命令的限速值低于列控车载设备显示的目标速度时，动车组列车司机应按调度命令控制列车运行。遇实际限速与运行揭示调度命令(临时限速调度命令)限速相符，而列控限速归档造成列控限速与运行揭示调度命令(临时限速调度命令)限速不符时，列车调度员不再向动车组列车司机发布临时限速调度命令。

(6)对低于 45 km/h 的限速，装备 LKJ 的动车组列车，限速命令已写入 IC 卡时，动车组列车司机应根据调度命令在限速地段前一站停车改按 LKJ 方式运行，司机按限速调度命令和 LKJ 设置控制列车通过限速地段；未写入 IC 卡时，动车组列车司机应根据限速调度命令人工控制列车通过限速地段。未装备 LKJ 的动车组列车，动车组列车司机应根据限速调度命令人工控制列车通过限速地段。

(7)列控限速设置不成功时的处理：

对装备 LKJ 的动车组列车，列控限速设置不成功时，列车调度员应关闭（车站控制时为通知车站值班员关闭）进入该限速地段前一站的出站信号，发布动车组列车改按 LKJ 方式行车的调度命令。司机在该站停车转换为 LKJ 方式，按以下方式运行：

①动车组列车司机在出乘前已收到该限速的运行揭示调度命令时，列车调度员与司机核对限速的运行揭示调度命令无误后，方可放行列车，司机按运行揭示调度命令和 LKJ 设置控制列车运行速度，通过限速地段。

②动车组列车司机在出乘前未收到该限速的运行揭示调度命令时，列车调度员应向司机发布限速调度命令（最高不超过 40 km/h），核对无误后，方可放行列车。司机按限速调度命令人工控制列车通过限速地段。

对未装备 LKJ 的动车组列车，列控限速设置不成功时，列车调度员应关闭（车站控制时为通知车站值班员关闭）进入该限速地段前一站的出站信号，向司机发布限速调度命令（最高不超过 40 km/h），核对无误后，方可放行列车。司机按限速调度命令人工控制列车通过限速地段。

# 第三章　集中联锁区段的调车作业与防溜管控

## 第一节　动车组调车作业

### 一、动车组调车作业的领导及指挥

(1)车站调车作业由列车调度员(由车站负责办理调车进路时为车站值班员或车务应急值守人员)担当调车领导人。分场时的调车工作,由负责该场调车进路的列车调度员(车站值班员或车务应急值守人员)领导。

(2)调车作业由调车长单一指挥,遇有特殊情况,可由经鉴定、考试合格的胜任人员担当指挥工作。动车组自走行调车作业、机车及自轮运转特种设备转线等作业由司机负责,不另设调车指挥人。

(3)调车长在调车作业前,必须亲自并督促组内人员充分做好准备,认真进行检查。在作业中应做到:

①组织调车人员正确及时地完成调车任务。

②正确及时地显示信号(发出指令),指挥作业。

③负责调车人员的人身安全和行车安全。

(4)司机在调车作业中应做到:

①组织动车组(机车、自轮运转特种设备)乘务人员正确及时地完成调车任务。

②负责操纵动车组(机车、自轮运转特种设备),做好整备,保证机车、自轮运转特种设备质量良好。

③时刻注意确认信号,不间断地进行瞭望,认真执行呼唤应答制,正确及时地执行信号显示(作业指令)和调车速度的要求,没有信号(指令)不准动车,信号(指令)不清立即停车。

④负责调车作业的安全。

(5)动车段(所)调车工作的领导及指挥由铁路局规定。

### 二、动车组调车作业方法

(1)动车组进行调车作业时,原则上采用自走行方式,凭地面信号机的显示运行。

(2)动车组禁止连挂其他机车车辆(救援机车、附挂回送过渡车及动车组无动力调车时的调车机车、公铁两用牵引车除外)调车。

(3)动车组调车作业时,司机应在运行方向的前端操作,前方进路的确认由司机负责。在不得已情况下必须在后端操作时,应指派随车机械师或其他胜任人员站在动车组运行方向的前端指挥,发现危及行车或人身安全时,应立即使用紧急停车按钮(紧急制动装置)或通知司机停车。

### 三、在正线、到发线上的作业

(1)在正线、到发线上调车时,须经过列车调度员(车站控制时为车站值班员)准许。

(2)接发列车时,应按《高速铁路行车组织细则》规定的时间,停止影响列车进路的调车作业和对列车运行安全有影响的其他作业。

(3)接发旅客列车时,与接发列车进路没有隔开设备或脱轨器的线路,不准向能进入接发列车进路的方向调车。本务机车在停留线路内摘挂除外。

(4)同一股道只允许一端调车作业,禁止两端同时向同一股道排列调车进路。

(5)调车作业中,应执行钩钩联系制度:每钩作业前,司机(调车指挥人)应主动向列车调度员(车站负责办理调车进路时为车站值班员或车务应急值守人员)请求进路;进路准备妥当后,列车调度员(车站值班员或车务应急值守人员)方可通知司机(调车指挥人)。

### 四、越出站界调车

(1)越出站界调车时,必须区间(自动闭塞区间正方向为第一个闭塞分区)空闲,单线区间闭塞系统必须在发车位置;由列车调度员发布准许越出站界调车的调度命令后,方可进行。

(2)越出站界调车期间,相邻站(线路所)禁止向该区间放行列车。越出站界调车作业完毕,司机或调车指挥人应报告列车调度员(车站负责办理调车进路时为车站值班员或车务应急值守人员)。车站值班员、车务应急值守人员应及时报告列车调度员,列车调度员通知两端站(线路所)后方可组织行车。

(3)需在未设调车信号机的线路上调车作业时,根据需要可按越出站界调车作业办理,办理列车进路(进、出站信号机常态为灭灯时,应点灯),由列车调度员发布准许越出站界调车的调度命令,司机根据调度命令和进、出站信号机的显示进行调车作业。

## 第二节 动车组防溜作业管控

### 一、机车车辆停留

(1)有动车组以外的旅客列车上线运行的高速铁路,在动车组运行时段,除动车组、旅客列车车底及本务机车外,车站正线、到发线不应停留其他机车车辆。特殊情况下确需在到发线停留时,由铁路局制定相应安全措施。

(2)仅运行动车组列车的高速铁路,在动车组运行时段,车站正线、到发线不应停留动车组以外的其他机车车辆。特殊情况下确需在到发线停留时,由铁路局制定相应安全措施。

(3)临时停留公务车线路上的道岔应开通不能进入该线的位置并加锁。集中联锁的道岔可在控制台上进行单独锁闭。

(4)安全线上禁止停留机车车辆。

## 二、机车车辆防溜

1. 动车组防溜

(1)动车组无动力停留时，有停放制动装置的动车组，由司机负责将动车组处于停放制动状态；动车组无停放制动装置或在坡度为20‰以上的区间无动力停留时，由司机通知随车机械师进行防溜，防溜时应使用铁鞋牢靠固定。

(2)重联动车组在设置铁鞋防溜时，仅设置前列。

(3)如需在同一股道内停留两列不重联的动车组时，两列动车组间应间隔不小于20 m的安全防护距离(动车段、动车所内的股道除外)，并分别做好防溜。

(4)动车段(所)内动车组防溜办法由铁路局规定。

2. 车辆防溜

(1)车辆在车站停留时，应连挂在一起，拧紧两端车辆的人力制动机，并以铁鞋牢靠固定。特殊情况下分组停放时，应分别采取防溜措施。

(2)一批作业中临时停留的车辆，须拧紧两端车辆的人力制动机或以铁鞋止轮。

(3)调车作业实行"谁作业、谁防溜(撤除)"的原则，防溜措施的设置和撤除由调车人员(机车及自轮运转特种设备为司机，其他无调车人员的为设备使用单位人员)负责。

3. 机车及自轮运转特种设备防溜

机车及自轮运转特种设备在车站停留时，由司机负责将其保持制动(防溜)状态，并按规定采取止轮措施。

4. 施工路用车辆及自轮运转特种设备防溜

施工路用车辆及自轮运转特种设备需在车站停留时，使用单位应派人负责看守。其他车辆在车站到发线停留时，由车站人员(车务应急值守人员或其他胜任人员)对其防溜措施进行检查、确认。

## 三、防溜器具管理

(1)车站行车室必须配备足够良好的防溜器具，由车站值班员(车务应急值守人员)负责保管和交接。有关作业人员领取、使用、交回时，须办理登记交接手续，领取(交回)人与保管人共同清点数量、编号无误，确认状态良好后分别签认。

(2)车站值班员(车务应急值守人员)须在行车室对停留车及其防溜情况进行揭示。作业人员采取或撤除防溜措施后，应立即告知车站值班员(车务应急值守人员)，一批作业结束后双方进行签认。

# 第四章　施工与维修时行车的应急处置方案

## 一、施工路用列车上线

(1)施工路用列车进入高速铁路运行必须装备列车运行监控装置或轨道车运行控制设备、机车综合无线通信设备,未装设或设备故障的禁止进入高速铁路运行。

(2)施工路用列车上线运行应纳入施工、维修日计划,向调度所提供《自轮运转特种设备运行、作业计划表》,注明发站、到站、编组、运行径路、作业地点及转线计划并经主管业务处审核批准。未提供《自轮运转特种设备运行、作业计划表》或内容不全的,禁止进入高速铁路运行。

(3)在GSM-R区段,施工路用列车司机及有关人员应配备GSM-R手持终端,开车前将联系号码报告列车调度员和相关车站值班员。施工路用列车有关人员间应相互通报联系方式,并进行通话试验。

向封锁区间开行施工路用列车时,列车进入封锁区间的行车凭证为调度命令。该命令中应包括列车车次、停车地点、到达车站的时刻等有关事项。需限速运行时在命令中一并注明。

## 二、施工路用列车接发

(1)在常态灭灯的区段,接发施工路用列车时,进站信号机、出站信号机、进路信号机、线路所通过信号机应点灯。

(2)施工路用列车在车站开车前需进行自动制动机简略试验时,由施工负责人指派胜任人员负责。

## 三、施工路用列车安全

(1)天窗内所有影响施工路用列车运行的施工维修作业必须在施工路用列车通过后方可进行,并须在施工路用列车返回前结束。

(2)施工路用列车进入封锁区间的规定:

①施工单位应指派胜任人员携带列车无线调度通信设备值乘,并在区间协助司机作业。路用列车或施工机械进入施工地段时,应在防护人员显示的停车手信号前停车,再根据施工负责人的要求,按调车办法,进入指定地点。

②在区间推进运行时,必须安装简易紧急制动阀,施工单位指定胜任人员登乘列车前端,认真瞭望,及时与司机联系,必要时使用简易紧急制动阀停车或通知司机停车。

③同一封锁区间原则上每端只开行一列路用列车,如超过时,其安全措施及运行办法由铁路局规定。有多台作业车进入同一区间时,作业车辆应组成综合作业车列合并运行,共用一个调度命令进入区间、返回车站或到达前方站。作业车及车列由车站开往区间后,

由主体作业单位统一组织协调，划分各作业车的作业范围及分界点。各作业单位必须严格按规定分别设置防护。

(3)施工路用列车由封锁区间进站时，司机须得到列车调度员(车站控制时为车站值班员)的同意后，方可进站。

(4)施工作业完毕，驻调度所(驻站)联络员须确认施工作业车全部到达车站后，方可申请办理开通。

## 四、确认列车组织

(1)高速铁路仅运行动车组列车的区段，天窗结束后开行动车组列车前，应开行确认列车，确认列车开行纳入列车运行图。其他区段，天窗结束后首趟列车不准为动车组列车；扰动道床不能预先轧道的线路、道岔施工区段，施工开通后第一趟列车不准为旅客列车。

(2)确认列车应由工务、电务、供电部门各指派专业技术人员随车添乘，但有相应地面、车载监测设备的电务、供电部门根据需要添乘。

(3)随车机械师负责开启和关闭操纵端司机室后车厢站台侧门，供添乘人员上下车。随车机械师关闭车门后应及时通知司机。

(4)司机在确认行车凭证和开车时间，车门关闭后，即可起动列车。

(5)添乘人员必须服从司机的管理，不得干扰司机的正常操作。

## 五、确认信息反馈

(1)所有参加确认的人员必须按规定的时间、确认事项和内容报告确认情况。

(2)确认信息报告程序及时间：

①异常情况：影响列车运行的确认信息由添乘人员通过司机随时向列车调度员报告，添乘人员同时还应向铁路局专业调度报告。

②正常情况：添乘人员于添乘到达确认区段终点后及时分别向铁路局专业调度汇报。确认信息务必详尽准确，确保调度员及时掌握线路状态。一旦发现异常，立即启动应急预案，保障行车安全。确认信息反馈后，相关部门将迅速分析数据，确保所有隐患得到及时处理。铁路局会根据反馈调整列车运行计划，以保障旅客的出行安全与舒适。

## 六、施工后确认列车开行的程序及考虑因素

1. 开行的程序

(1)收集施工后的轨道和信号系统状态信息：包括轨道几何形状、信号设备的功能和设置等。这可以通过轨道检测车、信号测试设备等进行检查和评估。

评估施工对列车运行限制的影响：例如，轨道修复可能导致某些区段的限速，信号系统的调整可能影响列车的间隔和通过速度。确定这些限制并将其纳入开行方案。

(2)考虑列车类型和性能：不同类型的列车(如高速列车、普通货运列车等)对轨道和信号条件的要求不同。确保开行方案适合所涉及的列车类型，并考虑其加速、减速和制动能力。

协调相关部门和人员：与铁路调度中心、信号维护人员、车站工作人员等进行沟通和协调，确保他们了解施工后的情况和开行方案，并能够配合实施。

(3)制定详细的开行计划:包括列车的出发时间、到达时间、通过的车站、运行速度等。考虑到可能的延误和调整,制定一定的弹性和备用方案。

(4)进行模拟和测试:使用铁路模拟软件或实际进行测试运行,验证开行方案的可行性和安全性。及时发现和解决可能出现的问题。

(5)持续监测和调整:在列车开行过程中,持续监测轨道和信号系统的状态,以及列车的运行情况。根据实际情况及时调整开行方案,以确保运输的安全和效率。

2. 考虑因素

(1)安全因素:确保列车在施工后的轨道和信号条件下能够安全运行,避免发生脱轨、碰撞等事故。遵守相关的安全标准和规定。

(2)运输效率:尽量减少列车的延误和等待时间,提高铁路运输的效率。合理安排列车的运行顺序和间隔,避免拥堵和冲突。

(3)乘客服务:对于客运列车,要考虑乘客的出行需求和舒适度。尽量减少对乘客行程的影响,提供准确的列车信息和服务。

(4)基础设施维护:施工后的轨道和信号系统需要一定的时间进行恢复和维护。在制定开行方案时,要考虑到基础设施维护的需求,避免过度使用和损坏。

(5)天气和环境条件:考虑天气和环境因素对列车运行的影响,如恶劣天气、能见度低等。制定相应的应对措施,确保列车的安全运行。

总之,施工后确认列车开行方案需要综合考虑多个因素,确保铁路运输的安全、顺畅和高效。这需要铁路部门的各个部门和人员密切合作,进行充分的准备和协调。

# 第五章　列车突发状况应急情境下的行车组织策略

## 第一节　大风天气行车应急策略

### 一、风速监测子系统报警时的处置

(1)遇风速监测子系统提示大风报警信息时，列车调度员根据报警提示向相关列车发布限速运行的调度命令。对来不及发布调度命令的列车，立即通知司机限速运行。司机接到调度命令或通知后，应立即采取措施。

(2)遇大风天气，当风速监测子系统发出禁止运行的报警信息时，列车调度员应及时关闭有关信号(车站控制时为通知车站值班员关闭有关信号)并通知司机停车。司机接到通知后，应立即采取停车措施。

(3)列车运行途中，遇大风，司机根据情况控制列车运行速度，并报告列车调度员。列车调度员通知后续首列列车司机在该地段注意运行；列车通过该地段后，司机应及时向列车调度员报告。

(4)遇大风天气，列车调度员按风速监测子系统报警提示发布限速调度命令，遇风速不稳或同一地段多处风速报警时，列车调度员可合并设置，按最低限速值发布限速调度命令。

(5)风速监测子系统(图 2-5-1)限速报警解除后，列车调度员应及时取消前发限速调度命令，恢复正常行车。

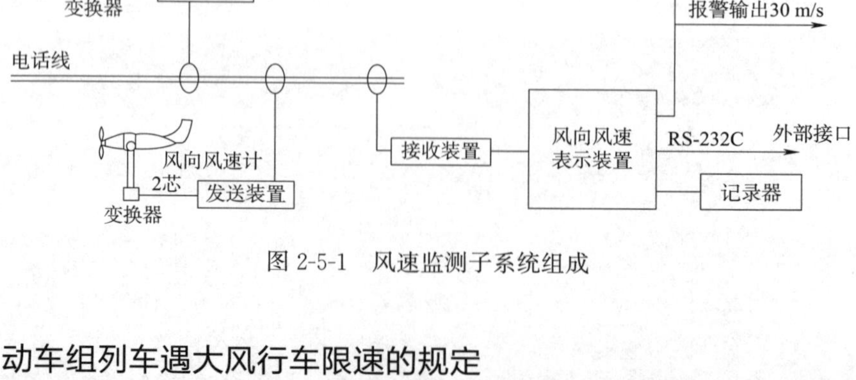


图 2-5-1　风速监测子系统组成

### 二、动车组列车遇大风行车限速的规定

(1)在环境风速不大于 15 m/s 时，可以正常速度运行；环境风速不大于 20 m/s 时，运行速度不大于 300 km/h；环境风速不大于 25 m/s 时，运行速度不大于 200 km/h；环境风速

不大于 30 m/s 时，运行速度不大于 120 km/h；环境风速大于 30 m/s 时，严禁动车组列车进入风区。

（2）在线路中心线距站台边缘为 1 750 mm 的正线、到发线办理动车组列车通过时，在环境风速不大于 15 m/s 情况下，速度不得超过 80 km/h；当环境风速超过 15 m/s 时，动车组列车运行速度不得超过 45 km/h，并注意运行。

### 三、风速监测子系统故障时的处置

（1）列车调度员发现风速监测子系统故障时，应立即通知设备管理单位，并在《行车设备检查登记簿》内登记；设备管理单位发现风速监测子系统故障时，应立即报告列车调度员，并在调度所《行车设备检查登记簿》内登记。

（2）风速监测子系统故障期间，故障区段如遇天气预报 7 级及以上大风天气时，工务部门应及时向列车调度员提交天气预报信息，列车调度员按照天气预报的最大风级向相关列车发布限速调度命令。相关限速规定如下：当最大风速达 7 级时，运行速度不大于 300 km/h；8 级、9 级时，运行速度不大于 200 km/h；10 级时，运行速度不大于 120 km/h；11 级及以上时，禁止列车进入风区。限速里程由工务部门根据故障情况及天气预报信息确定后，通知列车调度员。

## 第二节　雨天及冰雪天气行车应急策略

### 一、雨天行车

1. 雨量监测子系统报警时的处置

遇雨量监测子系统提示雨量监测报警信息时，列车调度员根据报警提示向相关列车发布限速运行的调度命令。对来不及发布调度命令的列车，立即通知司机限速运行。司机接到调度命令或通知后，应立即采取措施。

2. 列车通过防洪重点地段时的处置

列车通过防洪重点地段时，司机要加强瞭望，并随时采取必要的安全措施。动车组列车运行中，司机发现积水高于轨面时，应立即停车，根据现场情况与随车机械师共同确认行车条件或请求救援，并立即报告列车调度员（车站值班员），车站值班员报告列车调度员。列车调度员（车站值班员）立即通知已进入区间的后续列车停车（避免停在隧道内），不再向该区间放行列车。

当洪水漫到路肩时，列车应按规定限速运行；遇有落石、倒树等障碍物危及行车安全时，司机应立即停车，排除障碍并确认安全无误后，方可继续运行。

列车遇到线路塌方、道床冲空等危及行车安全的突发情况时，司机应立即采取应急性安全措施，并立刻通知追踪列车、邻线列车及列车调度员（邻近车站）。配备列车防护报警装置的列车应立即使用列车防护报警。

3. 遇有降雨天气的处置

遇有降雨天气，重点防洪地段 1 h 降雨量达到 45 mm 及以上时，列车限速 120 km/h；1 h 降雨量达到 60 mm 及以上时，列车限速 45 km/h。当 1 h 降雨量降至 20 mm 及以下且持续 30 min 以上时，可逐步解除限速。

列车调度员在得到工务及其他相关专业调度台检查无异常的报告后，及时取消限速或解除线路封锁。

4. 遇雨量监测子系统故障时的处置

列车调度员发现雨量监测子系统故障时，应立即通知设备管理单位，并在《行车设备检查登记簿》内登记；设备管理单位发现雨量监测子系统故障时，应立即报告列车调度员，并在调度所《行车设备检查登记簿》内登记。雨量监测子系统故障期间，由工务部门根据降雨情况在调度所《行车设备检查登记簿》内登记限速或封锁。

## 二、冰雪天气行车

(1)当运行区段降中雪或积雪覆盖轨枕板或道砟面时，无砟轨道区段限速 250 km/h 及以下，有砟轨道区段限速 200 km/h 及以下；当运行区段降大雪、暴雪时，无砟轨道区段限速 200 km/h 及以下，有砟轨道区段限速 160 km/h 及以下。中雪、大雪、暴雪的界定，以气象部门公布或观测为准。

当无砟轨道区段轨枕板积雪厚度 100 mm 以上时，限速 200 km/h 及以下；有砟轨道区段道砟面积雪厚度 50 mm 以上时，限速 160 km/h 及以下。

(2)接触网导线结冰受电弓取流不畅时，限速 160 km/h 及以下。

(3)动车组列车转向架结冰需要列车限速时，无砟轨道区段限速 250 km/h 及以下，有砟轨道区段限速 200 km/h 及以下。

# 第三节　地震监测及应急行车

## 一、地震监测子系统

在影响高速铁路运行安全的自然灾害中，地震是一种发生概率相对较小，但危害性最大的一种特殊灾害。因此，借鉴国外地震预警的经验，开发了适于我国高速铁路线路、构造物特点，并反映历史震灾情况及未来发展趋势的高速铁路地震监测子系统。

1. 系统原理

地震发生时，由设置在检测点的 P 波检测仪检测 P 波，在 4 s 内推断地震的震级、位置及震源深度，并对可能受害的线路区段发出警报，感震器就会启动，停止对前后约 40 km 区间的供电，列车实施紧急制动，停止运行，减小有可能产生的损失或事故发生的概率。地震监测子系统工作原理如图 2-5-2 所示。

2. 系统结构

在烈度大于或等于Ⅰ度(相当于地震动峰值加速度为 0.1$g$)的线路区段的变电所内，设置地震监测设备。监测设备有两种形式：一种是加速度报警仪，我国采用的报警加速度为 45 gal(1 gal=0.01 m/s$^2$)，日本采用的报警加速度为 40 gal(0.4 m/s$^2$)；另一种是显示用的地震仪，该地震仪能显示监测点的地震加速度波形，可进一步判断发出的警报是否可靠。

3. 系统的控制与运用

在地震波中，包含有基岩中传播速度快、振动幅值小、人体几乎感觉不到的 P 波(初期

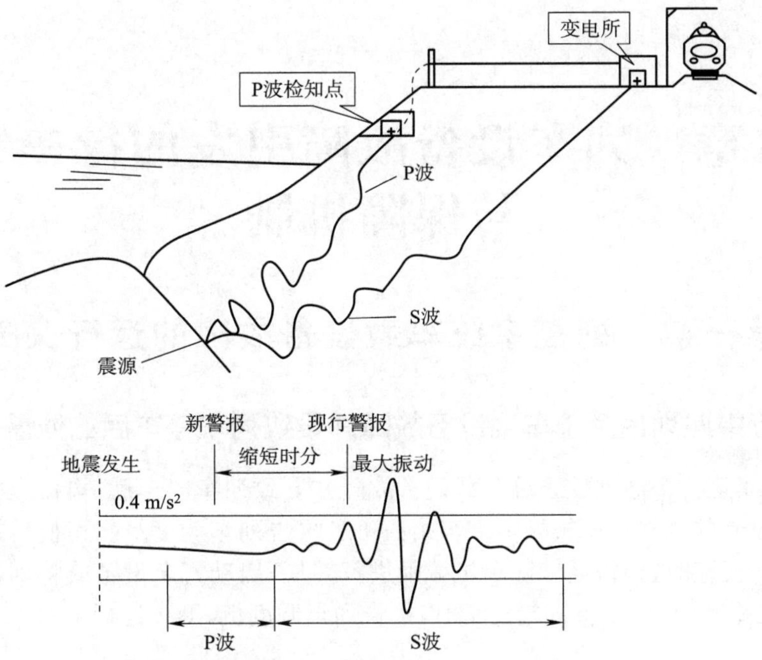


图 2-5-2　地震监测子系统工作原理

微动，$v \approx 8$ km/s)，以及传播速度慢、振动幅值大、人体感觉明显、造成构造物损坏的 S 波和面波(主震，$v \approx 4$ km/s)。沿线变电所内的地震仪通常是在主震袭击线路后才报警，如果此时有高速列车正好在地震受灾区运行，很可能因来不及减速而脱轨翻车。为了能提早检测到地震的发生，在地震主震到达线路之前，有尽可能多的时间让高速运行的列车减速、停车，并防止列车进入受灾区。

## 二、应急行车组织

列车调度员接到地震监测子系统地震监控报警信息或接到现场地震报告后，应立即关闭有关信号(车站控制时为通知车站值班员关闭有关信号)，通知相关列车停车。列车司机组织列车乘务人员根据现场实际情况，采取应急处置措施。

列车调度员立即报告调度所值班主任(值班副主任)，通知工务、电务、供电、通信、房建等设备管理单位检查。设备管理单位检查处理后，根据设备管理单位登记的行车限制条件组织行车。

# 第六章　列车设备故障引发的行车组织与保障机制

## 第一节　列控系统车载设备故障的运行保障

### 一、运行中遇列控系统车载设备故障并导致列车停车后的处置

动车组列车运行中遇列控系统车载设备故障并导致列车停车后，司机应报告列车调度员（车站值班员），并通知随车机械师。车站值班员报告列车调度员。司机转换冗余切换开关（开关不在司机室时，司机通知随车机械师进行转换）启动冗余设备或将列控系统车载设备断电 30 s 后重新启动，设备恢复正常时，报告列车调度员，继续运行。

### 二、已在区间内运行的装备 LKJ 的动车组列车因列控系统车载设备故障的处置

（1）已在区间内运行的装备 LKJ 的动车组列车因列控系统车载设备故障，不能恢复正常运行但能提供机车信号时，司机应报告列车调度员（车站值班员），车站值班员报告列车调度员。在信号机常态点灯的 CTCS-2 级区段，列车调度员发布改按 LKJ 方式行车的调度命令，动车组列车改按 LKJ 方式运行。在 CTCS-3 级及信号机常态灭灯的 CTCS-2 级区段，列车调度员在确认该列车至前方站（线路所）间空闲后，发布改按 LKJ 方式行车的调度命令，动车组列车改按 LKJ 方式运行。

（2）已在区间内运行的未装备 LKJ 的动车组列车列控系统车载设备故障，不能恢复正常运行时，司机应报告列车调度员（车站值班员），车站值班员报告列车调度员。列车调度员（车站值班员）不再向该区间放行列车，并通知已进入区间的后续列车立即停车。确认该列车至前方站（线路所）间空闲后，列车调度员发布改按隔离模式运行的调度命令，列车改按隔离模式，按地面信号显示以不超过 40 km/h 的速度运行至前方站（线路所）。该列车到达前方站（线路所）后，列车调度员方可通知后续列车恢复运行。

### 三、列控系统车载设备故障不能恢复正常的行车处置

（1）动车组列控系统车载设备故障不能恢复正常运行在车站出发时，装备 LKJ 的动车组列车改按 LKJ 方式运行，未装备 LKJ 的动车组列车改按隔离模式运行，如图 2-6-1 所示。

（2）因设备故障，动车组列控系统车载设备在 CTCS-3 级与 CTCS-2 级间进行转换时，司机应报告列车调度员，如图 2-6-2 所示。

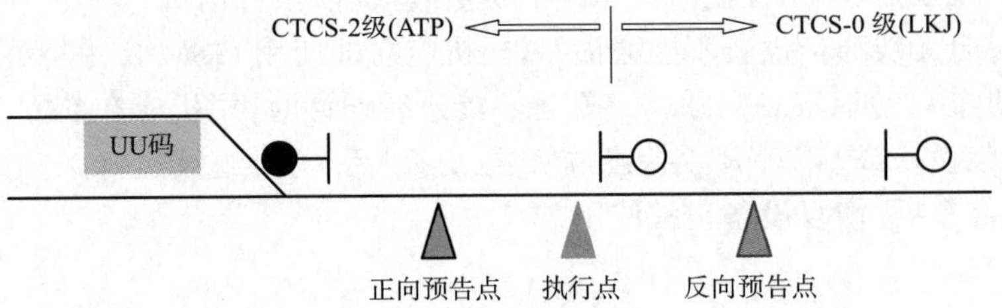


图 2-6-1　列控系统由 CTCS-2 级转换为 CTCS-0 级示意

图 2-6-2　列控系统由 CTCS-3 级转换为 CTCS-2 级示意

# 第二节　列车无线调度通信设备故障行车机制

## 一、GSM-R 故障时运行规定

(1)列车调度员(车站值班员)得到 GSM-R 故障的报告后,应立即通知通信部门检查处理,在《行车设备检查登记簿》内登记。车站值班员接到报告后应及时报告列车调度员,列车调度员报告调度所值班主任(值班副主任)。

(2)根据通信部门在《行车设备检查登记簿》内登记的停用内容、影响范围及行车限制条件,按下列规定办理:

①GSM-R 故障导致 CTCS-3 级降为 CTCS-2 级时,按 CTCS-2 级行车。

②影响调度命令无线传送功能时,向司机发布的调度命令,按规定采用列车无线调度通信设备发布、转达或采用人工书面交递方式。

③遇无进路预告信息,司机须报告列车调度员(车站值班员),列车由正线通过改为侧线接车时,列车调度员(车站控制时为车站值班员)应提前预告司机。

(3)设备故障修复后,列车调度员(车站值班员)根据通信部门在《行车设备检查登记簿》内的销记,恢复设备正常使用。

## 二、机车综合无线通信设备故障运行处置

司机报告列车调度员(车站值班员),车站值班员报告列车调度员。

(1)影响调度命令无线传送功能时,向司机发布的调度命令,按规定采用列车无线调度通信设备发布、转达或采用人工书面交递方式。

(2)遇无进路预告信息,司机须报告列车调度员(车站值班员),列车由正线通过改为侧

线接车时，列车调度员(车站控制时为车站值班员)应提前预告司机。

(3)机车综合无线通信设备不能通话时，司机应立即使用GSM-R手持终端报告列车调度员(车站值班员)。如GSM-R手持终端也不能进行通话时，司机应在前方站停车报告；机车综合无线通信设备或GSM-R手持终端修复(更换)后，方准继续运行。

设备故障修复后，恢复设备正常使用。

## 第三节 接触网及受电弓挂有异物的处置机制

### 一、接触网挂有异物的处置

司机在运行中发现本线或邻线接触网上挂有异物时，应立即采取措施并向列车调度员(车站值班员)汇报异物情况和故障地点。

1. 本线接触网挂有异物时的运行处置

本线挂有异物时，如异物情况不影响行车，司机按正常行车方式通过。本线降弓可以通过时，司机按降弓方式通过该地点，列车调度员向该线后续列车发布限速160 km/h降弓通过故障地点的调度命令(不设置列控限速)，限速降弓位置原则上按司机汇报故障地点前后各2 km确定。不能降弓通过时司机应立即停车并报告，列车调度员(车站值班员)应立即通知本线后续列车停车，不得再向该区间放行列车。

2. 邻线接触网挂有异物时的运行处置

邻线挂有异物时，如司机汇报邻线异物不能降弓通过，列车调度员(车站值班员)应立即通知邻线尚未经过该地点的列车停车，不得再向邻线该区间放行列车。如司机汇报邻线异物可降弓通过或异物情况不影响行车，邻线按《铁路技术管理规程(高速铁路部分)》第388条规定执行。

如司机汇报不能确定异物是否影响邻线行车，列车调度员应立即向邻线尚未经过该地点的首列列车司机发布口头指示限速80 km/h注意运行，限速位置原则上按司机汇报故障地点前后各2 km确定。不能降弓通过时司机应立即停车并报告，列车调度员(车站值班员)应立即通知本线后续列车停车，不得再向该区间放行列车。

### 二、受电弓挂有异物的处置

(1)列车运行途中，司机接到受电弓挂有异物通知时，应立即降弓、停车，向列车调度员(车站值班员)报告，车站值班员报告列车调度员。需下车检查或登顶作业时，司机(动车组列车为随车机械师通知司机)及时向列车调度员提出请求。

列车调度员(车站值班员)得到报告后，应立即通知区间内后续列车停车，不得再向该区间放行列车。列车调度员根据下车检查或登顶作业的请求，发布邻线列车限速160 km/h及以下调度命令；需登顶作业时，列车调度员还应通知该供电臂内的列车停车并降弓，与供电调度员办理接触网停电手续，得到供电调度员接触网已停电的通知后，发布准许登顶作业的调度命令。

(2)司机在接到邻线列车限速160 km/h及以下调度命令已发布的口头指示后，下车检查(动车组列车为司机通知随车机械师下车检查)。司机根据准许登顶作业的调度命令和邻线列车限速 160 km/h 及以下调度命令已发布的口头指示登顶作业(动车组列车为司机通知随车机械师登顶作业)。

(3)异物处理完毕后,司机应报告列车调度员,列车调度员与供电调度员办理接触网送电手续,通知该停电供电臂内的列车升起受电弓,取消邻线限速,恢复正常行车。需限速运行时,司机(动车组列车根据随车机械师的通知)限速运行。

## 第四节　列车运行途中车辆故障的安全保障机制

### 一、动车组列车空调失效时的行车组织

空调失效超过 20 min 不能恢复但列车能够正常运行时,列车长可视情况通知司机向列车调度员提出在前方最近客运站停车的请求,列车调度员安排列车在前方最近客运站停车。列车在停车站安装好防护网、打开部分车门后,列车调度员根据司机的报告,向司机(救援时还包括救援司机)及沿途各站发布打开车门限速 60 km/h(通过邻靠高站台的线路时限速 40 km/h)运行的调度命令。

列车因故停车不能维持运行且空调失效超过 20 min 不能恢复时,列车长应及时与司机、随车机械师沟通,视情况做出打开车门决定,并通知司机转报列车调度员。

### 二、列车运行途中车辆故障应急处理

(1)动车组列车运行中出现故障,司机应按车载信息监控装置的提示,按规定及时处理;需要由随车机械师处理时,司机应通知随车机械师。经处置确认无法正常运行时,司机应按车载信息监控装置的提示和随车机械师的要求,选择维持运行或停车等方式,并报告列车调度员(车站值班员),车站值班员报告列车调度员。

(2)司机发现或得到基础制动装置故障致使车轮抱死不缓解的报告时,应立即停车,报告列车调度员(车站值班员)停车原因和停车位置,车站值班员报告列车调度员。列车调度员(车站值班员)应立即通知区间内后续列车停车,不再向该区间放行列车。司机在接到列车调度员已发布邻线列车限速 160 km/h 及以下调度命令的口头指示后,通知随车机械师下车检查处理。当动车组列车制动系统故障须切除单车制动力时,随车机械师应将切除制动力的情况及限速要求通知司机,司机报告列车调度员(车站值班员)后,按限速要求运行;车站值班员接到报告后,应及时报告列车调度员,列车调度员及时通知本调度区段相关车站值班员,跨调度区段运行时还应通知邻台列车调度员。

全列车制动不缓解,司机、随车机械师按故障应急手册或车载信息系统的提示处理;全列常用制动不施加,司机立即将制动手柄拉到紧急制动位或按压紧急停车按钮,使动车组列车紧急停车。动车组列车停车后,司机复位紧急制动,由随车机械师进行故障处理。司机在开车前必须进行一次完整的制动试验,确认制动系统功能正常。动车组列车发生制动系统失效情况时,由司机请求救援。

(3)动车组列车车窗玻璃破损导致车厢密封失效时,列车长或随车机械师应通知司机,司机控制动车组列车限速 160 km/h 运行并报告列车调度员(车站值班员),车站值班员报告列车调度员。

(4)动车组列车空气弹簧故障时，随车机械师应通知司机限速要求（CRH2/CRH380A/AL型限速120 km/h，其余车型限速160 km/h），司机控制动车组列车限速运行并报告列车调度员（车站值班员），车站值班员报告列车调度员。

(5)当车载信息监控装置提示轴承温度超过报警温度时，司机应立即停车，报告列车调度员（车站值班员）停车原因和停车位置，通知随车机械师处理，车站值班员报告列车调度员。列车调度员（车站值班员）应立即通知区间内后续列车停车，并不得再向该区间放行列车。随车机械师检查后，需要限速运行时，通知司机限速要求，司机报告列车调度员（车站值班员）后，按限速要求运行。不能继续运行时，及时请求救援。

(6)发现或接到转向架监测故障、车辆下部异音、异状的通知时，司机（列车工作人员）应立即采取紧急停车措施，司机向列车调度员（车站值班员）报告，车站值班员报告列车调度员。列车调度员（车站值班员）应立即通知区间内后续列车停车，不再向该区间放行列车。司机在接到列车调度员已发布邻线列车限速160 km/h及以下调度命令的口头指示后，通知随车机械师下车检查处理。随车机械师检查后，需要限速运行时，通知司机限速要求，司机报告列车调度员（车站值班员）后，按限速要求运行。不能继续运行时，及时请求救援。

## 第五节　列车碰撞异物后的应急处置机制

### 一、列车运行中碰撞异物影响行车安全时的运行机制

列车运行中碰撞异物影响行车安全时，司机应立即采取停车措施，并向列车调度员（车站值班员）报告碰撞异物地点、碰撞异物情况及停车地点，动车组列车司机还应通知随车机械师。车站值班员报告列车调度员。列车调度员（车站值班员）立即通知本线已进入区间的后续列车停车，不再向该区间放行列车。需下车检查时，列车调度员根据司机请求及时发布邻线限速160 km/h及以下的调度命令，司机在接到列车调度员已发布相关调度命令的口头指示后，下车检查（动车组列车为通知随车机械师下车检查）。

(1)经检查列车可以继续运行时，恢复运行（动车组列车按随车机械师的要求运行），司机向列车调度员报告检查情况。如检查未发现异常情况，列车调度员向本线后续首列发布口头指示限速160 km/h运行，限速位置按碰撞异物地点前后各2 km确定，司机应加强瞭望，确认线路和接触网有无异常状态，在通过限速地点后立即向列车调度员报告，列车调度员在得到司机无异常的报告后，组织本线后续列车恢复正常运行；有影响行车异常情况时，列车调度员根据司机报告，扣停后续列车或组织后续列车限速运行，及时通知有关部门按规定上道检查处理。

(2)经下车检查确认不能继续运行时应及时请求救援，并按规定进行防护。

碰撞异物侵入邻线影响邻线行车安全时，列车调度员（车站值班员）接到报告后，应立即通知邻线尚未经过该地点的列车停车，不再向邻线该区间放行列车，并通知有关部门按规定上道检查处理。

碰撞异物情况不明，不能确定是否影响邻线时，列车调度员接到报告后，应立即向邻线尚未经过该地点的首列发布口头指示限速160 km/h运行，限速位置按碰撞异物地点前后

各 2 km 确定。

邻线首列列车司机应加强瞭望，确认线路和接触网有无异常状态，在通过限速地点后立即向列车调度员报告，列车调度员在得到司机无异常的报告后，组织邻线后续列车正常运行。有影响行车异常情况时，列车调度员根据司机报告，扣停后续列车或组织后续列车限速运行，及时通知有关部门按规定上道检查处理。

工务、电务、供电部门应利用天窗时间对碰撞异物地点前后 2 km 范围内的设备进行重点检查。

### 二、碰撞后列车发生火灾、爆炸后的应急处置

司机发现列车发生火灾、爆炸或接到列车发生火灾、爆炸的通知及报警时，须立即停车（停车地点应尽量避开长大隧道等，选择便于旅客疏散的地点），报告列车调度员（车站值班员），车站值班员报告列车调度员。列车调度员（车站值班员）接到报告后，立即通知邻线相关列车及本线后续列车停车，不再向区间放行列车。现场需停电时，列车调度员通知供电调度员停电。需组织旅客疏散时，司机得到邻线列车已扣停的通知后，转告列车长组织列车乘务人员将旅客疏散到安全地带。

重联动车组列车需解编时，由随车机械师负责引导，司机确认并拉开安全距离。解编后，动车组应分别按规定采取防溜措施。

动车组列车以外的列车需要分隔甩车时，应根据风向等情况而定。一般为先甩下列车后部的未着火车辆，再甩下着火车辆，然后将机后未着火车辆拉至安全地段。对甩下的车辆，在车站由车站人员负责采取防溜措施；在区间由司机、车辆乘务员负责采取防溜措施。

## 第六节　动车组救援调度指挥

### 一、使用机车救援动车组时的处置办法

(1)应进行制动试验，制动主管压力采用 600 kPa。具备升弓供电条件时，允许动车组升弓供电。当使用电力机车担当救援机车，如动车组升弓，由动车组司机通知救援机车司机，救援机车司机在通过分相区前通知动车组司机断电并降弓。

(2)连挂前，司机须与列车调度员联系，在得到列车调度员已发布邻线限速 160 km/h 及以下的调度命令（妨碍邻线及组织旅客疏散时为已扣停邻线列车）的口头指示后，方可开始作业。

(3)救援机车司机在救援作业过程中，要严格遵守有关限速规定，与动车组司机保持联系。救援运行中尽可能避免实施紧急制动。

### 二、使用动车组救援动车组时的行车规定

(1)在故障动车组前部救援时，担当救援的动车组按隔离模式进入区间，在接近被救援列车 2 km 时，以在瞭望距离内能够随时停车的速度运行，最高不超过 20 km/h，在距被救援列车不小于 300 m 处一度停车，与被救援列车联系确认后进行作业；在故障动车组尾部救援时，开放出站信号，担当救援的动车组按完全监控模式进入区间，在行车许可终点停

车，与被救援列车联系确认后，按目视行车模式进入前方闭塞分区，以在瞭望距离内能够随时停车的速度运行，最高不超过 20 km/h，在距被救援列车不小于 300 m 处一度停车（行车许可终点距被救援列车不足 300 m 时除外），与被救援列车联系确认后进行作业。

（2）连挂前，司机须与列车调度员联系，在接到列车调度员已发布邻线限速 160 km/h 及以下的调度命令（妨碍邻线及组织旅客疏散时为已扣停邻线列车）的口头指示后，方可开始作业。

（3）被救援动车组转入或退出隔离模式不发布调度命令。

## 三、启用热备动车组

动车组故障无法及时修复时，应及时启用热备动车组。热备动车组定员少于故障动车组实际人数时，有条件时，使用定员能满足需要的其他动车组组织旅客换乘。

# 第三篇
# 制动系统

本篇内容主要介绍 CCBⅡ型、CAB-A 型和 CAB-B 型制动系统相关内容。CCBⅡ型与 CAB 系列制动系统代表了现代轨道车辆制动技术的核心，通过电空协同、冗余控制及智能化管理，实现高效、安全制动。CAB-A/B 型制动系统在 CCBⅡ型基础上进一步优化了模块化设计与网络兼容性，适用于不同编组需求，是高速及重载列车的理想选择。这几种制动系统在铁路运输领域发挥着关键作用，它们在功能、应用场景、工作原理和性能特点上既有差异，又互相补充，共同保障着铁路运输的安全与高效。

# 第一章　CCBⅡ型制动系统

CCBⅡ型制动系统是基于微处理器和 LON 网的电空制动控制系统，除了紧急制动作用由机械阀触发，其他所有逻辑控制指令均由微处理器发出。CCBⅡ型制动系统包括 5 个主要部件：电子制动阀(EBV)(2 套)、制动显示屏(LCDM)(2 台)、微处理器(IPM)(1 个)、电空控制单元(EPCU)(1 套)、继电器接口模块(RIM/JCB)(1 套)。

列车运行过程中，要合理使用自动制动阀(大闸)、单独制动阀(小闸)对车速进行控制，平稳进站停车，保障行车安全。此外，CCBⅡ型制动系统合并了许多冗余功能，如果发生故障，具有独特的识别、重新配置、备份主要部件的能力，有较高的安全保障。

## 第一节　CCBⅡ型制动系统气路控制关系与气路综合作用

### 一、CCBⅡ型制动系统气路控制关系

1. 控制列车

自动制动阀→ERCP→均衡风缸→BPCP→列车管压力→车辆制动机

↓

16CP→作用管(16 号管)→BCCP→机车制动缸

2. 控制机车

单独制动阀→20CP→BCCP→机车制动缸

↓

平均管→重联机车 BCCP→重联机车制动缸

### 二、CCBⅡ型制动系统气路综合作用

机车制动系统的综合作用习惯上是根据自动制动手柄和单独制动手柄各位置的变换(该变换是由操纵列车或机车实际运行情况而决定)而确定其各主要部件之间的相互关系和作用规律。

CCBⅡ型制动系统的综合作用，按自动制动作用、单独制动作用、空气备份，以及无动力回送逐一介绍。

1. 自动制动作用

自动制动作用，即单独制动手柄位于“运转位”，操纵自动制动手柄在“运转位”或制动区，观察本机及重联机车的各主要部件的相互作用关系。

(1)本机—运转位。

该位置是列车在运行过程中，自动制动手柄常放位置，是向全列车初充风、再充风缓解列车制动及列车正常常用运行所采用的位置。

ERCP 模块接收自动制动手柄指令，给均衡风缸充风到设定值；BPCP 模块响应均衡风缸压力变化，列车管被充风至均衡风缸设定压力；16CP/DBTV 模块响应列车管压力变化，将作用管（16 号管/16TV 管）的压力排放；BCCP 模块响应作用管压力变化，机车制动缸排风缓解；同时车辆副风缸充风，车辆制动机缓解。

（2）本机—制动位。

该位置是操纵列车常用制动，使列车正常缓慢停车或调整运行速度所使用的位置。包括“初制动位”和“全制动位”，两者之间是常用制动区。自动制动手柄在制动区的停留位置决定了均衡风缸的减压量，达到目标减压量后，均衡风缸自保压。机车在货车模式时，自动制动手柄在制动区可实现阶段制动作用，但只可实现一次缓解功能；机车在客车模式下，自动制动手柄在制动区可实现阶段制动和阶段缓解作用。

ERCP 模块接收到自动制动手柄指令，将均衡风缸压力减到目标值；BPCP 模块响应均衡风缸压力变化，列车管减压到均衡风缸压力；16CP/DBTV 模块响应列车管减压变化，给作用管（16 号管/16TV 管）充风；BCCP 模块响应作用管压力，机车制动缸充风制动；同时车辆副风缸给车辆制动缸充风，车辆制动机制动。

（3）紧急位。

该位置是列车运行过程中需紧急停车时所使用的位置。

一旦自动制动手柄放置在此位置，列车管迅速减压到零，均衡风缸以常用制动速度率减压到零，16CP 模块响应列车管减压变化，迅速给 16 号管充风到最大允许压力，BCCP 模块响应作用管压力增加，给机车制动缸充风产生紧急制动作用；同时车辆副风缸给车辆制动缸充风，车辆制动机制动。

（4）自动制动的单缓。

列车实施制动后认为有必要单独降低机车制动力时使用的位置，需要通过单独制动手柄侧压来帮助实现此功能。

单独制动手柄侧压，13CP 模块响应该指令，给 13 号管充风，控制 DBTV 模块中的 16TV 管减压；同时 16CP 模块和 20CP 模块也响应该指令，允许 16 号管和 20 号管减压；BCCP 模块响应 16 号管压力变化，允许机车制动缸排风缓解，缓解由自动制动手柄动作产生的制动作用；车辆制动机仍保持制动作用。

（5）补机—运转位。

补机（重联机车）自动制动手柄应用销子固定在“重联位”，单独制动手柄应放置在“运转位”。此位置为本务机车在“运转位”时，补机（重联机车）受机车间列车管软管、总风软管、平均软管压力控制，而发生作用的位置，其缓解作用和本务机车同步。

本务机车列车管充风，作用管（16 号管）及平均管（20 号管）压力排空，制动作用缓解。补机（重联机车）接收列车管压力增高的变化，通过 DBTV 模块将 16TV 管风压排空，同时给补机副风缸充风；补机响应平均管压力的变化，通过 BCCP 模块将制动缸压力排空，补机缓解。

（6）补机—制动位。

此位置为本务机车在制动位时，补机（重联机车）受机车间列车管软管、总风软管、平均软管压力控制，而发生作用的位置，其制动响应和本务机车同步。

本务机车列车管减压，平均管、作用管增压，机车制动缸充风产生制动作用。补机接收列车管压力减少的变化，通过 DBTV 模块停止列车管给辅助风缸充风，并将辅助风缸的风压传送到 16TV 管；补机接收平均管压力增高的变化，通过 BCCP 模块给制动缸充风，补机制动。

2. 单独制动作用

单独制动作用，操纵本机的单独制动手柄在“运转位”或制动区，观察本机及重联机车的各主要部件的相互作用关系。该作用用于单独操纵机车的制动、缓解，通常自动制动手柄置“运转位”。

（1）本机—运转位。

该位置为单独缓解机车用。

20CP 模块内缓解电磁阀得电，将 20 号管的压力排空；作用电磁阀失电阻止总风给 20 号管充风；BCCP 模块响应 20 号管压力变化，机车制动缸排风缓解。

（2）本机—制动位。

该位置为单独制动机车用。

20CP 模块内缓解电磁阀失电，作用电磁阀得电，总风给 20 号管充风，MVLT 得电允许总风通过，控制 PVLT 阀开通，20 号管压力进入 BCCP 模块，制动缸充风，机车制动。

（3）重联机车—制动、缓解位。

重联机车自动制动手柄应用销子固定在“重联位”，单独制动手柄应放置在“运转位”。重联机车受机车间列车管软管、总风软管、平均软管压力控制，而发生作用，其制动、缓解响应和本务机车同步。

3. 空气备份

当 EPCU 中 ERCP 模块或 16CP 模块故障时，制动系统自动转换到空气模式，使其仍然可继续工作。

（1）列车管充风，机车缓解。

当列车管充风缓解时，DBTV 模块使 16TV 管压力排空，同时列车管给副风缸充风。

16CP 模块中预控电磁阀断电，从而使作用风缸及 16 号管同 16TV 管连通，并随 16TV 管排空；BCCP 模块响应作用管压力变化，排空制动缸压力，机车缓解。

（2）列车管减压，机车制动。

当列车管减压制动时，DBTV 模块使副风缸给 16TV 管充风，同时列车管停止给副风缸充风；16CP 模块中预控电磁阀断电，作用风缸及 16 号管同 16TV 管连通，并随 16TV 管增压；BCCP 模块响应作用管压力变化，使制动缸充风，机车制动。

4. 无动力回送

机车无动力回送中，由于其空气压缩机停止使用，此时必须开放机车无动力装置。无动力装置由 DE 无动力塞门，DER 压力调整阀，C2 充风节流孔，CV 单向止回阀等部分组成，集成于 ERCP 模块中，连接列车管与总风管。当开通无动力塞门后，列车管内压力空气经 DE 无动力塞门，DER 压力调整阀，C2 充风节流孔，CV 单向止回阀将调整后的空气压力充入总风缸。此时总风缸在机车制动系统中相当于车辆的副风缸。

无动力回送的空气作用原理同空气备份相同，但总风缸压力较低，约为 220 kPa。

# 第二节　CCBⅡ型制动系统主要部件备份及故障检测方式

## 一、系统安全保护及主要部件的备份

1. 空气备用(16CP 模块失效)

空气备用模式是指系统用纯机械三通阀(DBTV)来代替电子控制(16CP)产生制动缸管控制压力。其控制关系如下：

自动制动阀→ERCP→BCCP→列车管压力→车辆制动机
↓
DBTV→BCCP→机车制动缸

2. ER 备用(ERCP 模块失效)

如果 ERCP 模块失效，它的功能由 16CP 模块和 13CP 模块实现。由软件控制自行进行切换，控制关系如下：

自动制动阀→16CP/13CP →BPCP→列车管压力→车辆制动机
↓
DBTV→BCCP→机车制动缸

3. 单独制动备用(20CP 模块失效)

20CP 模块失效时，16CP 模块将响应单独制动手柄的指令，控制本机车制动缸的压力。对于重联车，将不存在平均管压力。控制关系如下：

单独制动阀→16CP→BCCP→机车制动缸

4. 紧急制动的触发方式

(1)自动制动手柄置紧急制动位。

(2)开放车长阀触发紧急制动。

(3)按下操纵台紧急按钮触发紧急制动。

(4)IPM 触发紧急制动。

(5)ATP 触发紧急制动。

(6)列车断钩分离触发紧急制动。

(7)机车警惕装置触发紧急制动。

5. 总风缸压力低保护

当总风缸压力低于 350 kPa 时，IPM 接收到 MREP 压力开关信号，使机车实施制动，不允许机车加载牵引。

备份模式的显示如图 3-1-1 所示。

| "D&T"Back up Mode(备份模式)：aa，bb，cc，dd，ee，ff |
|---|

aa，bb，cc，dd，ee，ff 是当前备份模式的速记符号：

| | | |
|---|---|---|
| aa | “BC”或“—” | BC 是否备份 |
| bb | “ER”或“—” | ER 是否备份 |
| cc | “20”或“—” | MVLT 关或开 |
| dd | “BPT”或“—” | BP 传感器是否备份 |
| ee | “MRT”或“—” | MR 传感器是否备份 |
| ff | “ERO”或“—” | 紧急 ER 压力是否到 0 |

图 3-1-1　备份模式的显示

### 二、CCBⅡ型制动系统的故障检测方式

开机时，IPM 进行自检。自检通过后对 EBV、EPCU 的各模块进行实时诊断，确认故障后，自动进入备用模式，并将 3 位故障代码的故障信息显示在 LCDM 上。

通过 LCDM 上的按键可以手动对 EBV、EPCU 的各模块进行循环或单独自检，若发现故障，将 4 位故障代码的故障信息显示在 LCDM 上。

IPM 及 EPCU 均有串口与外接 PC 机通信，传送各种信息供更新程序、检测或检修之用。

## 第三节　CCBⅡ型制动系统常见故障处理

本节主要列举 $HXD_3$ 型电力机车 CCBⅡ型制动系统常见应急故障处理。

### 一、机车发生惩罚制动故障

(1)监控装置常用制动引起的惩罚制动，应将自动制动手柄置于“抑制位”1 s 以上并缓解监控装置常用制动。

(2)操纵端处理无效，确认“IPM”上“CPU OK”指示灯为“绿色”显示时，换端操纵维持进站。

### 二、自动制动手柄运转位列车管不充风

(1)自动制动手柄置“抑制位”或“重联位”，等待“动力切除”消失后，回“运转位”充风。

(2)自动制动手柄非常制动或列车分离、使用放风阀、使用紧急停车按钮后，列车管排风为 0，自动制动手柄需在“非常位”停留 60 s 后，再回“运转位”充风。

(3)如动力切除不消失，应在 LCDM 上按压【F3】键，查看制动设置信息，并确认设置为操纵端和投入状态。

### 三、操纵端 LCDM 黑屏或死机

(1)操纵端 LCDM 电源指示灯是否亮，电源指示灯正常时立即按压显示屏下方【F1】～【F8】任意键，1～3 s 后恢复正常。

(2)若 LCDM 电源指示灯不亮，拉回机车电钥匙，将电气柜上 QA55“电控装置”脱扣开关脱扣 10 s 后恢复，再给电钥匙后观察 LCDM 是否启动正常。

(3)如果不能恢复,到制动屏柜处,检查IPM上的"CPU OK"指示灯是否亮。

①若指示灯亮,在时间允许的情况下可互倒A/B端LCDM,否则可按《本务机车CCBⅡ制动系统故障应急处理办法》(附件一或附件二)维持运行或维持进站处理。

②若指示灯不亮,需断开机车QA61"蓄电池充电"脱扣开关60 s,恢复后若正常,则继续运行。

③若故障依旧,可直接按《本务机车CCBⅡ制动系统故障应急处理办法》(附件一或附件二)维持运行或维持进站处理。

④LCDM互倒方法及注意事项:

先拉回电钥匙开关,再断开本务机车QA61"蓄电池充电"脱扣开关。

在更换LCDM时,为节省时间,最好两端同时进行拆除。先拆掉4个安装螺钉,拔下2个航空插座,再拆掉接地线。(注意:对换到非操纵端的故障LCDM可不安装,但需将非操纵端的接地线包扎好)

LCDM互倒完毕后,合本车QA61"蓄电池充电"脱扣开关,在LCDM启机后,对操纵端LCDM进行重新设置,主要内容是机车号(A/B)端、本机的重新设置。

## 四、运行中LCDM突然无列车管、均衡风缸压力显示,机车自动停车,LCDM显示"空气制动故障——×××"、故障栏提示"自动制动不能被单独缓解,本车设置为拖车",实际列车也不缓解

(1)将本务机车自动制动手柄置"紧急位",待60 s后重新缓解列车。

(2)若列车不能正常缓解,将本务机车制动屏柜上方A24总风截断塞门关闭待排风结束后再开启,将自动制动手柄再次置"紧急位",待60 s后重新缓解列车。

(3)若列车依然不能正常缓解,将电钥匙拉下,电气柜QA55"电控装置"脱扣断开30 s后再恢复,缓解列车试验观察。

(4)若故障依旧时,将两台车QA61"蓄电池充电"脱扣开关断开60 s后重新合上,将自动制动手柄置"抑制位"后拉回"运转位"缓解列车。

(5)若故障依旧时,在确认牵引力足够的情况下,可按《本务机车CCBⅡ制动系统故障应急处理办法》(附件一或附件二)维持运行或维持进站处理。

## 五、司机台"弹停制动"灯灭,LCDM显示"动力切除"不消失,弹停制动不解除

(1)检查总风缸压力是否在450 kPa以上、B40塞门在正常位。

(2)将"弹停制动"开关置缓解位,观察弹停制动是否能解除。

(3)下车检查4个弹停制动器及风路有无漏风现象。

(4)以上各项检查均正常时,可手动按压【F8】键弹停模块上的双向脉动电磁阀左、右侧紫红色柱塞,听是否有充风或排风声,观察故障现象是否消失。

(5)若故障依旧时,断开机车QA61"蓄电池充电"脱扣开关60 s后恢复,观察故障现象是否消失。

(6)应急处理办法:

①断开故障机车QA61"蓄电池充电"脱扣开关。

②在Ⅱ端司机室背后端子柜内找到1733线(1排9号柱)与440线(1排4号柱),分别将其破皮并用短接线短接。

③关闭B40塞门,下车手动接触4个弹停制动器。

④闭合QA61“蓄电池充电”脱扣,给“车底灯”扳钮,闭合电钥匙,弹停制动灯灭,LCDM“动力切除”消失,机车试验正常。

## 六、本务机车无动力,单节重联机车满足牵引力需求的故障应急处理办法

(1)断开本务机车电气柜QA55“电控装置”开关。

(2)本务机车自动制动手柄置“重联位”,单独制动手柄置“运转位”。

(3)到重联机车给电钥匙,将LCDM设置“本机”模式。

(4)重联机车自动制动手柄置“抑制位”后回“运转位”,解除惩罚制动,缓解列车。

(5)本务机车司机负责瞭望,重联机车司机负责操纵。

(6)重联机车自动制动阀减压后,通过侧压单独制动手柄只能解除后车制动缸压力,不能解除本务机车制动缸压力。只有将重联机车单独制动手柄置“运转位”才能同时解除两台机车制动缸压力。

# 第二章　CAB-A 型制动系统

CAB-A 型制动系统是由北京纵横机电科技有限公司自主设计研发，具有完全自主知识产权的机车制动系统产品。它采用基于网络通信技术的微机控制方式和模块化设计，并具有良好的人机交互功能，同时操作方式和安装接口满足简统化要求。

## 第一节　CAB-A 型制动系统的结构组成

CAB-A 型制动系统主要包括制动控制器、制动显示屏、紧急放风阀和制动柜总成，如图 3-2-1 所示。

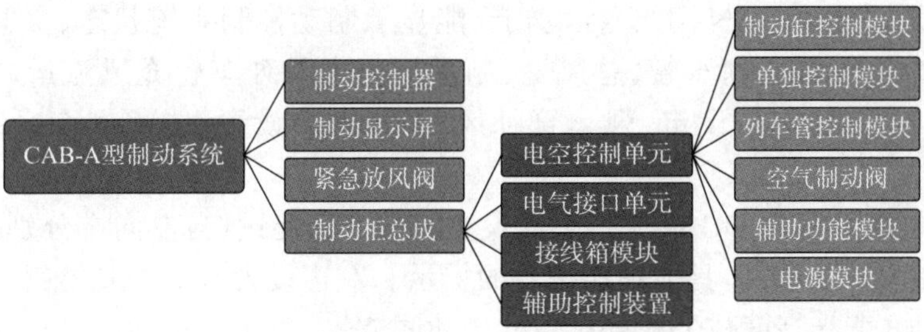


图 3-2-1　CAB-A 型制动控制系统组成

### 一、制动控制器

制动控制器为司机操作接口，主要用于进行制动、缓解的指令操作，以给出相应指令控制机车/列车的制动作用。

制动控制器为组合式结构，即集成自动制动手柄和单独制动手柄。制动控制器采用平面化设计，安装后与司机台面平齐，便于安装及操作。制动控制器具备紧急位直排列车管压力的功能。

1. 自动制动手柄

自动制动手柄通过对均衡风缸的充排风控制操作进而控制列车管的增压和减压作用，实现对列车制动的操作控制。自动制动手柄设有运转位、初制动、常用制动区、全制动、抑制位、重联位、紧急制动，在操作时有明显的位置感。

抑制位：自动制动手柄置抑制位，列车管仍执行最大常用减压量。当制动控制系统执行机车或监控装置请求的惩罚制动后，自动制动手柄失去常用制动控制功能，需要缓解惩罚制动时，应将自动制动手柄置抑制位至少 1 s，用于确认司机操作，然后允许司机将制动手柄置运转位以缓解惩罚制动作用。

重联位：自动制动手柄置重联位，均衡风缸和列车管将按常用减压速率减压至 100 kPa 以下。当手柄从抑制位移至重联位，能够进行超出列车管常用全制动减压量的减压作用，均衡风缸执行连续减压，从全制动减压量到最终减压至 0。

当制动控制系统设为补机或处于断电状态时，手柄可以放此位置。

紧急制动：自动制动手柄在紧急位时，具有机械和电气联锁能够同时触发紧急制动作用。制动控制器内设有机械排气阀，直接排出列车管压力空气以触发空气紧急制动作用。

2. 单独制动手柄

操作单独制动手柄能控制机车本身的制动和缓解作用，而不会影响列车管的压力变化。单独制动手柄设有运转位、制动区和全制动位，在操作时有明显的位置感。

单独缓解：使用单独制动手柄能够进行单独缓解作用，缓解因操作自动制动而产生的机车制动作用。具体操作为通过向右侧压单独制动手柄实现一次单独缓解作用。

常用制动后，机车制动缸压力在单独缓解后不能恢复；紧急制动后，制动缸压力在单独缓解后能够恢复。松开侧压的单独制动手柄，单独制动手柄能自动复位。

## 二、制动显示屏

制动显示屏具备双 CAN 网络通信功能，能显示制动控制系统状态、报警信息、操纵提示、故障显示和均衡风缸、列车管、总风缸、制动缸压力及列车管充风流量；可进行操作模式、列车管投入/切除、定压设定、列车管补风/不补风的设置；能够查询系统日志及故障记录。

制动显示屏电源采用 DC 110 V，下面设置有 8 个功能键，自左向右分别定义为【F1】～【F8】，用于菜单和功能选择，具体功能按界面提示。左边设置有 3 个功能键，自上而下分别为背光亮度增加、背光亮度减少和背光亮度自动调节。

## 三、紧急放风阀

紧急放风阀安装在列车管上，用于紧急制动时快速排出列车管压力，保证紧急制动迅速施加。

紧急放风阀根据机车实际运用需求开发设计，由紧急阀、紧急风缸和安装座组成。紧急阀和紧急风缸集成安装在铝合金材质的安装座上，这种组合式结构使紧急放风阀结构更加紧凑。考虑到紧急阀动作原理，安装时必须垂直安装，安装接口满足机车安装要求。

## 四、制动柜总成

结合 $HXD_{1C}$ 型交流传动电力机车制动系统安装方式，CAB-A 型制动系统采用制动柜的组装方式，安装尺寸及接口满足 $HXD_{1C}$ 型电力机车装车要求。制动柜集成安装电气接口单元(EIU)、电空控制单元(EPCU)、与机车接口的接口箱模块(IOB)、辅助控制装置(ACU)、升弓钥匙开关(KS)、停放风缸、升弓风缸和制动机总风缸等。其中 ACU 模块包括升弓及辅助空压机启停控制、停放制动控制、撒砂控制和空压机启停控制等单元。制动柜总成如图 3-2-2 所示。

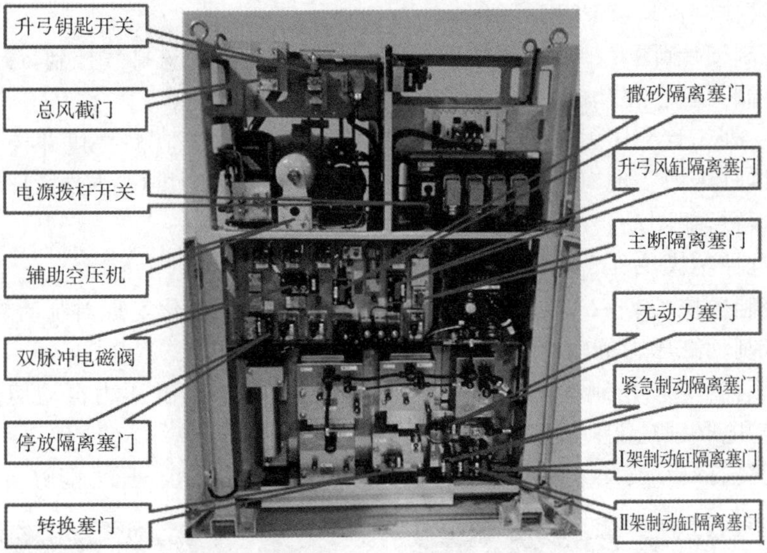


图 3-2-2　制动柜总成

1. 电气接口单元

电气接口单元主要作用是对制动系统中的信息进行管理，包括对与机车通信的 MVB 网络和开关量的输入输出管理控制，通过 MVB 网络接收机车计算机或硬线的信息并下发至 CAN 网，同时也向机车传输制动系统的相关信息。

电气接口单元是制动控制系统中的网络节点，内部设有事件及故障记录器，能够对机车运行中发生的重要制动事件或故障进行记录并存储，存储的内容包括事件或记录发生时的各制动参数、机车速度、司机的操纵等。事件记录器采用 FLASH 存储介质存储数据，容量大于等于 8 G。

预留以太网接口，以太网采用 M12 连接器。电气接口单元设有端口用于数据下载，数据下载方式可通过 USB 接口进行。

2. 电空控制单元

电空控制单元(图 3-2-3)是制动系统中的重要组件，电空控制单元上有数个部件作为网络的节点，根据指令要求实施对机车或列车的制动控制。电空控制单元根据制动系统功能采用模块化设计，其中 4 个模块具有网络节点，除电源模块，其余 3 个为机电一体化的智能模块。每个智能模块有 3 个指示灯(图 3-2-4)，从左到右分别为通信、故障、电源。第一个红灯闪烁表示通信正常，第二个红灯表示故障，绿灯常亮表示供电正常。

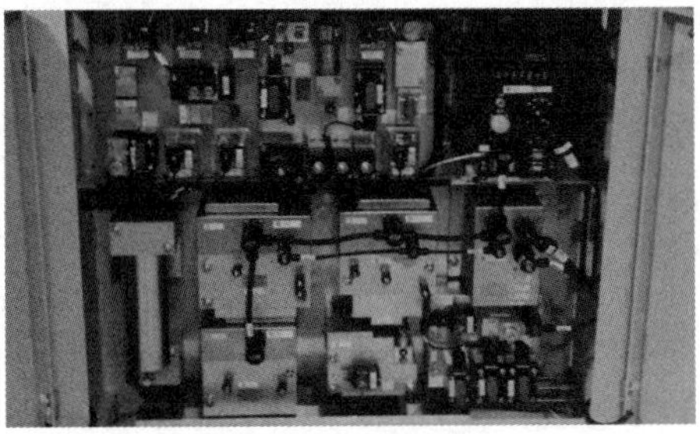

图 3-2-3　电空控制单元

图 3-2-4　智能模块指示灯

(1)列车管控制模块(BPCM)。

列车管控制模块(图 3-2-5)主要作用是通过对均衡风缸的充排气控制,最终实现对列车管的充排气控制。其主要功能如下:

均衡风缸、列车管等压力采集与测试;列车管充风流量的监测;提供并控制均衡风缸压力;响应均衡风缸压力实现对列车管压力控制;执行紧急制动排风;控制列车管补风作用;系统失电时执行惩罚制动。

(2)制动缸控制模块(BCCM)。

制动缸控制模块(图 3-2-6)主要作用是根据列车管压力变化实现对制动缸的压力控制,最终实现机车制动缸压力的输出。其主要功能如下:

根据列车管压力输出制动缸压力;电空制动失效时,制动缸压力自动切换至机械分配阀控制;实现空电联锁功能;制动缸等压力测试功能。

制动系统具有制动力不衰减特性,当制动缸及其管路漏泄时,压力能够自动补偿。

图 3-2-5 列车管控制模块

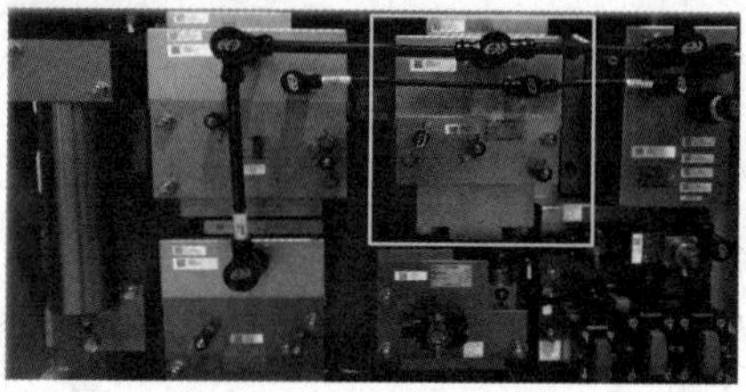

图 3-2-6 制动缸控制模块

(3)单独控制模块(IBCM)。

单独控制模块(图 3-2-7)主要作用是根据单独制动手柄的操作实现对制动缸的压力控制,并输出平均管压力。其主要功能如下:

平均管等压力测试功能;响应单独制动,提供对制动缸和平均管的压力控制;制动缸控制模块故障时,提供对制动缸的压力控制。

单独控制模块故障时,系统将通过制动缸控制模块实现其功能,输出平均管压力,控制重联机车。同时制动缸控制模块也可以响应单独制动手柄指令,实现机车单独制动控制。

(4)空气制动阀模块(PBTV)。

空气制动阀模块(图 3-2-8)主要作用是响应列车管压力变化并实现制动缸的压力控制,其始终处于热备状态,在每次列车管减压时均同时产生作用,一旦制动缸控制模块或制动系统故障,立刻实现对制动缸的压力控制。其主要功能如下:

提供制动缸的冗余压力控制;无动力回送压力控制,可根据需要增加转换塞门状态电触点。

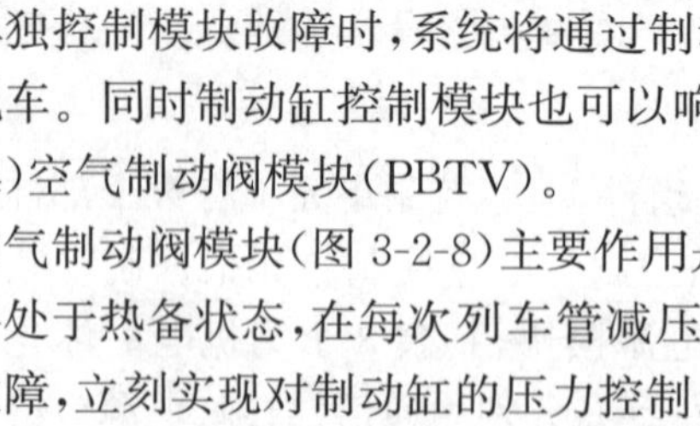

图 3-2-7 单独控制模块

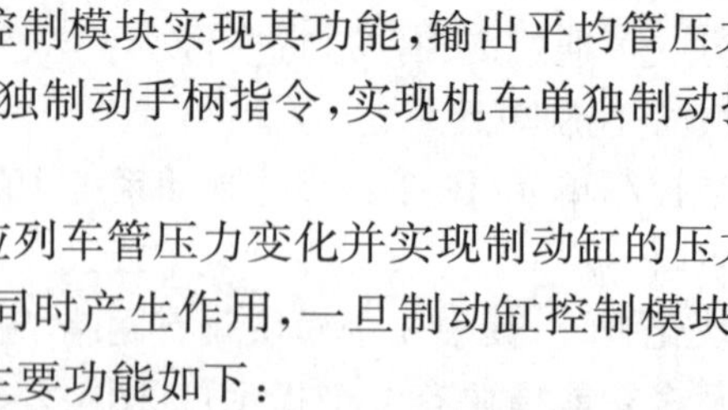

图 3-2-8 空气制动阀模块

(5)辅助功能模块(ACM)。

辅助功能模块(图 3-2-9)具有如下主要功能：

系统后备(冗余)制动模式下，通过观察司机室列车管压力表，实现列车管压力控制；无动力回送时，可以实现列车管向副风缸的充风，可根据需要增加无动力塞门状态电触点；能够按转向架切除制动缸压力；执行机车请求的紧急制动要求，迅速排出列车管压力空气，故障时可将其切除。

(6)电源模块(PSCM)。

电源模块(图 3-2-10)内置变压器，将机车提供的 110 V 直流电源转换成 24 V 直流电源提供给 CAB-A 型制动系统，供电空控制单元、制动控制器等部件使用。在其外部有多个接口，允许电空控制单元、制动控制器、制动显示器、电气接口单元和接口箱模块相互连接通信。

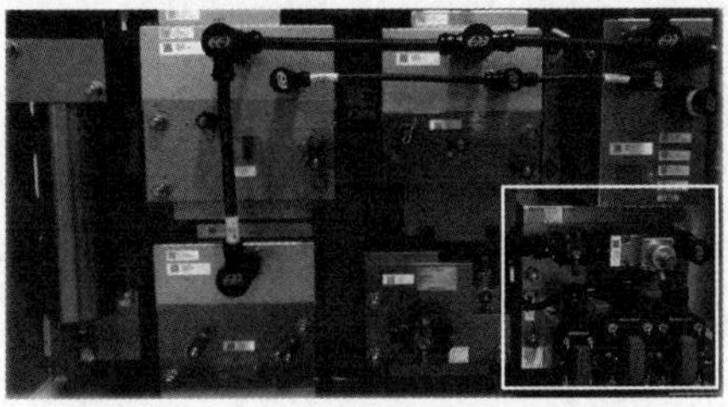

图 3-2-9　辅助功能模块

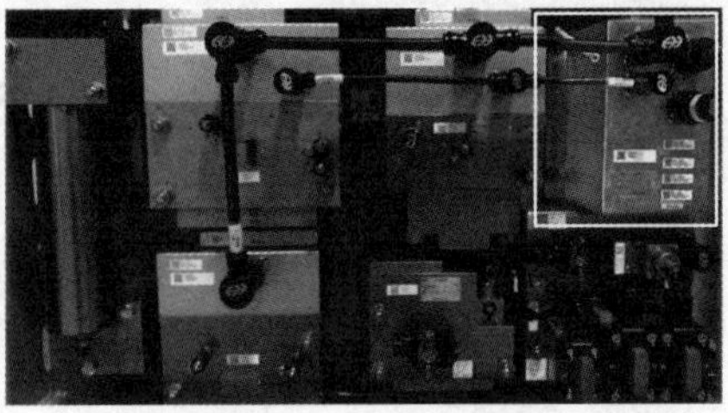

图 3-2-10　电源模块

3. 接口箱模块

接口箱模块(图 3-2-11)主要用于与机车的连接，同时也负责制动系统内部各模块、设备之间的硬线、网络或电源接口，这些接口主要包括：与电气接口单元接口；与电空控制单元接口；与机车 LKJ 监控装置和机车控制系统的硬线接口。

接口箱模块集成制动系统电源开关和后备制动转换开关，实现电空后备转换功能。

4. 辅助控制装置

辅助控制装置(图 3-2-12)包括停放制动控制单元；升弓及辅助空压机启停控制单元；撒砂控制单元；空压机启停控制单元。

(1)停放制动控制单元(PBM)。

停放制动控制单元接收司机控制指令，从而控制机车走行部停放制动缸压力。当停放制动缸中的空气压力达到 480 kPa 以上时，停放制动装置缓解，允许机车牵引；机车停车后，将停放制动缸中的压力空气排空，停放装置动作，由停放弹簧产生停放制动力，避免机车因重力或风力的原因溜车。

(2)升弓及辅助空压机启停控制单元(APM)。

升弓及辅助空压机启停控制单元主要是为受电弓和主断路器提供干燥、稳定的压缩空气。该单元中的压力空气来自机车总风缸和辅助压缩机组。

(3)撒砂控制单元(SDM)。

撒砂动作与司机脚踏开关、紧急制动、防空转、防滑行等功能配合使用，撒砂方向与机车实际运行方向一致。

(4)空压机启停控制单元(ACSM)。

空压机启停控制单元由 3 个压力开关(.01、.02、.03)和 1 个压力测点(.04)组成,用于读取总风的压力,按压力开关不同的设定值输出给机车控制指令。

图 3-2-11　接口箱模块

图 3-2-12　辅助控制装置

## 第二节　CAB-A 型制动系统的控制原理

制动控制器、制动显示屏、电空控制单元和电气接口单元构成双 CAN 冗余网络,其中电空控制单元上的制动缸控制模块、单独控制模块、列车管控制模块为带网络节点智能模块。

制动系统通过布置在制动柜右侧面的 3 个 48 芯哈丁连接器与机车控制系统连接。制动系统具有与 LKJ/ATP 等系统的接口,提供包括:惩罚制动、紧急制动、零速信号、空电联锁信号等信号的输入,以及紧急制动、动力切除、电制切除、制动系统故障的信号输出。

CAB-A 型制动系统通过 MVB 网络与 TCMS 进行通信,并预留以太网接口,以太网采用 M12-D 连接器。

CAB-A 型制动系统电气控制原理如图 3-2-13 所示,气路控制原理如图 3-2-14 所示。

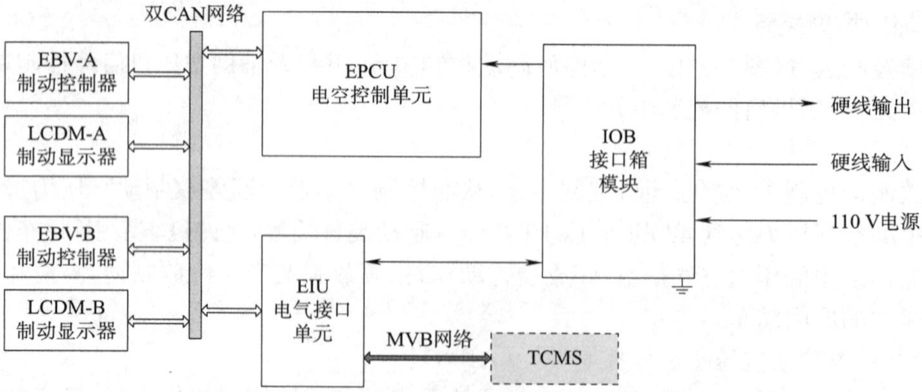


图 3-2-13　CAB-A 型制动系统电气控制原理

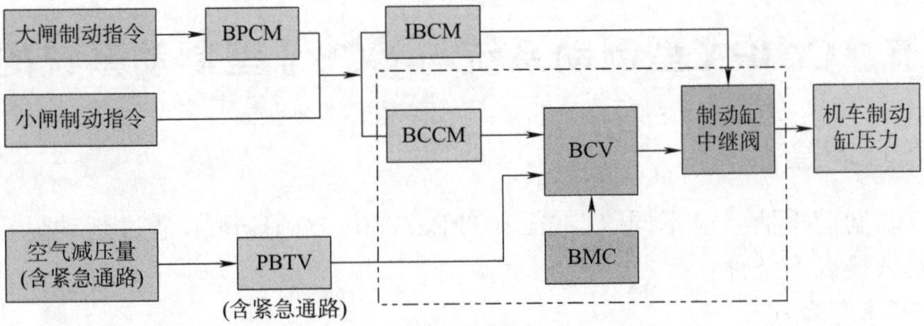


图 3-2-14　CAB-A 型制动系统气路控制原理

# 第三节　CAB-A 型制动系统的冗余及安全设计

## 一、正常情况下系统气路的控制关系

用于控制列车制动：

自动制动阀→列车管控制模块→列车管压力→车辆制动机

↓

制动缸控制模块→机车制动缸

用于控制机车制动：

单独制动阀→单独控制模块→制动缸控制模块→机车制动缸

↓

平均管→重联机车制动缸控制模块→重联机车制动缸

## 二、系统及主要部件的冗余设计

1. 空气制动冗余

当制动缸控制模块故障时，系统自动转换为由空气制动阀和单独控制模块共同控制制动缸的压力的空气制动冗余模式。

因此空气制动冗余就是系统采用纯机械后备三通阀来代替电子控制产生制动缸压力控制。

2. 系统冗余

CAB-A 型制动系统将电子控制的主系统与后备(冗余)制动控制模式融合在一起，当电子控制系统出现严重故障时，制动系统将自动产生惩罚制动，然后可将制动系统转到后备模式，利用后备制动模式实现对列车的制动控制。

后备制动模式下，操纵自动制动手柄实现对列车的制动、缓解控制作用。

3. 重联机车制动冗余

本务机车模式下，当单独控制模块故障时，系统能够输出制动缸压力至制动缸平均管，实现对重联机车的制动控制。

# 第四节　CAB-A型制动系统与CCBⅡ型制动系统的区别

## 一、管压调整

根据自动制动手柄要求不同[(500±10)kPa/(600±10)kPa]，通过制动显示屏设置列车管定压需满足以下条件：

(1)机车速度为0。

(2)自动制动手柄置于重联位。(CCBⅡ型制动系统不做此限制)

## 二、模式转换

自动制动手柄要求不同(补机→本机/补机→单机)，通过制动显示屏设置列车管定压需满足以下条件：

(1)机车速度为0。

(2)自动制动手柄置于抑制位。(CCBⅡ型制动系统不做此限制)

## 三、紧急制动后的缓解计时方式不同

(1)CCBⅡ型制动系统：紧急制动在触发且机车停车超过60 s后可以缓解。

(2)CAB-A型制动系统：紧急制动在机车停车超过60 s后可以缓解。机车在有速度的情况下，紧急制动停车，停车后需要有60 s倒计时才能够缓解紧急制动；机车已停车60 s后再紧急制动，无须等待60 s倒计时即可缓解；机车已停车，但停车时间不超过60 s，发生紧急，紧急制动需等待至停车时间达到60 s后方可缓解。

## 四、阶段缓解制动缸压力变化不同

(1)CAB-A型制动系统：定压600 kPa，阶段缓解至初制位，制动缸压力保持初制压力。

(2)CCBⅡ型制动系统：定压600 kPa，阶段缓解至初制位，制动缸压力变为0。

## 五、自动制动手柄重联位、单缓功能不同

(1)CAB-A型制动系统：自动制动手柄重联位、单独制动手柄侧缓复位后，制动缸压力不回升。

(2)CCBⅡ型制动系统：自动制动手柄重联位、单独制动手柄侧缓复位后，制动缸压力回升至单缓前压力。

## 六、紧急制动时均衡风缸压力变化

(1)CAB-A型制动系统：任何方式触发的紧急制动，均衡风缸压力都会以常用速率减压到0，与自动制动手柄位置无关。

(2)CCBⅡ型制动系统：均衡风缸压力受自动制动手柄控制。

## 七、制动显示屏显示

(1)CAB-A 型制动系统：制动显示屏增加司机室未激活显示信息。

(2)CCBⅡ型制动系统：无此信息。

## 八、上电惩罚制动消除(上坡道紧急停车须注意)

(1)CAB-A 型制动系统：自动制动手柄置“抑制位”→“运转位”两步消除惩罚。仅放“抑制位”单独制动手柄侧缓不能缓解机车。

(2)CCBⅡ型制动系统：自动制动手柄置“抑制位”消除惩罚后可直接使用单独制动手柄侧缓缓解机车。

## 九、客/货车转换

(1)CAB-A 型制动系统：通过制动显示屏进行“一次缓解”(货车)、“阶段缓解”(客车)。

(2)CCBⅡ型制动系统：通过制动显示屏进行货车/客车转换。

## 十、补风/不补风设置

(1)CAB-A 型制动系统：“一次缓解”可设置为补风、不补风两种模式；“阶段缓解”只有“补风模式”。

(2)CCBⅡ型制动系统：货车只有不补风模式，客车只有补风模式。

注：CAB-A 型制动系统模式设置为 600 kPa 操纵端投入“一次缓解”不补风。

# 第三章　CAB-B 型制动系统

CAB-B 型制动系统是由中车株洲电力机车有限公司自主设计研发，具有完全自主知识产权的机车制动系统产品。它采用基于网络通信技术的微机控制方式和模块化设计，并具有良好的人机交互功能。

## 第一节　CAB-B 型制动系统的设置说明

### 一、换端操作

(1)换端操作时须保持机车为停车、单独制动手柄置“全制位”。

(2)自动制动手柄置“重联位”，拔电钥匙。

(3)到另外一端司机室，合电钥匙，自动制动手柄置“抑制位”1 s 后拉回“运转位”，列车管充风至定压，完成换端操作。

注：换端操作前必须确认总风缸压力为 750 kPa 以上，否则无法解锁。

### 二、单机→本务模式

1. 设置条件

设置时速度必须为 0、插入电钥匙。

2. 设置步骤

(1)点击制动显示屏主界面“电空制动”按钮。

(2)点击“投入切除”按钮，使“新设置”中变为“操纵端、投入”。

(3)按“执行”按钮。

(4)若原设置为补机模式，则需要将自动制动手柄置“抑制位”。

(5)当系统状态内显示“本务”，设置完成。

### 三、本务模式→单机

1. 设置条件

设置时速度必须为 0、插入电钥匙。

2. 设置步骤

(1)点击制动显示屏主界面“电空制动”按钮。

(2)点击“投入切除”按钮，使“新设置”中变为“操纵端、切除”。

(3)按“执行”按钮。

(4)当系统状态内显示“单机”，设置完成。

## 第二节 CAB-B 型制动系统的故障排除及应急处理方法

### 一、故障分类

A 级故障:影响正常行车,需立即停车处理,并检查机车关键设备状态。

B 级故障:可能影响正常行车,需视当时相关系统状态和外在运用条件综合判断。

C 级故障:一般不影响正常行车,可观察运用或回段检查(不在制动显示屏主界面上提示,仅在事件记录和故障摘要界面上显示)。

### 二、故障排除及应急处理方法

1. Ⅰ端自动制动阀故障/Ⅱ端自动制动阀故障

(1)故障现象:

①状态/操作提示区提示:"Ⅰ端自动制动阀故障 5100"或"Ⅱ端自动制动阀故障 5101"。

②Ⅰ端或Ⅱ端制动控制器自动制动手柄失效,制动系统不再响应或不能正确响应自动制动手柄的位置指令。

③制动显示屏故障记录中记录"Ⅰ端自动制动阀故障 5100"或"Ⅱ端自动制动阀故障 5101"等相关信息。

(2)故障原因:

以下原因可能会导致"Ⅰ端自动制动阀故障 5100"或"Ⅱ端自动制动阀故障 5101"产生:

①Ⅰ端或Ⅱ端制动控制器自动制动手柄位置传感器损坏或接线故障。

②Ⅰ端或Ⅱ端制动控制器网络通信中断或软件运行异常。

(3)处理方法:

①发生"Ⅰ端自动制动阀故障 5100"或"Ⅱ端自动制动阀故障 5101"时,由于自动制动手柄功能异常,可通过单独制动手柄或其他方式施加制动,确认机车停车后才能进行故障处理。

②可尝试对制动系统进行断电复位操作,并进行Ⅰ端或Ⅱ端制动控制器自动制动手柄相关测试。

③若断电复位后故障仍然存在,请求救援。

④机车回段后,对制动控制器进行更换。

2. 列车管控制模块故障

(1)故障现象:

①状态/操作提示区提示:"列车管控制模块故障 5130"。

②列车管控制模块故障指示灯(红灯)常亮。

③制动显示屏故障记录中记录"列车管控制模块故障 5130"等相关信息。

(2)故障原因:

以下原因可能会导致"列车管控制模块故障"产生:

①列车管控制模块传感器故障或线束连接故障。

②列车管控制模块充气电磁阀、排气电磁阀故障或线束连接故障。

③列车管控制模块充/排风气路堵塞。

(3)处理方法：

①发生“列车管控制模块故障 5130”时，由于制动系统无法正常响应自动制动手柄控制指令，且制动系统会自动施加制动作用，需确认机车停车后才能进行故障处理。

②可尝试对制动系统进行断电复位操作，并按照五步闸流程进行测试。

③若断电复位后故障仍然存在，请求救援。

④机车回段后，对列车管控制模块进行更换。

3. 制动缸控制模块故障

(1)故障现象：

①状态/操作提示区提示：“制动缸控制模块故障 5140”。

②在进行缓解操作时，制动缸压力不下降，或制动缸压力下降有明显延时。

③制动缸控制模块故障指示灯(红灯)常亮。

④制动显示屏故障记录中记录“制动缸控制模块故障 5140”等相关信息。

(2)故障原因：

以下原因可能会导致“制动缸控制模块故障 5140”产生：

①制动缸控制模块机械阀体故障。

②单独控制模块机械阀体故障。

(3)处理方法：

①发生“制动缸控制模块故障 5140”时，可能出现制动力无法撤销的情况，需确认机车停车后才能进行故障处理。

②可尝试对制动系统进行断电复位操作，并按照五步闸流程进行测试。

③若断电复位后故障仍然存在，请求救援。

④机车回段后，对制动缸控制模块进行更换。

4. 单独控制模块故障

(1)故障现象：

①状态/操作提示区提示：“单独控制模块故障 5150”。

②在进行缓解操作时，制动缸压力不下降，或制动力下降有明显延时。

③单独控制模块故障指示灯(红灯)常亮。

④制动显示屏故障记录中记录“单独控制模块故障 5150”等相关信息。

(2)故障原因：

以下原因可能会导致“单独控制模块故障 5150”产生：单独控制模块机械阀体故障。

(3)处理方法：

①发生“单独控制模块故障 5150”时，可能出现制动力无法撤销的情况，需确认机车停车后才能进行故障处理。

②可尝试对制动系统进行断电复位操作，并按照五步闸流程进行测试。

③若断电复位后故障仍然存在，请求救援。

④机车回段后，对单独控制模块进行更换。

5. Ⅰ端单独制动阀故障/Ⅱ端单独制动阀故障

(1)故障现象:

①状态/操作提示区提示:“Ⅰ端单独制动阀故障5300”或“Ⅱ端单独制动阀故障5301”。

②显示屏故障记录中记录“Ⅰ端单独制动阀故障5300”或“Ⅱ端单独制动阀故障5301”等相关信息。

(2)故障原因:

以下原因可能会导致“Ⅰ端单独制动阀故障5300”或“Ⅱ端单独制动阀故障5301”产生:

①Ⅰ端或Ⅱ端制动控制器单独制动手柄位置传感器损坏。

②Ⅰ端或Ⅱ端制动控制器单独制动手柄微动开关故障。

(3)处理方法:

①可尝试对制动系统进行断电复位操作,若断电复位后故障消除,可按照五步闸流程进行测试,测试正常后可继续运行。

②若断电复位后故障仍然存在,但制动系统仍能够正常响应自动制动手柄指令,确认无动力切除信号后,可继续运行。

③若断电复位后故障仍然存在,且制动缸压力无法缓解,则需请求救援。

④机车回段后,入库检查处理,对制动控制器进行更换。

# 第四篇
# 交流传动电力机车牵引传动系统

本篇主要介绍交-直-交型电力机车牵引传动系统的结构与原理。交-直-交型电力机车接收接触网单相交流电，经牵引变压器降压，牵引变流器整流后转换为频率和幅值可调的三相交流电，提供给三相交流牵引电机，进而驱动机车运行。

# 第一章　牵引传动系统电路

交-直-交型电力机车主要有 $HXD_1$ 系列、$HXD_2$ 系列、$HXD_3$ 系列电力机车。尽管这些机车的生产厂家不同，但其牵引传动系统都采用了交-直-交的电路结构，本书选取 $HXD_3$ 型电力机车为例进行说明。

## 第一节　牵引传动系统电路构成及原理

交-直-交型电力机车牵引传动系统主要由牵引变压器、牵引变流器和牵引电机等组成，如图 4-1-1 所示。其中牵引变流器包含四象限整流器、中间直流电路、逆变器、保护电路等。

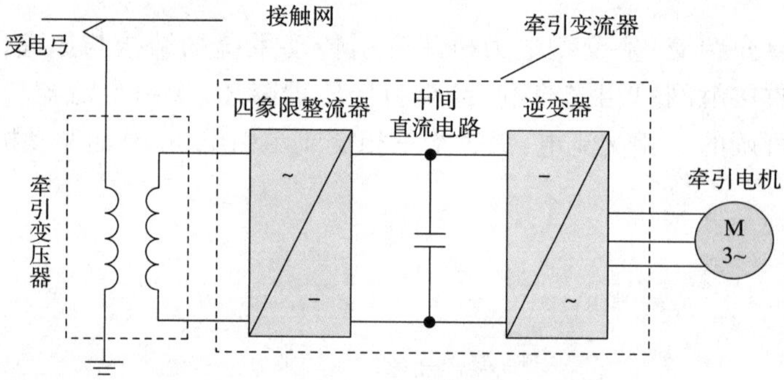


图 4-1-1　交-直-交型电力机车牵引传动系统电路组成

### 一、四象限整流器组成及作用

四象限整流器采用脉宽调制的方法，可使整流器的功率因数接近于 1，极大地减少谐波电流分量，并可消除特定的谐波电流。此外它能很方便地工作在整流和逆变的四个象限，既能用于牵引也能用于再生制动，且动态响应速度较快，系统稳定性较好。

调速系统中"四象限"是以力矩和转速为坐标系所构成的四个象限，即正转、反转运行和正转、反转制动。四象限整流器可以调整输入的功率，也可以将电机回馈产生的能量反送到电网。

### 二、中间直流电路组成及作用

中间直流电路主要由支撑电容、接地保护和瞬时过电压限制电路等组成，它是四象限整流器和逆变器之间的中间环节，在交-直-交型电力机车牵引传动系统中，起着很重要的作用。

（1）在网侧整流器和电机侧逆变器之间实现瞬时功率平衡。

(2)储能电容向牵引电机提供基波无功功率和高次谐波的通路。

(3)变流器换流能力直接受中间电路电压的影响,逆变器的调制电压质量也取决于其平衡程度,因此对它要求较高。

### 三、逆变器组成及作用

逆变器是由 U、V、W 三相逆变单元构成的。逆变器的作用是利用 6 个 IGBT 组成桥式逆变电路,通过控制其有规律地通断,得到任意频率的三相交流电输出。逆变器将四象限整流器输出的直流电转换为交流电来驱动牵引电机,并通过改变逆变电路的输出电压和输出频率来控制牵引电机的转矩和转速。

## 第二节　牵引变流器分析

牵引变流器用于直流和交流之间电能的变换,并对各种牵引电机起控制和调节作用,从而控制机车的运行。

$HXD_3$ 型电力机车每台机车装有 2 台变流装置,每台变流装置内含有 3 组牵引变流器和 1 组辅助变流器。牵引变流器(CI)为牵引电机提供三相交流的变压变频(VVVF)电源。

### 一、牵引变流器的特性

(1)四象限整流器和逆变器采用 IGBT 元件,对牵引和制动实行连续控制,可靠性高,噪声低,节约电能。

(2)可靠地保护电路及装置。

(3)高性能的电气元件能承受短时冲击。

(4)模块化设计便于故障检出和故障排除。

(5)布线科学,降低电磁干扰,保证电磁兼容要求。

### 二、四象限整流器

1. 四象限整流器和二极管整流器基本电路比较

采用四象限整流器和二极管整流器将交流转换成直流的基本电路比较如图 4-1-2 所示。采用四象限整流器时,其电路功能在 IGBT 的控制门极电路启动之前,由于所有的 IGBT 被关断,因此它与二极管的电路功能一样。

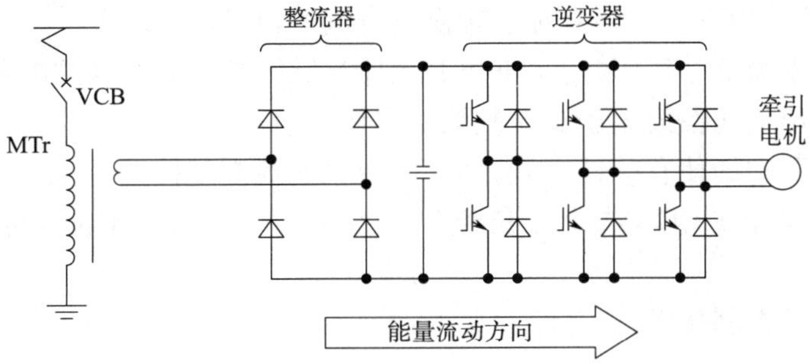


(a)二极管整流器

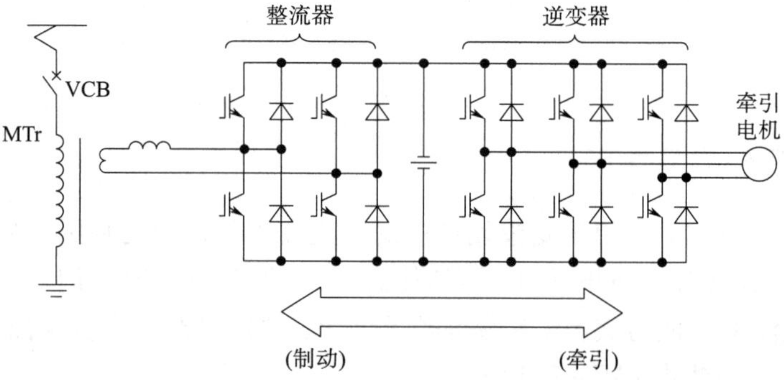


(b)四象限整流器

图 4-1-2　交流与直流转换电路比较

图 4-1-3(a)所示的二极管整流电路中，二极管只有在施加正向电压时，才会导通。如果没有电抗元件，负载为纯电阻，整流电压、电流波形如图 4-1-3(b)所示。

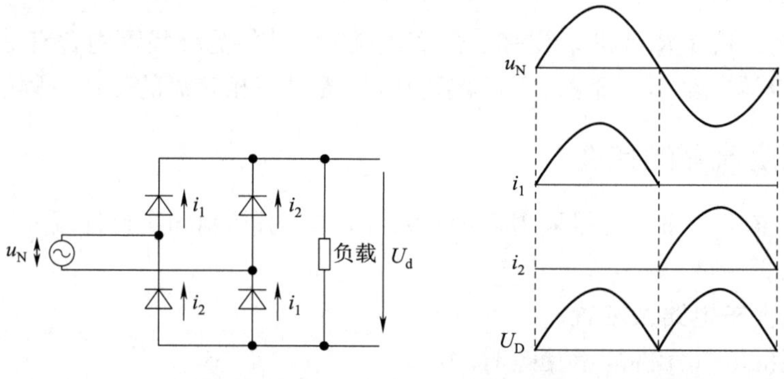


(a)　　(b)

图 4-1-3　二极管整流器工作状态

在电源电压正半周期内，流过负载的电流为 $i_1$；在电源电压负半周期内，流过负载的电流为 $i_2$。这里，施加在负载上的电压 $U_D$ 是全波整流的直流电压。这是交-直流转换的基本原理。一般来说，由于电路中有电感元件(如牵引变压器和牵引电机)和电容元件(如滤波电容器)，交流电源的功率因数不可能达到 1。

此外，如图 4-1-3 所示，用二极管整流器获得的直流电压 $U_d$ 不可能大于电源电压。

2. 四象限整流器的特点

四象限整流器采用 IGBT 将交流电转换成直流电，其特点如下：

(1)与二极管整流器相比，采用了 IGBT 元件与二极管反向并联的电路结构。

(2)直流侧输出电压幅值大于交流侧输入电压幅值。

(3)在交流电路中即使有感性负载，功率因数也能控制到接近于 1。

(4)即使交流电电源电压或直流负载发生变化时，直流输出电压也能被控制在恒定状态。

(5)采用 PWM 控制技术。

3. 四象限整流器电路原理及其控制

四象限整流器分为电压型与电流型两类。电力机车上主要采用电压型整流器。下面对电压型整流器进行说明。

(1)电路结构(图 4-1-4)。

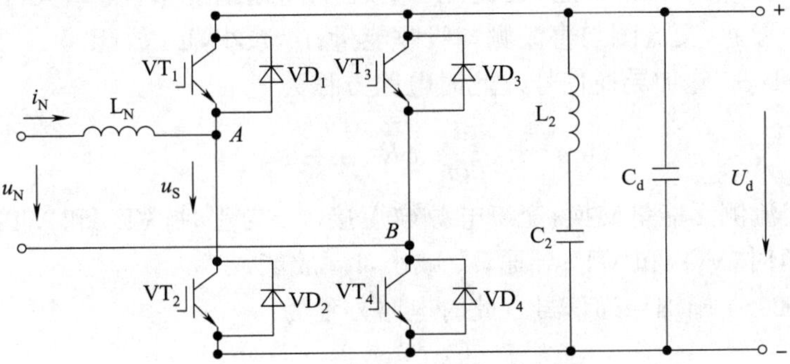


图 4-1-4　电压型整流器的电路结构

当输入侧的交流电压 $u_N$ 与电流 $i_N$ 均为正弦时:

$$u_N=\sqrt{2}U_N\sin\omega_1 t$$

$$i_N=\sqrt{2}I_N\sin\omega_1 t$$

直流输出与交流输入功率的瞬时值应当相等:

$$u_d i_d=u_N i_N=\sqrt{2}U_N\sin\omega_1 t\cdot\sqrt{2}I_N\sin\omega_1 t$$

$$=2U_N I_N\sin^2\omega_1 t$$

由于采用电压型整流器,中间直流回路电压恒定,即 $u_d=U_d$,故

$$i_d=\frac{u_N i_N}{u_d}=\frac{2U_N I_N}{U_d}\sin^2\omega_1 t$$

$$=\frac{U_N I_N}{U_d}(1-\cos 2\omega_1 t)$$

可见,直流电流 $i_d$ 将以 2 倍的电网频率脉动。要得到恒定的输出电压应当在中间直流电路中接一个由电感和电容串联组成的二次谐振电路以平衡以 2 倍电网频率脉动的能量,即电路中 $L_2C_2$ 支路。

4 个 IGBT 管 $VT_1\sim VT_4$ 按 SPWM 方式进行控制。在再生制动时控制反馈的正弦信号的频率与电网频率相同。

(2)电路的工作模式与能量关系。

设交流电源侧的电压与电流均为正弦。以下分析中将 $VT_1$、$VD_1$ 组合称为 S1,其他组合分别称为 S2、S3 和 S4。

①模式 1:S1、S4 施加导通信号。此时电路方程为

$$L_N\frac{di_N}{dt}+R_N i_N=U_N-U_d$$

$i_N$ 为正时,$VD_1$ 和 $VD_3$ 导通,交流侧输出能量,直流侧吸取能量,处于整流状态,$i_N$ 减小,$L_N$ 释放能量;$i_N$ 为负时,$VT_1$ 和 $VT_3$ 导通,交流侧吸收能量,直流侧释放能量,处于能

量反馈状态，$i_N$ 增大，$L_N$ 储能。

②模式 2：S2、S3 施加导通信号。此时电路方程为

$$L_N\frac{di_N}{dt}+R_Ni_N=U_N+U_d$$

$i_N$ 为正时，$VT_2$ 和 $VT_4$ 导通，交流侧与直流侧均输出能量，$i_N$ 增大，$L_N$ 储能；$i_N$ 为负时，$VD_2$ 和 $VD_4$ 导通，交流侧与直流侧均吸收能量，$i_N$ 减小，$L_N$ 放能。

③模式 3：S1、S3 施加导通信号。此时电路方程为

$$L_N\frac{di_N}{dt}+R_Ni_N=U_N$$

直流侧与交流侧无能量交换，交流电源被短接，$i_N$ 为正时，$VD_1$ 和 $VT_2$ 导通，$i_N$ 增大，$L_N$ 储能；$i_N$ 为负时，$VD_2$ 和 $VT_1$ 导通，$i_N$ 减小，$L_N$ 放能。

④模式 4：S2、S4 施加导通信号。此时电路方程为

$$L_N\frac{di_N}{dt}+R_Ni_N=U_N$$

直流侧与交流侧无能量交换，交流电源被短接，$i_N$ 为正时，$VD_4$ 和 $VT_3$ 导通，$i_N$ 增大，$L_N$ 储能；$i_N$ 为负时，$VD_3$ 和 $VT_4$ 导通，$i_N$ 减小，$L_N$ 放能。

## 三、中间直流电路

$HXD_3$ 型电力机车中间直流电路如图 4-1-5 所示。中间直流电路主要由支撑电容(FC)、主接地保护电路和瞬时过电压限制电路组成。

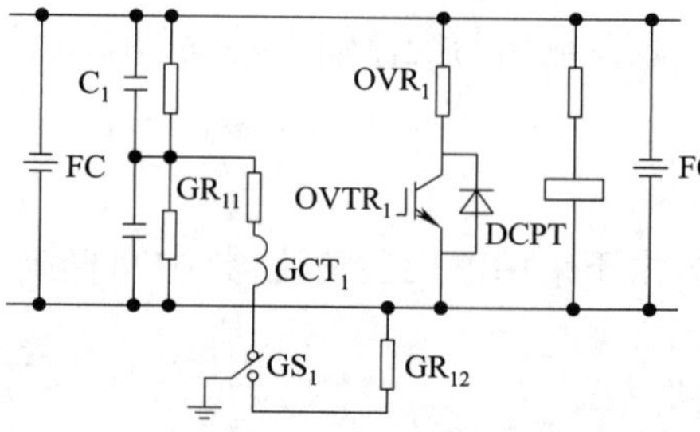


图 4-1-5　中间直流电路原理

1. 支撑电容

$HXD_3$ 型电力机车采用的是电压型逆变器，为保持中间回路电压稳定，并联了大容量的支撑电容，同时它还对四象限整流器和逆变器产生的高次谐波进行滤波。另外，由于在一个短的时间周期内输入的能量和输出的能量不相等，支撑电容可对牵引变流器和牵引电机进行能量解耦。$HXD_3$ 型电力机车的中间直流电路与欧洲和国内以往的交流传动电力机车不同，取消了二次滤波电路，通过逆变器的软件控制，使逆变器输出正负周期电压的时间积趋于相等，以抑制因二次谐波电流而产生的牵引电机转矩脉动。

2. 主接地保护电路

主接地保护电路除对电路接地进行保护外，还保证主回路各点有固定的电位。主接地保护电路由跨接在中间回路的 2 个串联电容和 1 个接地信号传感器组成。如图 4-1-5 所示，当主回路正常时，由于只有一点接地，接地保护电路中流过的电流为零，接地信号检测传感器 GCT 无信号输出。

当主回路有接地故障时，接地保护电路形成回路，接地检测回路中有电流流过。当电流值为 10 A 以上且持续时间超过 1 ms 时，保护装置动作，传感器 $GCT_1$ 输出信号送给 TCMS，使保护装置动作，对该组单元进行保护。保护发生时，四象限整流器和逆变器的门极均被封锁，输入回路中的工作接触器断开，若故障持续时间达到 150 ms 时向微机控制系

统发出跳主断信号，此时司机可将故障支路的变流器切除，机车仍将保留有5/6的牵引动力。每台牵引变流器含有3套独立的接地保护电路，可以分别对3组牵引变流器进行接地监测和保护。接地检测信息送至TCMS显示屏，实现故障显示。当只有一点接地时，可以将接地故障开关$GS_1$打到故障位，实施对接地保护的隔离。这时，由于电阻$GR_{12}$的接入，大大减小了接地故障电流，同时保证主回路中，各点电位的固定，维持机车继续运行。

3. 瞬时过电压限制电路

在机车出现空转、滑行或者受电弓离线造成的网压中断等情况时，牵引变流器的中间回路上可能出现瞬时过电压，为了防止这种过电压对变流器造成损坏，在中间直流回路设有瞬时过电压限制电路。如图4-1-5所示，它由IGBT和限流电阻组成，过电压的检测由牵引变流器中间直流回路电压传感器DCPT承担。这是一种多次重复方式的保护，当过电压存在时，该IGBT将导通，直流回路的能量经由限流电阻放电和释放，从而消除过电压。

## 四、逆变器

机车的牵引电机M1～M3分别由牵引变流器UM1的3个PWM逆变器单独供电，M4～M6分别由牵引变流器UM2的3个PWM逆变器单独供电，实现牵引电机的独立控制。由于机车六根动轴的轮径差、轴重转移及空转等可能引起负载分配不均匀，因此可以通过牵引变流器的控制进行适当的补偿，以最大限度地发挥机车牵引力。

1. 逆变器的电路结构

逆变器和牵引电机电路如图4-1-6所示。$HXD_3$型电力机车逆变器采用矢量控制技术，能够迅速将异步电动机的输出转矩控制在目标值，提高了机车的防空转能力。此技术通过对定子电流的励磁分量和转矩分量的控制，达到分别控制电机磁链和转矩，实现牵引电机的快速响应。

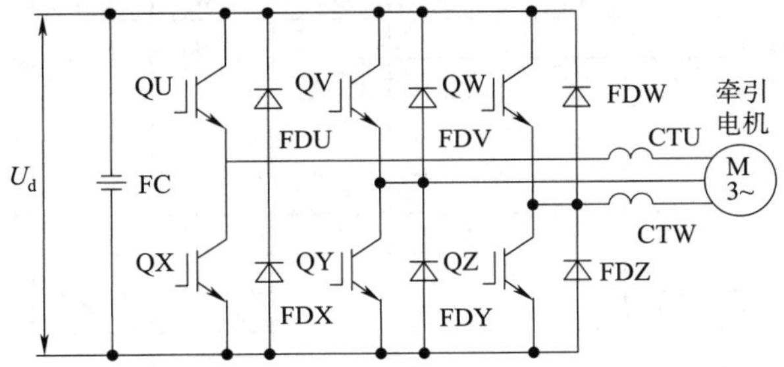


图4-1-6　逆变器和牵引电机电路

2. 逆变器的工作原理(图4-1-7)

(1)逆变器的工作方式。

图4-1-7(a)表明开关A和D闭合时的工作状态，而图4-1-7(b)表明开关B和C闭合时的工作状态。虽然该电路采用直流电源，操作这些开关可以将施加在负载上的电压反向，即通过操作这些开关，交流电压可以施加在负载上。这是直-交流转换的基本原理。图4-1-8表明一个三相逆变器的操作使用的是半导体元件而不是图4-1-7中的开关。根据模式1到模式6的导通和关断过程，通过闭合(关断)这些元件，可获得U、V、W相由电压$E$和0组成的矩形波，然后，每两个相之间则有线电压UV、VW、WU。由此，可获得120°相位差的三相交流电压。图4-1-8和图4-1-9表明在60°到120°、180°到240°、300°到360°区域内各相相

电流的流通路径。此时，$Z_u$、$Z_v$ 和 $Z_w$ 被认为是纯电阻。

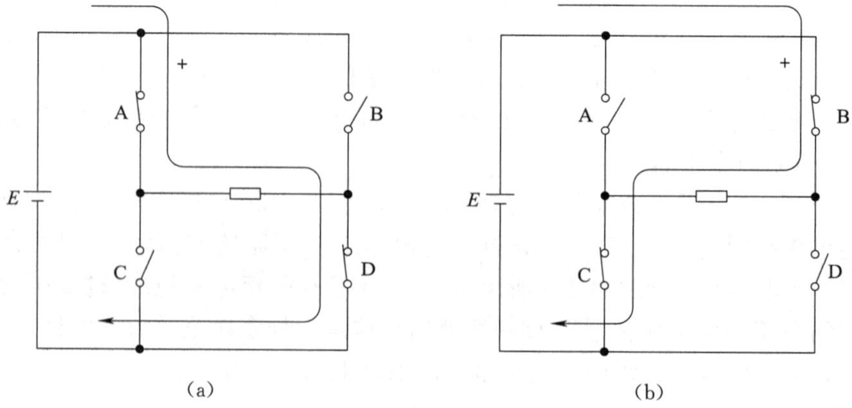


图 4-1-7　逆变器工作原理

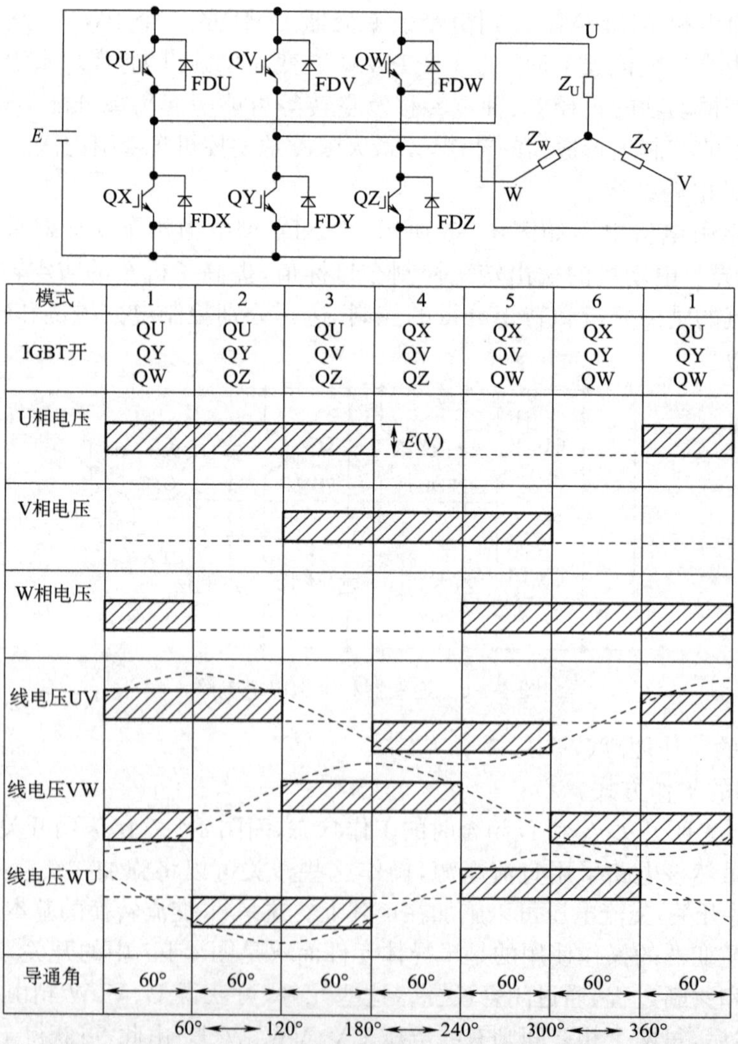


图 4-1-8　三相逆变器基本电路和工作方式

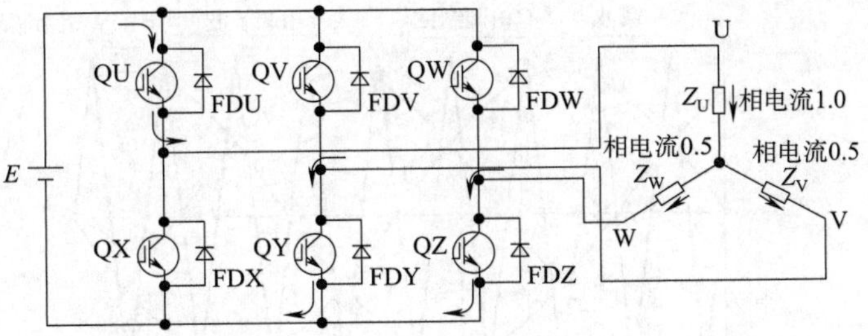


(a)60°～120°

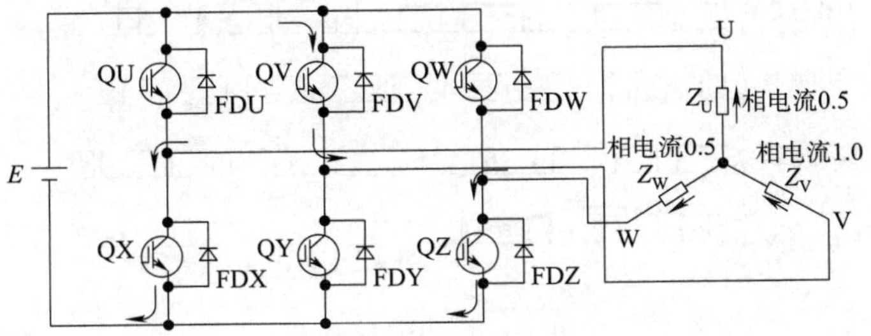


(b)180°～240°

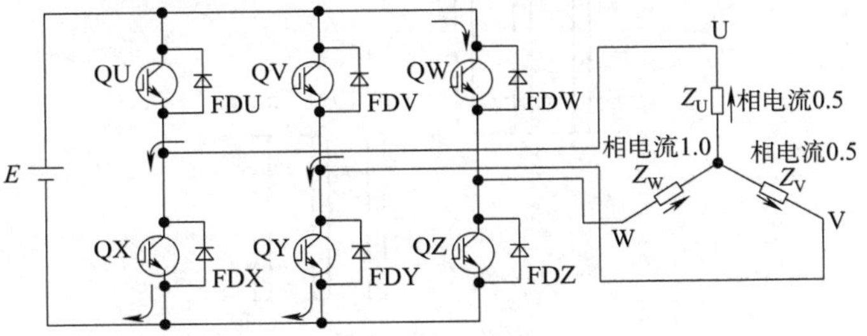


(c)300°～360°

图 4-1-9　逆变器的工作过程

(2)IGBT 的导通和关断过程。

为了获得 PWM 控制，逆变器必须控制开关元件 IGBT 的导通和关断过程。通过把载波信号与同步于逆变器输出电压基波部分的正弦波(调制波)比较，来确定 IGBT 的导通和关断过程。图 4-1-10 是导通和关断的一个例子。

(3)PWM 控制。

为了控制逆变器输出电压的大小，采用控制电压平均值的办法。通过闭合、关断开关元件 IGBT，可把一个不变的电压截成数块，以此来改变电压的平均值。因此，这种方法被称为“PWM 控制”，其波形如图 4-1-11 所示，恒波高的电压被切开数块，通过改变这些被切开数块的宽度来控制电压平均值。

为了控制逆变器输出频率，则采用改变单位时间的开关频率，即改变 IGBT 或其他开关件的开关频率。图 4-1-12 是当改变开关元件的开关频率而保持其闭合时间不变时的一个逆变器输出波形。

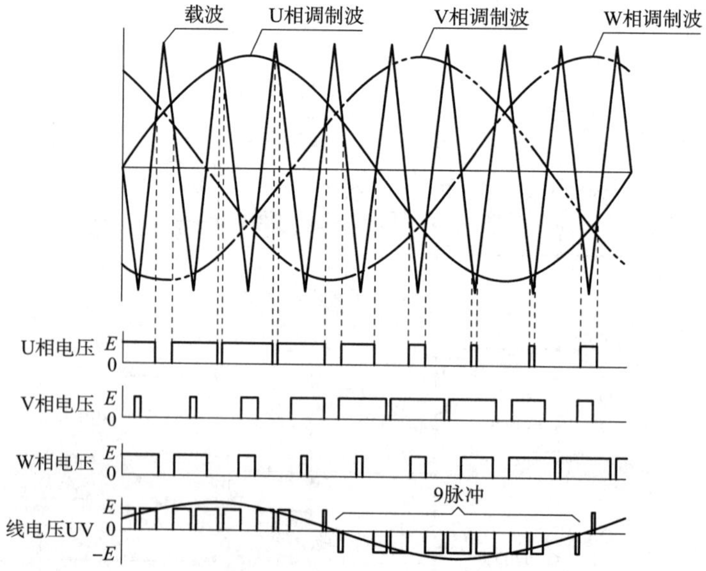


图 4-1-10　PWM 控制

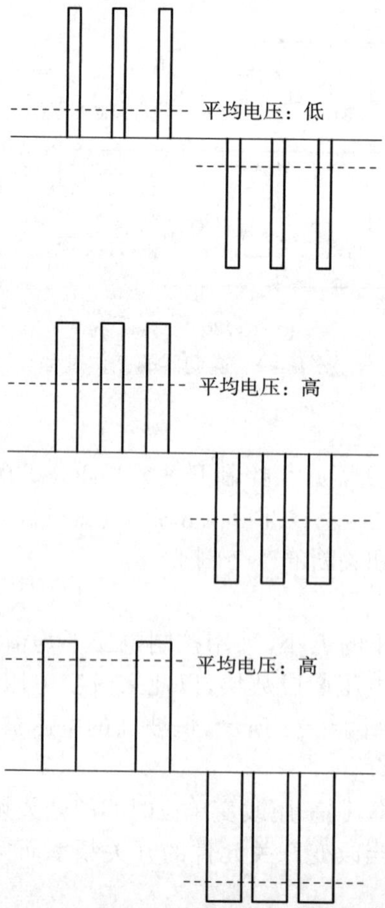


图 4-1-11　PWM 控制波形

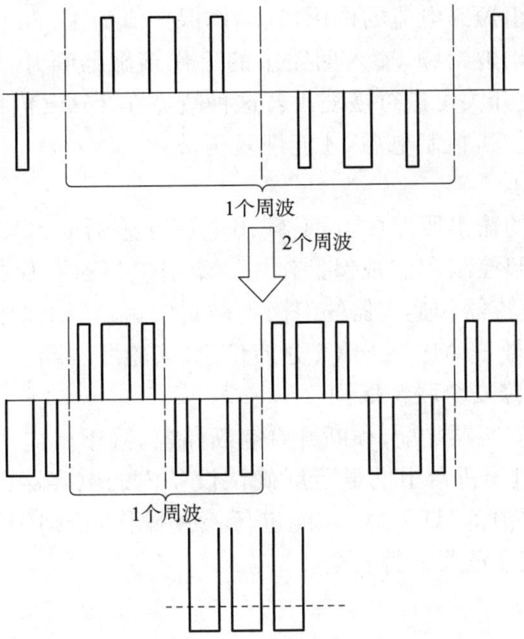


图 4-1-12　输出频率控制

(4)脉冲方式。

VVVF 逆变器通过转换恒定电压电路输出矩形波。因此,逆变器输出电压为含高次谐波的正弦波形。通过增加开关频率可以使输出电压接近于正弦波;而另一方面,由于元件损耗和冷却系统的特性,开关频率又受到限制。由于驱动车辆要求 VVVF 逆变器有一个大范围的输出频率,因此在每个速度区内要选择最为合适的转换方法(脉冲方式),在中高速度区内采用同步脉冲方式。

## 五、牵引变流器的保护

在牵引变流器内,设立了多种保护功能,以保护牵引变流器和整车的安全运行。

1. 一次侧过电压和欠电压保护

当牵引变流器检测到一次侧网压高于 32 kV 且持续 10 ms 或者是高于 35 kV 且持续 1 ms 时,CI 实施保护,四象限整流器和逆变器的门极均被封锁,输入回路中的工作接触器 K 断开,同时向微机控制系统发出一次侧过电压信息。

当牵引变流器检测到一次侧网压低于 16 kV 且持续 10 ms 时,CI 实施保护,四象限整流器和逆变器的门极均被封锁,输入回路中的工作接触器 K 断开,同时向微机控制系统发出一次侧欠压信息。

2. 牵引变压器一次侧过流保护

网侧电路中的高压电流互感器 TA1 用作短路电流的检测,其变流比为 400∶5,当网侧电流达到整定值 800 A 时,TA1 二次电流 10 A,此时一次侧过电流继电器 KC1 动作,其联锁触点信号送入 TCMS,跳开主断路器,实施故障保护。

3. 牵引变压器牵引绕组过流保护

在每组牵引变流器的输入回路中,设有 1 个输入电流互感器 ACCT,起控制和监视变流器充电电流及牵引绕组短路电流的作用，其动作保护值为 1 960 A。保护发生时，四象限整流器和逆变器的门极均被封锁，输入回路中的工作接触器断开，同时向微机控制系统发出跳主断信号，通过复位开关可进行恢复。若这种故障在 3 min 内连续发生两次，故障将被锁定，必须切断主变流器 CI 控制电源，才能恢复正常。

4. 牵引电机过流保护

在每组牵引变流器的输出回路中，设有输出电流互感器 CTU、CTW，对牵引电机过载及牵引电机三相不平衡起控制和监视保护作用。牵引电机过载保护的动作值为 1 400 A。当保护发生时，四象限整流器和逆变器的门极均被封锁，输入回路中的工作接触器断开，同时牵引变流器控制单元向 TCMS 发出 CI 过流信息，实施跳主断。

5. 牵引变流器的检修安全联锁保护

在检查或操作牵引变流器之前，须断开真空断路器，降下受电弓，然后闭合牵引变流器的试验开关(SA75)，通过司机台上的显示屏确认设备内的电容器已放电完毕(小于 36 V)或观察故障显示灯中的“预备”灯灭后，才能进行检查操作，否则中间回路的支撑电容上有很高的电压，未及时放完会危及人身安全。

## 第三节　三相异步电动机的工作原理

当三相异步电动机的三相定子绕组通入对称三相交流电流后，会在气隙中产生一个旋转磁场。当旋转磁场在空间不断旋转，而转子静止不动时，嵌放在转子铁芯槽中的转子绕组的有效边会切割旋转磁场的磁力线而产生感应电动势。如果旋转磁场以转速 $n_1$ 顺时针转动，则 N 极下的转子绕组有效边向左切割旋转磁场的磁力线，用右手定则判定可确定感应电动势 $e$ 的方向指向纸外，S 极下的转子绕组有效边中感应电动势 $e$ 的方向指向纸内，如图 4-1-13(a)所示。

转子绕组中产生感应电动势后，由于转子绕组的有效边两端被短路环短接构成闭合回路，则在转子绕组中将会产生感应电流，感应电流的方向与感应电动势方向一致。旋转磁场与转子绕组中感应电流相互作用，会产生电磁力 $F$，其方向可以用左手定则判定，如图 4-1-13(b)所示。

一对大小相等、方向相反且不作用在一条线上的电磁力，会形成一个电磁转矩 $T$。由图 4-1-13(b)可以看出，该电磁转矩方向与旋转磁场旋转方向一致，若此转矩足够大到可以克服转轴上的阻力矩时，转子将以转速 $n$ 顺着旋转磁场的旋转方向转动起来，带动机械负载工作。此时，电动机从电源上吸取电能，通过电磁作用，转换为机械能输出给机械负载。

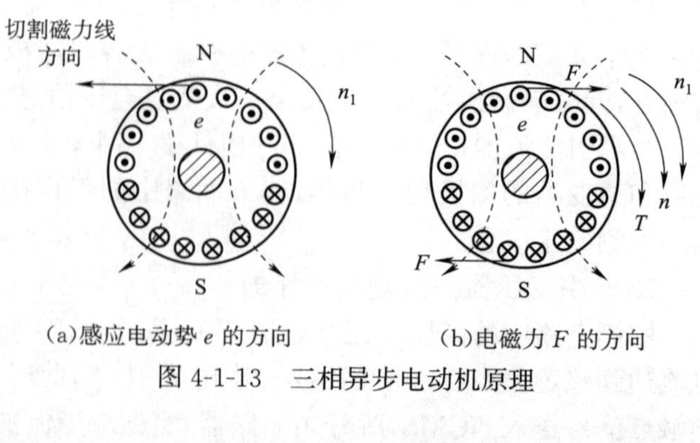

(a)感应电动势 $e$ 的方向　(b)电磁力 $F$ 的方向

图 4-1-13　三相异步电动机原理

# 第二章　辅助电气系统

$HXD_3$ 型电力机车的辅助电气系统是由辅助变流器、各辅助机组及辅助加热设备等组成。该系统采用冗余设计，具有电压稳定、平衡、节能、低噪声、维护工作量少等优点。

$HXD_3$ 型电力机车装载有 2 组辅助变流器。正常工作时，一组(UA11)采用 VVVF 控制，另一组(UA12)采用 CVCF 控制。当某一组辅助变流器出现故障时，另外一组辅助变流器将采用 CVCF 控制模式为所有辅助负载提供能量。

为了确保根据机车运行状况而提供实际所需的冷却风量和降低运转噪声，系统中 2 台冷却塔通风机和 6 台牵引电机通风机设定为 VVVF 控制模式，其他负载采用 CVCF 控制模式。

在机车变流器装置的中央下段，设置着辅助变流器(APU)及其接线端子台、交流接触器、熔断器、充电电阻等。

在变流器装置的右上段，设置着辅助变流器与牵引变流器共用的 DCPT(电压传感器)单元、I/F(接口)单元、辅助变流器控制单元(ACU)、塑壳断路器；在里面设置着辅助变流器与牵引变流器共用的 GR(接地电阻)单元、同步变压器与噪声过滤器元件。另外在辅助变流器控制单元、I/F 单元、DCPT 单元、OVTR 单元的下侧设置着加热元件，当周围温度比较低时，进行低温的预加热。

在变流器装置的右下段，设置着辅助变流器整流器、逆变器及支撑电容。在该单元的下侧，设置着加热器元件，侧面设置着风扇。另外、变流器装置后部是风道，通过在右侧里面设置的通风机对辅助变流器的整流器和逆变器进行强制风冷。

## 第一节　辅助电路分析

### 一、辅助供电电路(图 4-2-1)

$HXD_3$ 型电力机车辅助供电电路是由牵引变压器辅助绕组、辅助变流器、滤波电感和滤波电容、接触器、自动开关、辅助电动机等组成。

辅助变流器 UA11、UA12 分别由牵引变压器的两个辅助绕组供电，两个辅助绕组的电压均为 399 V。每个辅助变流器的输出侧都加有滤波电感 ACL 和滤波电容 ACC 组成的正弦波滤波器，这样将传统逆变器输出的正弦脉宽调制(SPWM)波变换为正弦波给各辅助电动机供电，从而大大降低了对电机绕组匝间绝缘的要求，延长了电机的使用寿命。机车上的各辅助电动机均通过各自的自动开关与正弦波滤波器连接，除两台空气压缩机外，均不设电磁接触器，使辅助电动机电路简单、可靠。

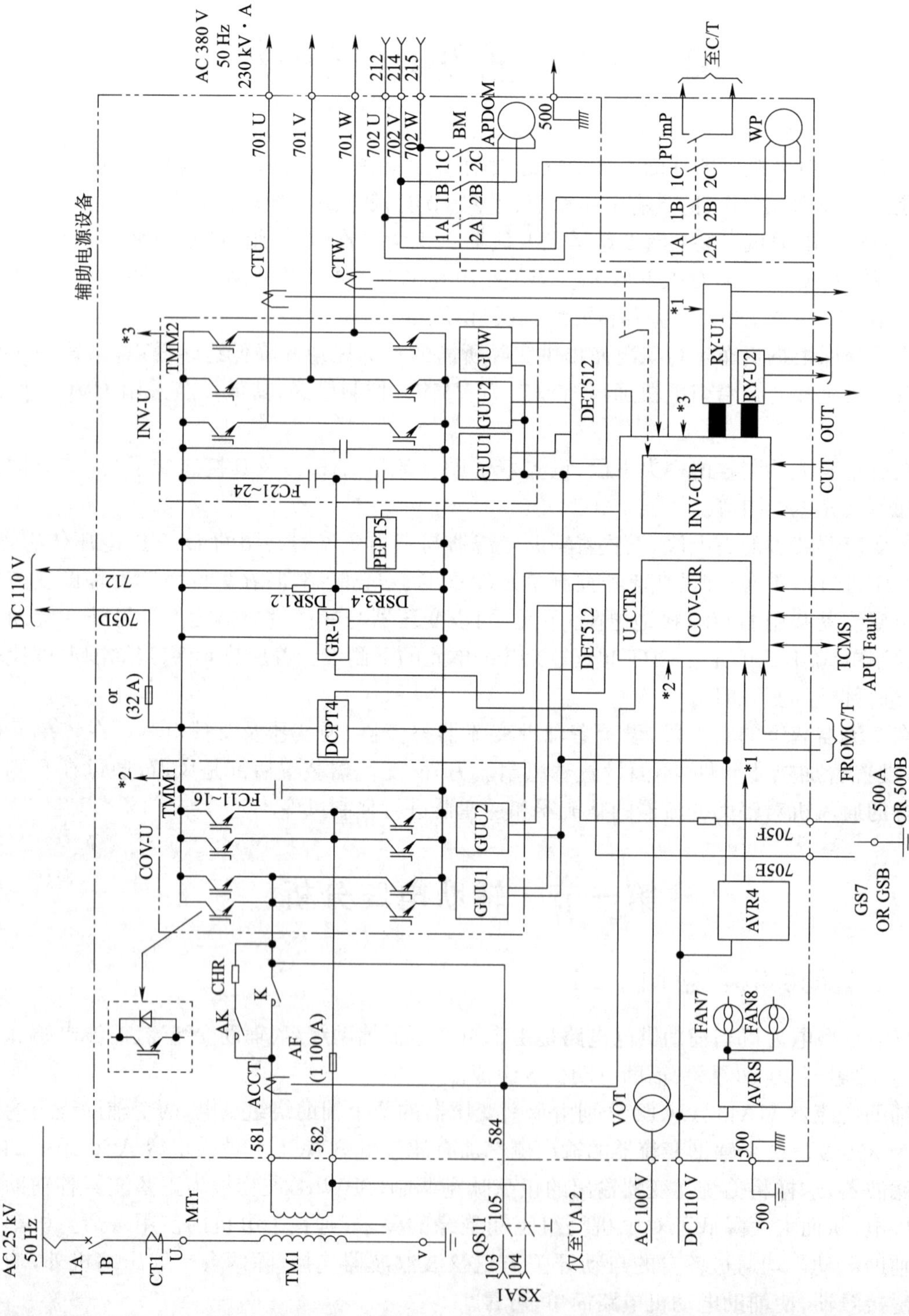

辅助电源设备
AC 380 V
50 Hz
230 kV · A
701 U
701 V
701 W
702 U
702 V
702 W
212
214
215
BM
APDOM
PUmP
WP
至C/T
CTU
CTW
INV-U
TMM2
GUW
GUU2
GUU1
DET512
FC21~24
PEPT5
INV-CIR
COV-CIR
U-CTR
RY-U1
RY-U2
CUT
OUT
TCMS
APU Fault
FROMC/T
DC 110 V
712
705D
DSR1.2
DSR3.4
GR-U
DCPT4
or
(32 A)
COV-U
TMM1
FC11~16
CHR
AK
K
AF
(1 100 A)
ACCT
581
582
584
AVR4
AVRS
FAN7
FAN8
VOT
705F
705E
500 A
OR 500B
GS7
OR GSB
AC 25 kV
50 Hz
1A
1B
CT1
MTr
TM1
QS11
103
104
105
XSA1
仅至UA12
AC 100 V
DC 110 V
500


图 4-2-1 辅助供电电路

辅助变流器 UA11 的输出首先经过正弦波滤波器 ACL1，再经过接触器 KM11 给牵引风机电动机 MA11、MA12、MA13、MA14、MA15、MA16 和复合冷却风机电动机 MA17、MA18 供电。由于以上负载属于风机类负载，辅助变流器可工作在变频变压状态。

辅助变流器 UA12 的输出首先经过正弦波滤波器 ACL2，再经过接触器 KM12 给空气压缩机 MA19、MA20，牵引变压器油泵 MA21、MA22，司机室空调 EV11、EV12，2 台牵引变流器水泵 WP1、WP2，2 台辅助变流器通风机 APBM1、APBM2，以及其他辅助设备（加热器、厕所等）供电。由于以上负载属于泵类负载，辅助变流器工作在恒频恒压状态。

## 二、辅助变流器电路

辅助变流器通过由 IGBT 构成的整流器单元把从牵引变压器辅助绕组提供的单相交流电转换为恒定电压的直流电，而后通过由 IGBT 构成的逆变器单元把直流电转换为三相交流电。

1. 控制原理

无论是整流器单元还是逆变器单元均采用 PWM 调制方式进行控制。辅助变流器工作原理与牵引变流器的原理基本相同，不再赘述。

2. 辅助变流器电气回路

辅助变流器的电气回路主要由以下几部分构成：

(1)交流输入及充电回路。

本回路主要是将牵引变压器辅助绕组的 399 V 交流电源引入辅助变流器，通过整流器单元对中间电容进行充电。

本回路主要由主接触器（K）、辅助充电接触器（AK）、充电电阻（CHR）及输入保护用熔断器（AF）构成。

(2)输入电压检测回路。

本回路主要是通过装在 CI 内的同步变压器（TV1）对架线电压进行监控并采样，并将检测信号发送给中央控制单元。

本回路主要由交流电压检测器、低通滤波器构成。

(3)输入电流检测回路。

本回路主要是对辅助变流器输入电流进行检测，并将检测信号发送给中央控制单元。

本回路主要由交流电流检测器（ACCT）构成。

(4)整流器单元。

本单元的功能主要是将 399 V 交流电转换成恒定的 750 V 直流电。其中四象限整流器的每一个桥臂为两个模块并联。

整流器单元由模块门极驱动板（GUU1、GUU2）、检测基板（DET511）构成。检测基板将中央处理器发来的驱动信号传递给门极驱动板，并将门极驱动板的反馈信号综合处理后返送给中央处理器。门极驱动板接收到经由检测基板来的驱动信号后，对 IGBT 进行驱动控制，并对 IGBT 的运行状况进行检测，将检测信号发送到检测基板。

(5)直流整形回路。

本回路对整流器单元输出的直流电进行整形，以消除中间直流回路的波动电压，达到平滑的目的。

本回路由整流器单元中的滤波电容(FC11～FC16)和逆变器单元中的滤波电容(FC21～FC24)构成。

(6)直流电压检测回路。

本回路对中间直流回路的750 V直流电压进行检测,并将检测结果输入到中央控制单元。

本回路由直流电压检测器(DCPT4、DCPT5)构成。DCPT4对整流器单元的输出电压进行检测。DCPT5对逆变器单元的输入电压进行检测。

(7)接地保护回路。

本回路对中间直流回路、交流输入侧及交流输出侧的接地进行检测,并将检测信号发送给中央控制单元。

本回路由接地检测单元(GR-U)及逆变器单元中的电容(GRC5、GRC6)构成。

(8)逆变器单元。

本回路将中间直流回路的750 V直流电转换成380 V的交流电,为各负载提供电源。其中,为牵引电机用6台冷却风机(MA11～MA16)和2台复合冷却风机(MA17、MA18)提供电源的辅助变流器(UA11)采用VVVF控制方式,而其他负载用辅助变流器(UA12)供电,采用CVCF控制方式。采用VVVF控制方式的UA11根据机车的运转状态不同,输出不同频率的三相交流电。实际运行中,按手柄级位主要分为低频(33 Hz)和高频(50 Hz)。

逆变器单元主要由IGBT门极驱动板(GUU、GUV、GUW)、检测基板(DET512)构成。检测基板将中央处理器发来的驱动信号传递给门极驱动板,并将门极驱动板的反馈信号综合处理后返送给中央处理器。门极驱动板接收到经由检测基板来的驱动信号后,对IGBT进行驱动控制。同时对IGBT的运行状况进行监控,并将监控信号发送到检测基板。

(9)中央控制单元。

中央控制单元是辅助变流器的核心控制部分,其将各部分的检测信号进行分析处理后,对各部分实施控制。

中央控制单元主要由COV-CTR及INV-CTR两部分构成。COV-CTR主要是对整流器单元进行控制;INV-CTR主要是对逆变器单元进行控制。

(10)辅助变流器冷却回路。

辅助变流器的冷却方式是强制风冷,辅助变流器冷却风机电动机电路主要由冷却风机电动机(APBM)和断路器(BM)构成。

(11)牵引变流器冷却回路。

牵引变流器的冷却方式是液体冷却。牵引变流器水泵电动机电路由水泵电动机(WP)和断路器(PUMP)构成。

## 三、辅助电动机电路

机车上的各辅助电动机通过各自的自动开关与辅助变流器连接,除两台空气压缩机外,均不设电磁接触器,使得辅助电动机电路更简化、更可靠。当辅助变流器采用软启动方式进行启动,除空气压缩机电动机外,其他辅助电动机也随之启动。空气压缩机的启动受电磁接触器的控制,电磁接触器受机车司机控制扳键开关和总风缸空气压力继电器的控制。

## 四、辅助电路的保护

辅助电路保护动作大致分以下几类：

(1)将装置的故障影响减少到最小限度的保护。该保护通过熔断器动作切断主断路器VCB,将辅助变流器从主电路中切断。

(2)防止异常电压和过电流的保护。

(3)内部故障的保护。即防止IGBT元件烧损和装置内短路,或检测器异常和控制关联机器异常等故障扩大的保护。

(4)其他保护。

下面对各典型保护电路进行分析。

1. 辅助系统主电路接地保护

在辅助变流器UA11、UA12内部,分别设有1套接地保护装置,进行辅助系统主电路的接地保护。当对应辅助回路发生接地故障且确认只有一点接地时,可以将控制电器柜内对应的接地故障转换开关置"中立位",继续维持机车运行,也可将故障的辅助变流器切除,机车维持一组辅助变流器供电。

2. 辅助变流器的过流和过载保护

在每一组辅助变流器的输入回路中,设有输入电流互感器ACCT,起控制和监视辅助变流器充电电流及辅助绕组短路电流的作用,其动作保护值为1 600 A。保护发生时,四象限整流器的门极均被封锁,工作接触器K、AK均断开,同时向微机控制系统发出跳主断的信号,该故障消除后10 s内自动复位,如果此故障在2 min内连续发生2次,该辅助变流器将被锁死,必须切断辅助变流器的控制电源,才可解锁。

在每一组辅助变流器的输出回路中,设有输出电流互感器CTU和CTW,对辅助电动机回路过载及辅助电动机三相不平衡起控制和监视保护作用,辅助电动机回路过载保护的动作值为850 A。保护发生时,逆变器的门极均被封锁,同时向微机控制系统发出跳主断的信号。该故障消除后10 s内自动复位,如果此故障在2 min内连续发生6次,该辅助变流器将被锁死,必须切断辅助变流器的控制电源,才可解锁。

3. 辅助变流器中间直流回路电压保护

辅助变流器中间直流回路设有2组电压监测环节,其中DCPT4是用于四象限整流器的控制,DCPT5是用于逆变器的控制。当DCPT5监测到中间回路电压大于等于825 V或小于等于580 V时,中间回路电压保护环节动作,逆变器门极被封锁,逆变器停止输出;当DCPT4监测到中间回路电压大于等于825 V或小于等于270 V时,四象限整流器门极被封锁,四象限整流器停止输出。

4. 辅助变流器输入电压的保护

当辅助变流器的输入电压(即辅助绕组的输出电压)低于283 V时(即网压低于17.5 kV时),低压保护环节动作,四象限整流器的门极被封锁,工作接触器K、AK断开,四象限整流器停止输出。当辅助变流器的输入电压高于502 V时(即网压高于31.5 kV时),过压保护环节动作,四象限整流器的门极被封锁,工作接触器K、AK断开,四象限整流器停止输出。

5. 110 V充电模块输入电源的短路过载保护

每组辅助变流器均可向110 V充电模块提供DC 750 V电源,输出电源回路通过熔断器进行短路过载保护，熔丝额定值为 215 A。当熔断器出现熔断后，辅助变流器将通知微机控制系统，进行 110 V 充电模块输入电源的转换，由另一组的辅助变流器向 110 V 充电模块提供直流电源，同时显示屏也进行相应故障显示和记录。

## 第二节　蓄电池充电装置与蓄电池

### 一、概　　述

DC 110 V 电源装置也称蓄电池充电器（简称充电器），其中有两组完全相同的电源模块（power supply unit，PSU）。通常情况只有一组处于工作状态，当其故障时，另外一组会启动，继续供电。DC 110 V 电源装置在自动模式下，其起停控制受控于机车控制系统 TCMS。

### 二、蓄电池充电装置的电气系统

蓄电池充电装置输入电压 DC 750 V，功率 6. 05 kW，采用自然冷却方式，输出特性曲线如图 4-2-2 所示。

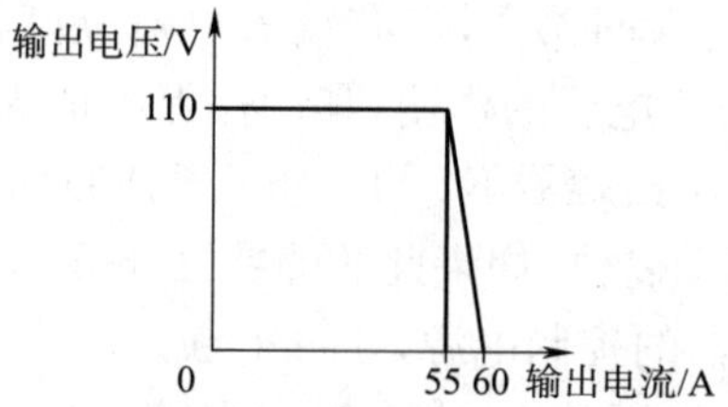


图 4-2-2　输出电压与输出电流曲线

蓄电池充电装置电气系统可以划分为四大部分，依次为电源输入电路、预充电电路、DC 110 V 输出电路和控制电路，如图 4-2-3 所示。

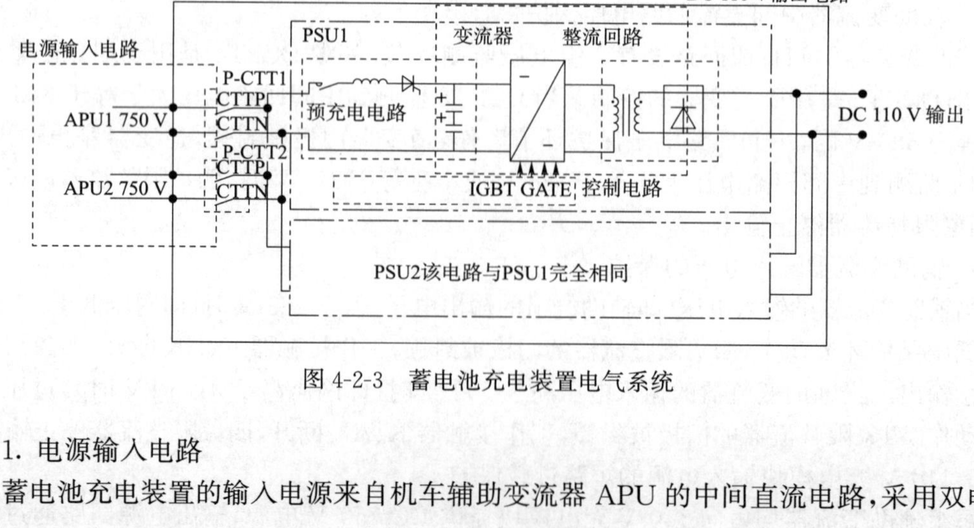


图 4-2-3　蓄电池充电装置电气系统

1. 电源输入电路

蓄电池充电装置的输入电源来自机车辅助变流器 APU 的中间直流电路，采用双电源、双路供电方式。

外部输入电源的双路冗余设计，确保在 APU2 故障时，电源装置仍能从 APU1 处获得电源。同时一路电源也可以给两个 PSU 供电，这样四种组合方式确保了机车控制电源的可靠性。

2. 预充电电路

如图 4-2-4 所示，接触器主触头 CTT、充电电阻 CHR 和晶闸管 CHS 构成预充电回路。CTT 触头闭合后，通过限流电阻对中间电容 FC1、FC2 进行充电。在其电压达到一定值后，导通 CHS，将 CHR 短路，完成预充电过程。

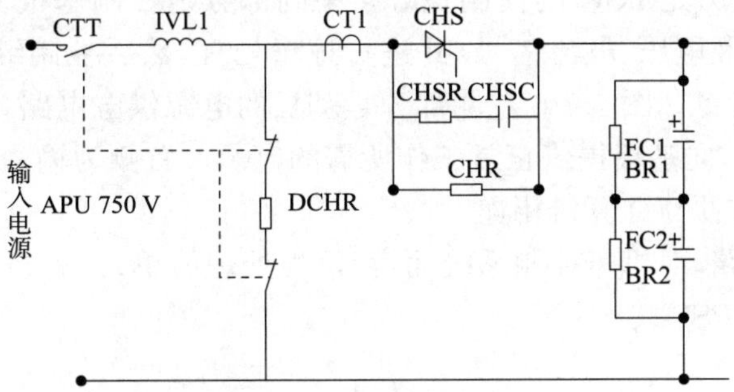


图 4-2-4　预充电电路

中间电容和滤波电感 1VL1 一起构成滤波回路，其作用是防止电源单元在工作时所产生的 6 kHz 的脉动倒流回 APU 中。

当电源装置工作结束后，CTT 断开，其常闭辅助触点闭合，残留在中间电容上的电压通过放电电阻 DCHR 进行放电。

3. DC 110 V 输出电路

IGBT、整流回路的绝缘变压器 IST1、整流器 FR、平波回路的电抗器 DCL1 和平波电容 LC1 构成了 DC/DC 转换回路，如图 4-2-5 所示。

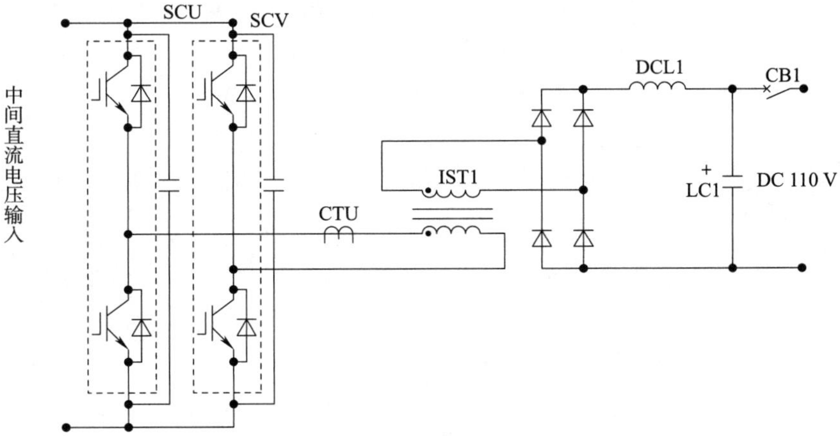


图 4-2-5　DC/DC 转换回路

TCMS 以脉宽调制为原理控制 IGBT 动作，将输出电压变为交流脉冲电压，输入到变压器的一次侧。需要注意的是IGBT工作在高频段上，关断的瞬间会产生一个巨大的尖峰。这一尖峰对IGBT非常有害，所以在IGBT的回路中并联一个无感电容，用以消除尖锋。而且这个电容要与IGBT的两端直接相连，以防止线路中的杂散感抗进入回路中，从而影响电容对尖峰的吸收效果，失去对IGBT的保护作用。

DC/DC回路中的输出变压器IST1为中频变压器，变压比为750 V/150 V，二次侧输出电压经过整流器、平波电抗DCL1和平波电容LC1构成的滤波回路后，输出110 V直流电源。

4. 控制电路

控制电路(图4-2-6)是PSU的控制核心。中间部分是控制基板PWB，它收集PSU内部的各个器件的状态及电压、电流信号，并进行逻辑处理，然后控制继电器(CTT、RYI等)动作，向IGBT发出指令。图4-2-6左侧部分是基板的电源供电电路，经过一个小型的电源转换器(记作PSU)后，向基板提供正常工作所需的电源。右侧为输入/输出信号，并预留了RS-232C串行接口，方便与计算机相连。

采用这种控制电路，对机车控制系统而言，信号处理简单；计算机只输出一个信号就可以选择所需要启动的PSU。

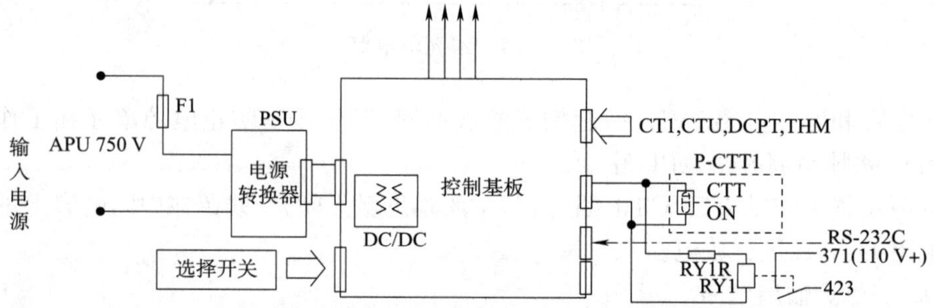


图4-2-6 控制电路

# 第三章　机车网络控制系统

## 第一节　机车网络控制系统分析

### 一、机车网络控制系统结构

$HXD_3$ 型电力机车网络控制系统为分布式计算机体系结构，按功能可划分为列车控制级、车辆控制级和传动控制级。

每台车为 1 个基本运转单元，车内以 TCMS 为中心，分别与显示单元、牵引变流器、辅助变流器通过 RS-485 接口进行通信，构成星型网络；车与车之间采用总线式 10 Mbit/s 以太网进行信息传输。TCMS 同时完成列车级信息与车辆级信息的转换。

### 二、系统特点

(1) $HXD_3$ 型电力机车网络控制系统是包含列车级功能、车辆级功能和传动控制级功能的多计算机系统。列车及车辆级功能由 TCMS 实现，传动控制级功能由 CI 来实现。

(2)系统具有功能强大的多处理器体系，能进行设备的自诊断。系统配置与编程基于强大的软件工具。

(3)车辆级控制设备构成星型网络，通过 RS-485 接口进行点对点的通信。中心结点 TCMS 具有 Master、Slave 两套系统，采用双机热备的机制，保证了网络系统的可靠性。

(4)机车与机车之间采用总线式 10 Mbit/s 实时以太网传输信息，传输速度快、传送数据量大。

### 三、机车网络控制系统的组成与功能

$HXD_3$ 型电力机车网络控制系统包含 TCMS、牵引变流器(CI1～CI6)、辅助变流器(APU1、APU2)、显示单元(Display 1、Display 2)。TCMS 既是车辆级控制核心，又是列车级的控制节点，在整个机车控制中占有主导地位。

### 四、信息流向

TCMS 通过各种人机接口接收司机控制命令，采集各种反馈信号，进行相关运算，生成相应控制命令，通过 RS-485 接口发送给牵引变流器、辅助变流器完成相应功能；通过实时以太网发送给它车的 TCMS，并由该 TCMS 发送至它车的牵引变流器、辅助变流器执行相应操作。各车内的牵引变流器、辅助变流器的状态信息以相反的方向传输至 TCMS 进行汇总和处理。TCMS 将计算结果、故障信息、有关参数发送至显示单元显示，从而完成整车的控制、监视和保护功能。信息流向如图 4-3-1 所示。

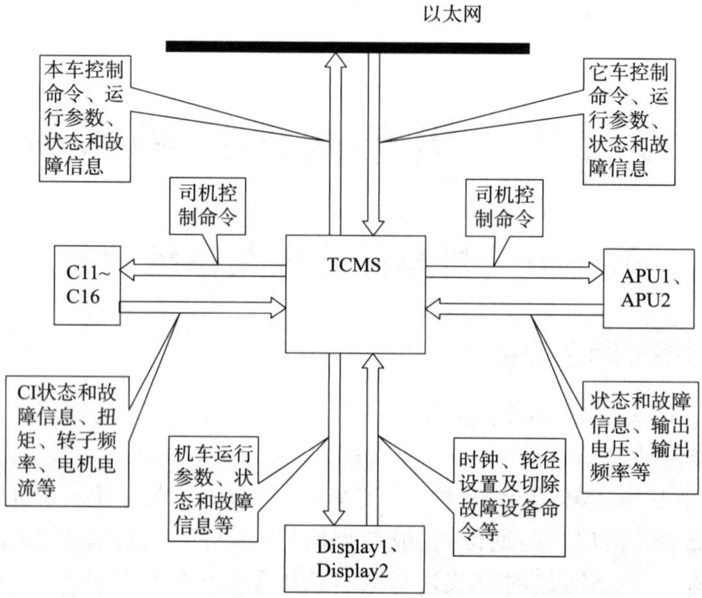


图 4-3-1　信息流向

## 五、TCMS 与 CI、APU 的基本通信协议

该协议保证了网络控制系统通信的高可靠性和强实时性。其内容如下：

(1)信号采用 NRZI(non-return to zero,inverted)不归零制倒置编码方式,数据帧格式为 HDLC。

(2)数据传输波特率:100 kbit/s(CI);9.6 kbit/s(APU)。

(3)采用 16 位循环冗余校验(CRC)方式。

(4)通信接口:光电隔离的 RS-485。

(5)电缆:三绞屏蔽线,包括一对数据线和信号地线。

(6)传输周期:20 ms(CI);200 ms(APU)。

(7)传输控制如图 4-3-2 所示。

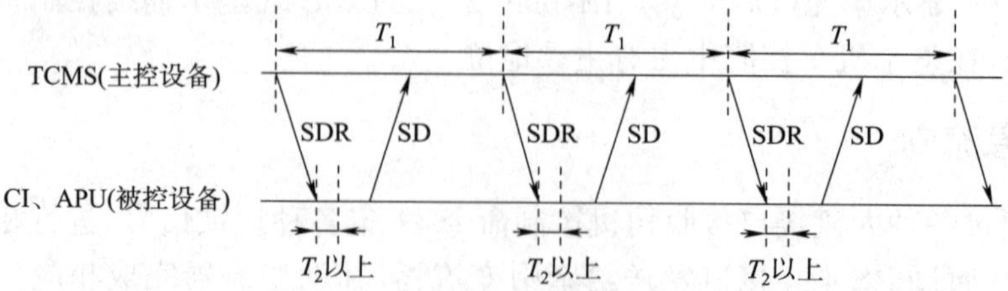


图 4-3-2　传输控制

$T_1$:20 ms(CI)或 200 ms(APU)。

$T_2$:2 ms(CI)或 10 ms(APU)。

如图 4-3-2 所示,TCMS 作为主控设备向 CI、APU 等被控设备发送状态数据请求

(SDR),被控设备接收到该请求帧并经过 $T_2$ 以上时间间隔后,开始向主控设备发送状态数据(SD)。

## 第二节　机车主要控制功能分析

### 一、机车逻辑控制和保护电路

机车逻辑控制和保护电路主要是将各辅助电动机自动开关、各风速继电器故障隔离开关、高压故障隔离开关、压缩机接触器状态,主断路器状态、辅助变流器库内试验开关、牵引变流器试验开关、各种接地保护、空气管路系统压力继电器等的状态指令送入 TCMS,用于机车的各种工作逻辑及保护逻辑控制,并通过 TCMS 与牵引变流器和辅助变流器之间的通信,将有关控制指令信息送到牵引变流器和辅助变流器,达到整车联控目的。

### 二、牵引变流器控制电路

机车两套牵引变流器装置 UM1、UM2 的控制电路基本一致。不同的是,Ⅰ端牵引变流器装置 UM1 的装置识别设定为 110 V,Ⅱ端牵引变流器装置 UM2 的装置识别设定为 0,下面以Ⅰ端牵引变流器装置 UM1 的控制进行说明。

(1)机车牵引变流器装置的控制主要是按照司机控制器给定指令,由 TCMS 通过通信线传递给牵引变流器控制单元,按照机车牵引制动特性曲线,完成对牵引电动机的控制。

(2)牵引变流器发生接地、二次侧过流、牵引电动机过流等故障时,故障信号送 TCMS,进行故障显示和记录,并在司机显示屏中给出提示,指导司机进行有关故障隔离等操作,牵引变流器的故障可以通过按动"故障复位"按钮进行恢复。

(3)牵引变流器允许投入前必须具备的信号有:牵引风机风速继电器 KP41、KP42、KP43 和牵引变压器油流继电器 KP49 信号。当这些风速或流速继电器均正常闭合时,说明牵引变流器工作的外围条件具备,可以投入运行。

(4)对牵引变流器的控制还设置了牵引变流器隔离开关。该开关置于显示屏内,是触摸开关。在正常情况下,这些开关均闭合。当由于某种原因,如牵引电动机发生故障、牵引变流器支路发生接地等,需要对某个牵引变流器支路或牵引电动机进行隔离时,可以通过显示屏进行隔离相应变流器,使之停止工作。这些开关还可以用于牵引电动机转向试验和机车旋轮等。

(5)牵引变流器的控制用信号还有牵引电动机速度传感器 BV41、BV42、BV43 的信号。每个速度传感器同时送出 2 个速度信号至牵引变流器控制装置,用以实现牵引变流器对牵引电动机的矢量控制,有效地实施机车的防空转、防滑行保护,并对机车的轴重转移进行补偿。

(6)库内动车信号通过库用开关 QS3 或 QS4 送到牵引变流器控制单元,用于在库内动车时牵引变流器按照特定的控制程序工作。

(7)牵引变流器装置试验开关 SA75 用于在低压试验或机车出厂前时对牵引变流器的控制单元进行试验检查,确认其是否工作正常。

(8)为满足牵引变流器工作需要,在牵引变流器的控制单元内引入高压电压互感器

TV1 同步信号。

(9)牵引变流器控制单元与 TCMS 的接口信号除 2 套通信线外，还设有牵引变流器隔离、工作、功率预备和故障等信号。

## 三、辅助变流器控制电路

机车两套辅助变流器装置 UA11、UA12 的控制电路基本一致。不同的是，正常情况下，Ⅰ端辅助变流器装置 UA11 设定为 VVVF 工作方式，当主断路器闭合、换向手柄离开零位后，UA11 开始工作；Ⅱ端辅助变流器装置 UA12 设定为 CVCF 工作方式，只要主断路器闭合，UA12 就开始投入工作。下面以Ⅱ端辅助变流器装置 UA12 的控制进行说明。

(1)机车主断路器闭合后，由 TCMS 发出命令，闭合辅助变流器 UA12 输出电磁接触器 KM12，并将信息传递给辅助变流器控制单元，由辅助变流器控制单元发出指令，控制辅助变流器 UA12 启动。

(2)当机车某一辅助变流器发生故障，故障的辅助变流器能及时发信息给 TCMS，通过 TCMS 的控制，自动完成输出电磁接触器的动作转换，若辅助变流器 UA11 发生故障，则电磁接触器 KM11 断开，电磁接触器 KM20 闭合；若辅助变流器 UA12 发生故障，则电磁接触器 KM12 断开，电磁接触器 KM20 闭合。故障的辅助变流器将信息传递给另一组辅助变流器，使其工作在 CVCF 方式，同时，故障的辅助变流器被隔离，此时所有辅助电动机全部由另一套辅助变流器供电，不受其他指令的控制，牵引电动机通风机和冷却塔通风机将正常满功率工作。

(3)为便于辅助变流器的隔离，在显示屏内设置了辅助变流器开放隔离开关，通过触摸开关进行隔离。正常情况下，这些开关均闭合。当由于某种原因，需要进行隔离操作时，可以通过显示屏进行相应辅助变流器的隔离。

(4)为确保辅助变流器正常工作，将电磁接触器 KM11、KM12、KM20 的信号引入辅助变流器控制单元。

(5)辅助变流器控制单元与 TCMS 的接口信号除一套通信线外，还设有辅助变流器隔离、功率预备和故障等信号。

# 第五篇

# 交流传动内燃机车电传动系统

本篇以 $HXN_5$ 型内燃机车为例，阐述内燃机车电传动系统知识，主要包括牵引传动系统、辅助电气系统和微机控制系统等内容。

# 第一章 交流传动技术的优越性

交流传动技术是一门综合技术，但其本质的特点是牵引电动机采用了交流异步电动机。和传统的串激直流电动机驱动系统相比，交流异步电动机驱动系统的优越之处表现在机械、绝缘、耐热、耐潮、黏着、维修、效率、重量尺寸等诸多方面。

## 第一节 不同类型交流传动特点分析

柴油机驱动主发电机，所发出的三相交流电经硅整流器(Z)整流为直流电，再经过一个或数个逆变器(N)将直流电转变为频率可调的交流电。

中间直流环节使逆变器输出的三相交流电的频率与主发电机发出的三相交流电的频率没有任何关系；在机车起动和调速的整个工作范围内，逆变器输出的三相交流电的频率都能平滑地调节。

### 一、集中控制方式交流传动

1. 优点

(1)主电路结构较简单。

(2)逆变器的开关器件容量大。

(3)对某条支路出现的过流及短路故障具有一定的承受能力。

(4)器件全部集中有利于采用集中的通风冷却。

(5)简化通风设备。

2. 缺点

由于交流异步电动机全并联且具有硬特性，对各台电机特性及动轮轮径的一致性要求较高，否则将引起各牵引电动机之间负载分配不均匀，容易发生轮对空转或滑行，而且单台逆变器的容量和体积较大，设备冗余度降低，一旦逆变器故障，整台机车不能运行。集中控制方式交流传动如图 5-1-1 所示。

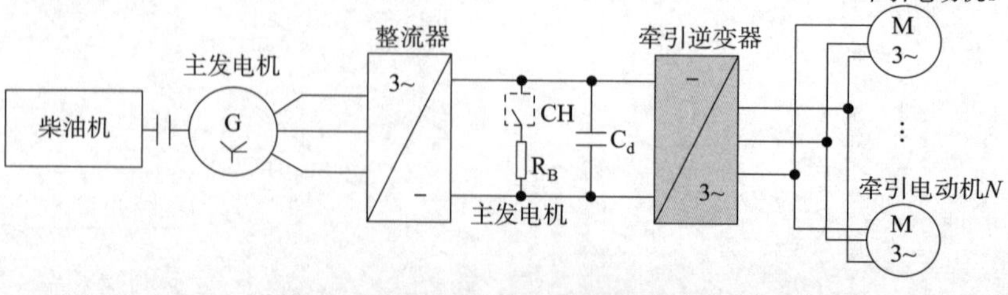


图 5-1-1 集中控制方式交流传动

## 二、轴控制方式交流传动

每台逆变器单独给一台交流异步电动机供电；由于各逆变器相互独立性较强，不受各台电机特性差异及轮径差异的影响，有利于提高每个轮对的黏着利用系数，提高机车起动牵引力；设备冗余度高，一旦某台逆变器发生故障，可故障切除，只损失一台牵引电动机的功率，机车能保证运行。但逆变器数量较多，造价较高，设备占有空间相对较大，一般用于大功率机车。轴控制方式交流传动如图 5-1-2 所示。

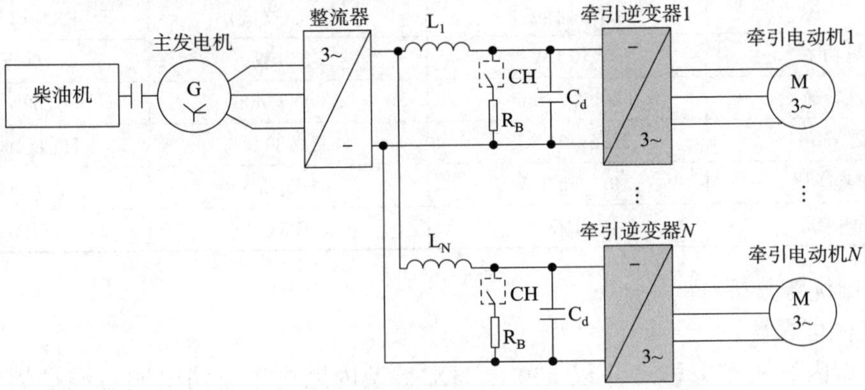


图 5-1-2　轴控制方式交流传动

# 第二节　内燃机车采用交流传动的优越性

## 一、技术背景对比

1. 传统东风型内燃机车（直流传动代表）

（1）代表车型：

$DF_{4B}$ 型，1984 年量产，累计生产超 4 500 台。

（2）核心配置：

牵引电机：ZQDR-410 型直流串励电动机（持续功率 410 kW，电压 550 V）。

传动系统：交-直流传动（柴油机驱动交流发电机，经整流后向直流牵引电动机供电）。

（3）局限性：

电刷磨损严重（每 10 万 km 更换碳刷，成本约 2 万元/台次）。

恒功速度范围窄（48～80 km/h），高原功率衰减达 30%；黏着利用率低（≤0.28），重载起动易空转。

2. 现代和谐型、复兴型内燃机车（交流传动代表）

（1）代表车型：

和谐型：$HXN_5$（引进 GE 技术）、$HXN_3$（引进 EMD 技术）。

复兴型：$FXN_{3C}$（中国中车自主研制，2022 年下线）。

(2)核心配置：

牵引电机：三相交流异步电动机(如 $HXN_5$ 采用 GTA-32 型，持续功率 625 kW)。

传动系统：交-直-交流电传动(柴油机驱动交流发电机，经整流—逆变后驱动异步电动机)。

## 二、机械与电气性能对比

1. 牵引电动机参数对比(表 5-1-1)

**表 5-1-1　不同机型牵引电动机参数对比**

| 指　　标 | $DF_{4B}$(直流) | $HXN_5$(交流) | $FXN_{3C}$(交流) |
|---|---|---|---|
| 持续功率 | 410 kW | 625 kW | 700 kW |
| 最高转速 | 2 360 r/min | 3 600 r/min | 4 200 r/min |
| 绝缘等级 | B 级(130 ℃) | H 级(180 ℃) | H 级(180 ℃) |
| 质量功率比 | 9.2 kg/kW | 5.8 kg/kW | 4.5 kg/kW |
| 防护等级 | IP23 | IP54 | IP55 |

2. 关键优势分析

(1)机械可靠性。

$DF_{4B}$ 型内燃机车电刷寿命仅 500 h，$HXN_5$ 型内燃机车取消电刷后维护周期延长至 8 年；和谐型机车牵引电机故障率降至 0.05 次/百万公里，较东风型降低 90%。

(2)环境适应性。

$DF_{4B}$ 型内燃机车在青藏铁路(海拔 5 072 m)功率衰减至 65%，$HXN_5$ 高原型内燃机车功率保持率≥92%；$FXN_{3C}$ 型内燃机车通过−40 ℃低温启动试验，直流电机在−25 ℃时需预热 1 h。

## 三、牵引性能与能效提升

1. 牵引特性曲线对比(表 5-1-2)

**表 5-1-2　不同机型牵引特性曲线对比**

| 参　　数 | $DF_{4B}$ | $HXN_5$ | 提升幅度 |
|---|---|---|---|
| 起动牵引力 | 442 kN | 620 kN | +40.3% |
| 持续牵引力(20 km/h) | 308 kN | 480 kN | +55.8% |
| 恒功速度范围 | 48～80 km/h | 25～120 km/h | 范围扩大 150% |
| 最高运营速度 | 120 km/h | 160 km/h($FXN_{3C}$) | +33.3% |

2. 能效与经济性

(1)燃油消耗。

$DF_{4B}$ 型内燃机车万吨公里油耗 28.5 L，$HXN_5$ 型内燃机车降至 19.8 L，节油率 30.5%；$FXN_{3C}$ 型内燃机车采用智能起停技术，怠速油耗再降 15%。

(2)维护成本。

$DF_{4B}$ 型内燃机车年均维护费用 18 万元，$HXN_5$ 型内燃机车降至 4.2 万元；和谐型机车大修周期延长至 180 万 km(东风型为 90 万 km)。

## 四、黏着控制与智能化升级

1. 黏着利用率突破

$DF_{4B}$ 型内燃机车：机械式空转保护，黏着系数 0.25～0.28。

$HXN_3$ 型内燃机车：基于模型预测控制（MPC），黏着系数提升至 0.33～0.35（大秦线实测数据）。

$FXN_{3C}$ 型内燃机车：融合轮轨振动频谱分析，动态修正蠕滑率，黏着系数达 0.37。

2. 智能化功能拓展

远程诊断系统：和谐型机车搭载 PHM（故障预测与健康管理），故障定位准确率 95%。

自动驾驶兼容：$FXN_{3C}$ 型内燃机车支持 ATO-G 级（GoA2）自动驾驶，控制指令响应时间≤50 ms。

## 五、典型应用案例验证

1. 大秦铁路重载验证

$HXN_3$ 型内燃机车双机牵引 2 万 t 列车，较 $DF_{4B}$ 型内燃机车三机牵引方案牵引效率提升 36%；轮轨磨耗降低 42%。

2. 中老铁路热带气候考验

$FXN_{3C}$ 型内燃机车在湿度 90%、温度 40 ℃环境下连续运行，电机温升≤65 K（设计限值 80 K）；无绝缘击穿故障记录。

# 第二章　牵引传动系统

## 第一节　牵引变流器原理分析

$HXN_5$ 型内燃机车采用交流传动系统，其核心部件牵引变流器由整流模块与逆变模块组成。具体配置包含 1 套二极管不可控整流装置及 6 组基于 IGBT 技术的逆变单元，该装置通过两阶段电能转换过程：首先将同步牵引发电机产生的三相交流电整流为脉动直流电，随后通过智能变频控制将直流电转换为可调频调压(VVVF)的三相交流电源，为 6 台并联的交流异步电动机提供动力输出。系统还集成实时监测单元与多重保护回路，确保电力转换过程的安全性和可靠性。

牵引变流器原理如图 5-2-1 所示。整流器是由 3 个二极管整流桥臂构成，分别是 RMA、RMB、RMC。牵引逆变器共有 6 台，分别是 INV1、INV2、INV3、INV4、INV5、INV6，它们的电气结构完全一致。

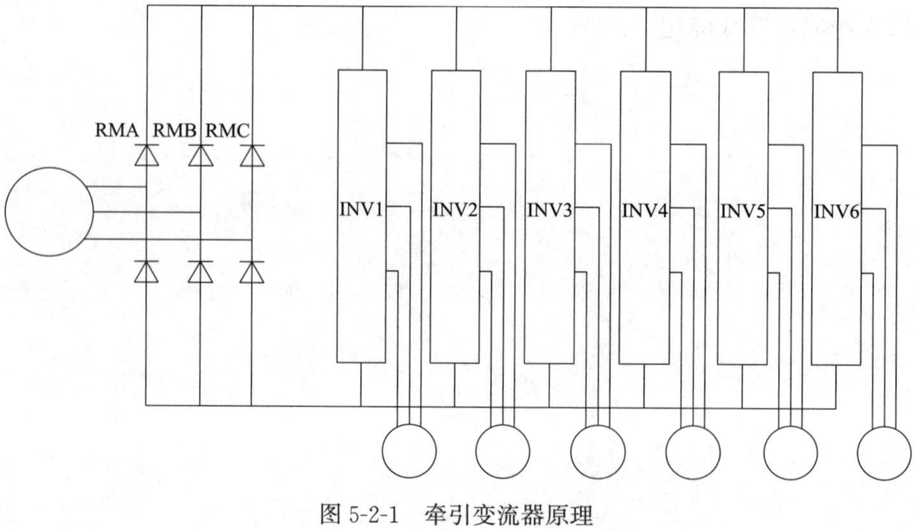


图 5-2-1　牵引变流器原理

图 5-2-2 所示为牵引逆变器 INV1 的电气原理。该逆变器主要由支撑电容(C11、C12)、IGBT 器件(P1AP～P1CP、P1AN～P1CN)、电流传感器(CM1A、CM1B)、电压传感器(VAM10)、快速熔断器(F1A1～F1C1、F1A2～F1C2)、IGBT 驱动电源(GDPI)及牵引控制器(TMC)构成。

支撑电容在其中发挥着关键作用，能够稳定中间直流电压，有效防止逆变器开关动作时，直流电源产生浪涌电流与尖峰电压。IGBT 作为逆变器的核心开关器件，通过按特定顺序对相应 IGBT 器件进行开关操作，可产生用于驱动牵引电动机的三相电压。

电流传感器负责检测两个桥臂的电流，也就是牵引发电机的两相电流。这些电流信号经 TMC 计算后，会生成控制逆变器工作的 PWM 调制信号。VAM10 则承担着测量两处电压的任务，分别为中间直流电压及牵引电动机三相线电压。其中，中间直流电压信号主要用于保护，而牵引电动机线电压信号会通过 TMC 产生控制逆变器工作的 PWM 调制信号。

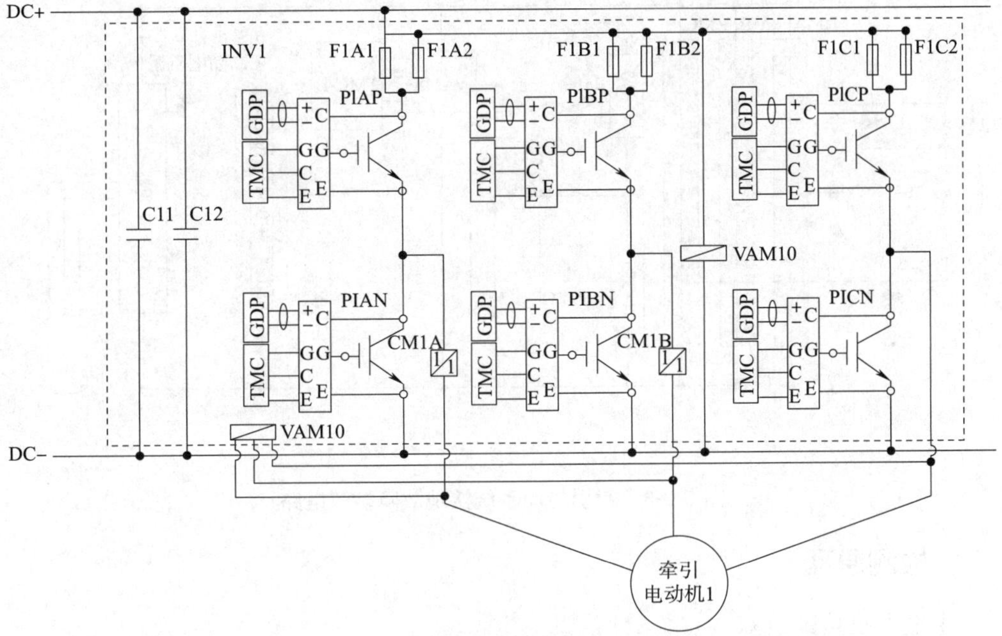


图 5-2-2　牵引逆变器 INV1 电气原理

桥臂快速熔断器的主要功能是保护 IGBT 器件。当逆变器任一桥臂出现短路故障时，所在桥臂电流会迅速增大，快速达到快速熔断器的整定值，此时快速熔断器将断开该桥臂，从而避免该桥臂上的 IGBT 器件被短路电流损坏。GDP1 能够将机车蓄电池的 74 V 电压转换为 100 V、25 Hz 的方波电压，为 IGBT 的门极驱动板提供工作电源。

TMC 作为逆变器的核心控制单元，主要由 6 块微机插件板和两块光纤驱动板组成。它会将电压传感器、电流传感器，以及速度传感器等传输来的信号，经过数/模转换后，依据矢量控制算法生成 PWM 调制信号。随后，通过光纤驱动板将该信号传送给 IGBT 驱动板，以此控制相应 IGBT 器件的通断，最终产生符合司机指令要求的三相交流电压，驱动牵引电动机运行。

## 第二节　接地检测电路分析

$HXN_5$ 型内燃机车采用的技术使得控制系统既可在牵引系统出现接地故障时仍保证机车运行，又可在必要时切断牵引动力，以保护人身和设备安全，若需检修还会提示检修步骤。

## 一、接地故障检测电路

图 5-2-3 所示为牵引传动系统接地故障检测电路。图中仅绘出了 $HXN_5$ 型内燃机车的电阻制动电路中 3 个电阻单元中的一个和供电给牵引电动机的 6 个逆变器中的一个。

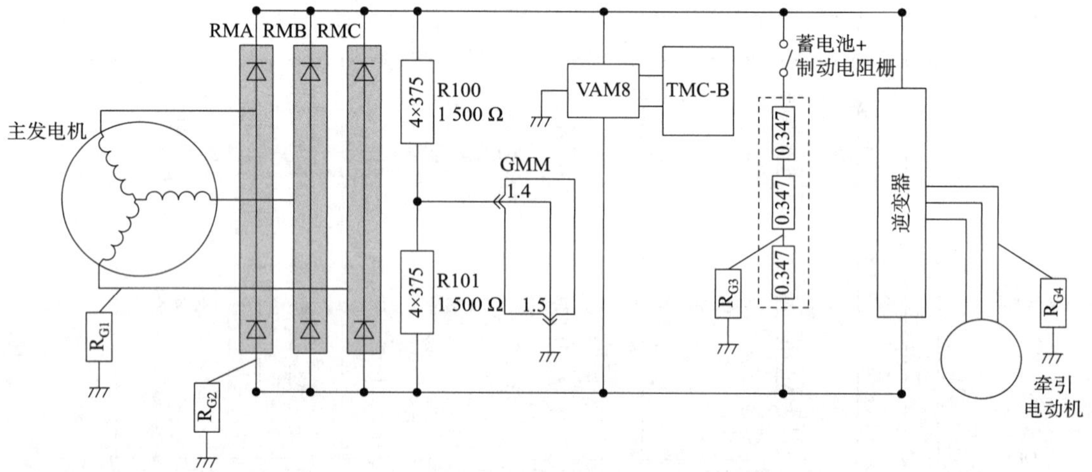


图 5-2-3　牵引传动系统接地故障检测电路

## 二、检测原理

1. 主发电机接地故障

当主回路通过等效漏电阻与机车底架形成接地通路时，接地漏电流将流经等效漏电阻至机车底架，随后通过检测电阻 R100 或 R101。由于该漏电流为交流特性，在 R100 或 R101 上会生成对应的交流电压信号。VAM8 模块将此电压信号转换后传输至集成输入输出控制板(CIO)，CIO 完成信号解析后向智能显示器 3(DS3)上报故障信息。

2. 电源转换与配电装置接地故障

若主回路通过等效漏电阻 $R_{G2}$ 接地，漏电流将流经 $R_{G2}$ 至机车底架，并最终通过检测电阻 R100 或 R101。此类故障电流通常为直流特性(也可能含交流分量)：当 $R_{G2}$ 位于母线负极侧时，R100 上的直流电压值随漏电流增大而升高；若 $R_{G2}$ 位于母线正极侧，则 R101 的直流电压值增加，而 R100 电压值相应降低。CIO 通过 VAM8 实时采集电压变化数据，并将异常信息传输至 DS3。

3. 电阻制动电路接地故障

如图 5-2-3 虚线框所示，当等效漏电阻 $R_{G3}$ 形成制动电路至机车底架的接地通路时，漏电流(通常为直流特性)将流经 R100 或 R101。其检测逻辑与第 2 类故障一致：CIO 通过监测 R100/R101 的电压变化识别故障，并向 DS3 发送告警信号。

4. 逆变器与牵引电动机接地故障

此类故障表现为逆变器或牵引电动机回路通过等效漏电阻 $R_{G4}$ 接地(图 5-2-3 右侧)。漏电流可能呈现交流或直流特性：交流漏电流将在 R100 或 R101 上产生交流电压信号；直流漏电流则引发检测电阻的直流电压偏移。VAM8 将电压信号传输至 CIO，CIO 通过特征分析判定故障类型后，向 DS3 提交诊断结果。

# 第三章　辅助电气系统

HXN5 型内燃机车的辅助发电机(AA)与牵引发电机(TA)采用一体化集成设计,共同构成型号为 5GMG201E1 的发电机组。其中,辅助发电机采用复合绕组结构,包含 1 组独立的励磁绕组和 3 组完全隔离的输出绕组。柴油机启动后,在励磁绕组通电条件下,3 组输出绕组可同步生成不同电压等级的三相交流电,为机车辅助电气系统提供多制式电源支持。该系统涵盖励磁调控单元、辅助驱动电机供电网络、蓄电池智能充放电模块,以及数字化控制单元等核心子系统,形成完整的机车辅助电力供给体系。

## 第一节　辅助发电机

### 一、辅助发电机特点

辅助发电机的 3 套绕组输出 3 个不同等级的三相交流电源,分别供给不同的辅助电路,即主、辅发电机励磁电路、冷却风扇等辅助发电机回路、蓄电池充电电路。按负载的不同,可将这三套绕组分为励磁供电绕组、辅助电动机供电绕组、蓄电池充电供电绕组,如图 5-3-1 所示。

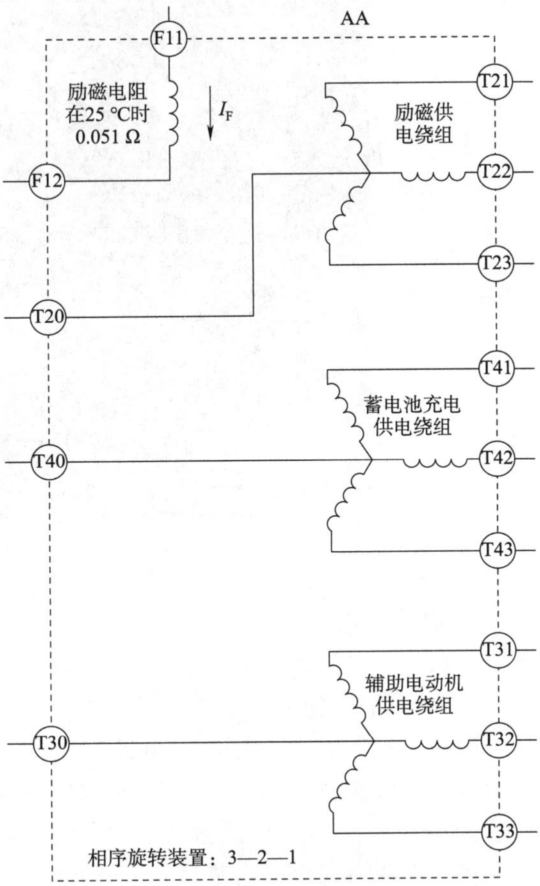


图 5-3-1　辅助发电机内部原理

当柴油机旋转时,由于辅助发电机的转子与柴油机曲轴连在一起,所以,辅助发电机的转子也在旋转。如果此时给辅助发电机的励磁绕组通直流电,则辅助发电机发电的两个外部条件均已满足。旋转的励磁绕组产生旋转的磁场,当该磁场被电枢绕组切割时,在电枢绕组上便产生了电动势,所以,产生了电压。由于磁场是旋转的,反映到输出绕组上便产生交变的电压,这样就输出了交流电。因为每套绕组均有三相,所以,便产生了三相交流电源。

### 二、辅助发电机的启动

1. 启动条件

控制系统决定辅助发电机何时启动。

辅助发电机的启动必须同时满足 3 个条件才能进行。

(1)柴油机转速检测。

在辅助发电机未启动状态下，DS3 通过柴油机控制单元(ECU)建立数据链路，实时获取柴油机运行状态参数。具体流程为：ECU 接收柴油机曲轴传感器发送的原始脉冲信号，经内部运算模块解析为曲轴转速动态参数，随后通过 CAN 总线将标准化数据包传输至 DS3 显示界面。该冗余监测机制确保即使辅助供电系统未工作时，仍可对柴油机核心运行指标进行可视化监控。

(2)辅助柜关闭检测。

在辅助发电机启动阶段，机车所有辅助柜需满足安全联锁条件——即柜门必须保持闭合状态。系统通过数字输入模块(DIS)的触点信号实时采集门锁位置状态：若辅助柜门处于非正常开启状态，中央输入输出单元(CIO)将基于 DIS 反馈的触点通断变化精准识别柜门异常开闭，进而触发安全联锁保护机制。

(3)对辅助发电机断路开关的响应。

如图 5-3-2 所示，在 DS3 的第 2 级开关屏上标有“AuxAlt”的拨动式开关，即为辅助发电机切断开关，图中开关的位置表明辅助发电机处于切除状态。

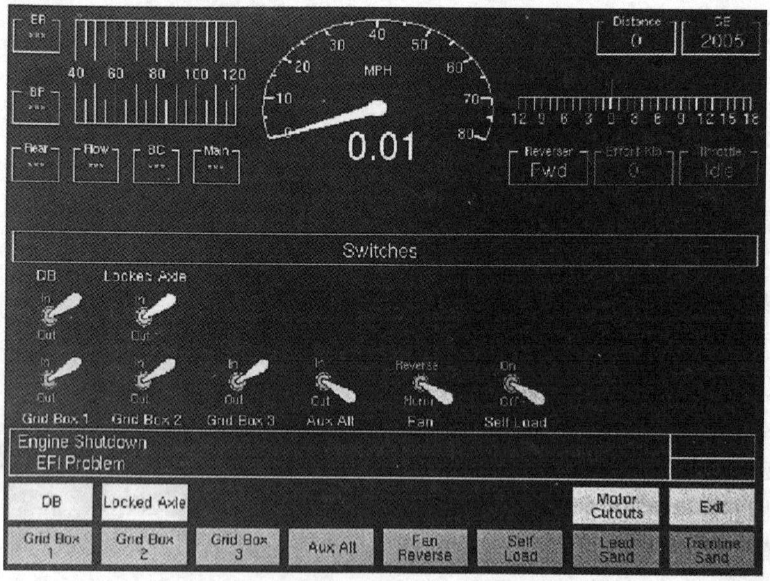


图 5-3-2　辅助发电机处于切除状态

2. 启动过程

当启动辅助发电机的三个条件得到满足时，控制系统便开始启动辅助发电机。

(1)蓄电池给辅助发电机提供励磁。

DS3 通过 CIO 驱动励磁继电器(FFR)实现电磁控制。FFR 动作后，其触点闭合形成蓄电池至 AA 励磁绕组的电流通路(电路拓扑如图 5-3-3 所示)。此时励磁电流完全由蓄电池供给，即 $I_{励磁}=I_{蓄电池}$，由此激活辅助发电机各输出绕组的电压生成机制。由于在 AA 辅助电动机供电绕组输出端直接接有交流发电机通风机电动机、辅助柜通风机电动机和过滤用排风机电动机，这些负载的接入有利于保持输出绕组上电压的平稳升高。在升压过程中，控制系统必须及时对电压上升状况进行跟踪检测，并计算出在辅助发电机启动过程中乃至启动后均要用到的重要控制参数。电动机负载有助于这种检测的实现。在 AA 辅助电动机供电绕组输出端建立电压时，该电压经电压衰减模块进行衰减处理后，由辅助发电机励磁控制器(AAC)作为输入读取。反馈电路如图 5-3-3 所示。AAC 读取输出电压后，再利用输出电压过零点而计算得到的发电机输出频率计算出 AA 辅助电动机供电绕组每赫兹的输出电压值。

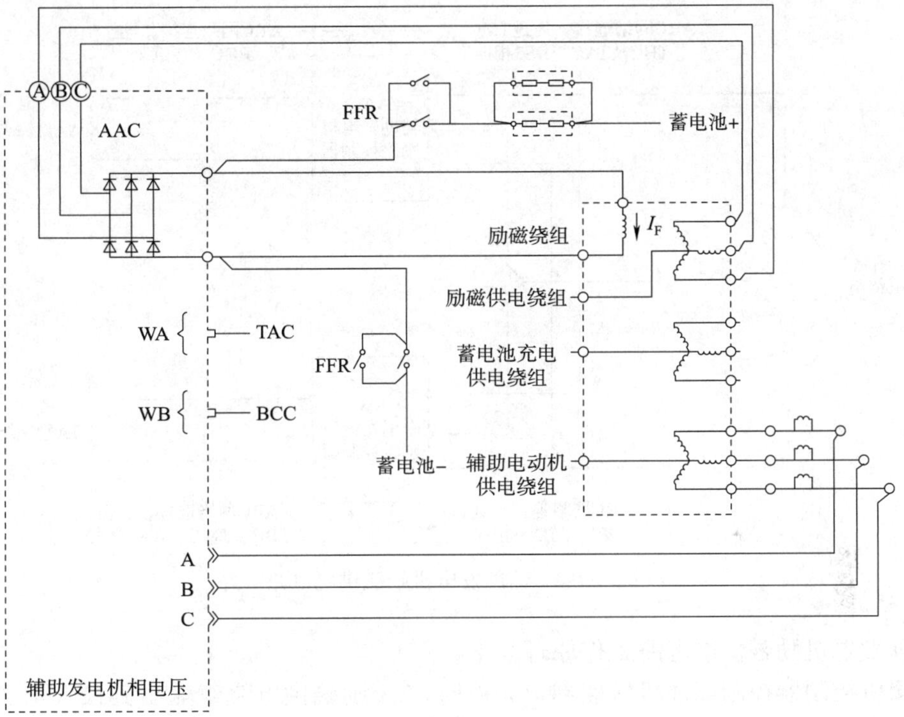


图 5-3-3　蓄电池供电励磁电路

(2)蓄电池与 AAC 同时给辅助发电机提供励磁。

当 AAC 计算出 AA 辅助电动机供电绕组输出的电压(V)频率(Hz)比例(简称 V/Hz 比例)约为 0.38 时，AAC 中的软件系统触发其内置 SCR 整流桥，来自 AA 励磁供电绕组的交流电被整流桥电路转换为直流电，与蓄电池一起给 AA 励磁绕组励磁，即 $I_{励磁}=I_{蓄电池}+I_{AAC}$。

(3)辅助发电机的 AAC 励磁及输出调节。

当 AAC 计算出 AA 辅助电动机供电绕组输出的 V/Hz 比例已经达到 3.0 时，即通过 ARC 网络向 DS3 发送信息，DS3 接到信息后便命令 CIO 让 FFR 释放，使其触头断开。FFR 的触头断开后，蓄电池就不再向 AA 励磁绕组供电。

当由于失去了蓄电池供电电流而使 $I_{励磁}$ 减小时，AAC 能够检测到 AA 辅助电动机供电绕组输出的 V/Hz 比例的变化，输出更大的电流 $I_{AAC}$ 以补偿 $I_{励磁}$ 的减小，从而使 V/Hz 比例恢复到 3.0 并继续增大。直到 AA 辅助电动机供电绕组输出的 V/Hz 比例达到最终工作值 3.83。辅助发电机的其他供电绕组也都能为机车上其他辅助系统提供所需要的电源。

## 第二节　辅助发电机励磁电路

辅助发电机的励磁供电绕组输出的交流电经励磁控制器转换为直流，提供给牵引发电机和辅助发电机的励磁绕组。使牵引发电机和辅助发电机输出交流电分别供给牵引回路和辅助回路。图 5-3-4 所示为辅助发电机励磁供电电路。

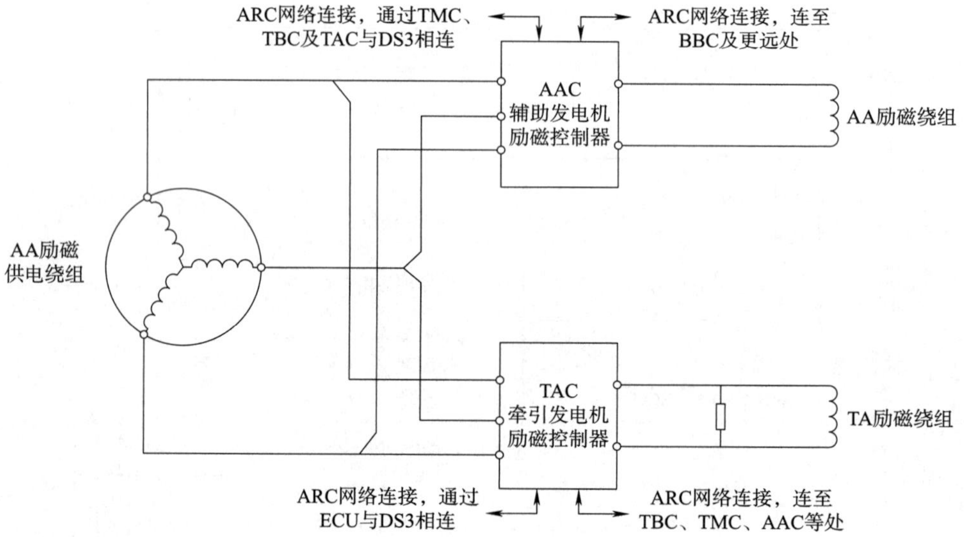


图 5-3-4　辅助发电机励磁供电电路

辅助发电机励磁供电电路工作原理如下：

当司机控制器控制柴油机转速到第 8 位时，AA 励磁供电绕组输出其最大值 AC 67 V（线电压）。在 DS3 的控制下，该交流电被辅助发电机转换为直流电并加以控制。在 DS3 对 AAC 进行正常控制且供给 AA 励磁绕组直流电流的情况下，辅助发电机给机车所有控制、辅助系统提供电源。如果由于某种原因需要停止辅助发电机，DS3 可通过使 AAC 停止工作来实现。当 CA2、CA3、CA4、CA5 区的柜门敞开或门的联锁开关断开时，DS3 也可自动完成该工作。当然，关断 AAC 的工作也可由操作人员手工完成。AAC 除了接收 DS3 命令控制辅助发电机励磁电流外，还可通过读取辅助发电机的反馈信息对自己的工作状况进行监控。

## 第三节　蓄电池充电电路

辅助发电机三个输出绕组中的第二个是蓄电池充电供电绕组。在启动柴油机后，该绕组可为蓄电池充电。同时，蓄电池充电电路也为其他的低压电器设备，如加热器、空调、计算机电源等供电。蓄电池充电电路原理如图 5-3-5 所示。

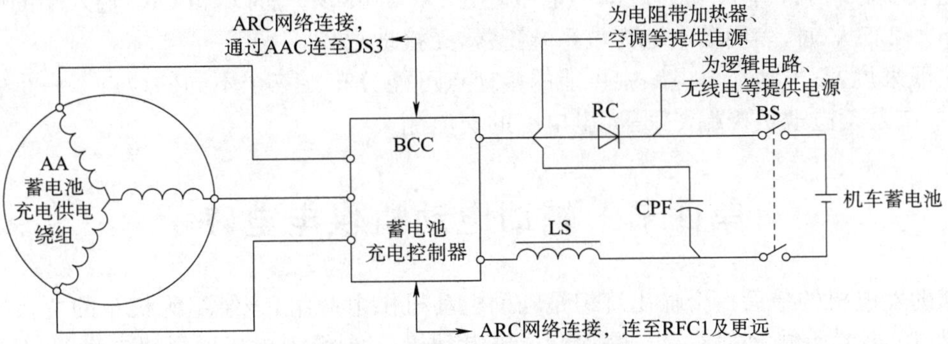


图 5-3-5　蓄电池充电电路原理

## 一、工作原理

当司机控制器手柄提到第 8 挡位时，AA 蓄电池充电供电绕组输出到最大值 AC 201 V（线电压），该交流电输入蓄电池充电控制器（BCC），在 DS3 的控制下，BCC 将交流电转换为直流电，同时对输出的直流电压进行调节。为了减弱 BCC 输出中含有的交流脉动成分，线路中设计有一些滤波设备。蓄电池充电电感器（LS）具有阻止电流变化的特性，控制电源滤波器（CPF）具有平稳电压波形的作用。经过 LS 和 CPF 的滤波，BCC 施加到负载的电源将拥有较好的品质。当机车起动后，蓄电池开关（BS）处于闭合状态，而经过滤波的直流电源则为蓄电池充电。

除了给蓄电池充电，BCC 还给机车的其他辅助、控制电路供电。由于有些设备需要在 BCC 关的情况下仍然有电源输入，所以，需要接在蓄电池的两端。而另外一些设备则由 BCC 通过滤波供电。在实际蓄电池充电电路中串联一只逆流二极管（RC），该二极管的存在防止了蓄电池向一些只能由 BCC 供电的设备提供电源。因而避免了蓄电池的深度放电。

## 二、蓄电池充电电路接地检测

由图 5-3-6 可知，当蓄电池开关闭合时，这三个电阻通过串联跨接到蓄电池两端。若蓄电池充电电路无接地故障，由蓄电池端电压为 DC 74 V 可得到分配到每个电阻上的电压。为了防止输入 CIO 的电压超过 15 V，对电阻的阻值分配要注意。机车实际的阻值分配如图 5-3-6 所示。

此时，在 CIO 输入端检测到的电压见表 5-3-1。

**表 5-3-1　CIO 输入端检测电压**

| 输入端 | 电压 |
|---|---|
| A | DC 38. 34 V |
| B | DC 35. 66 V |

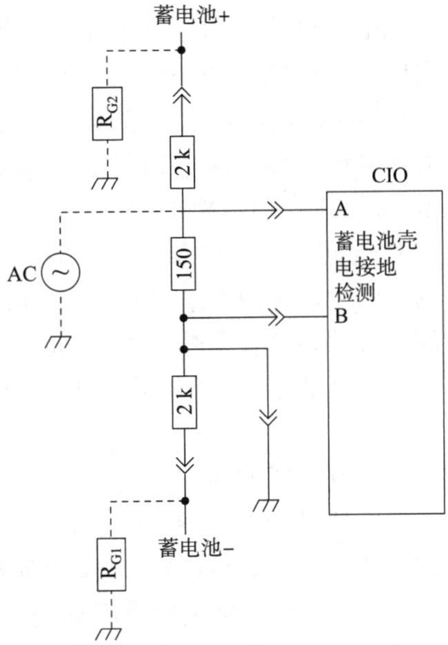


图 5-3-6　蓄电池接地检测电路原理

由表 5-3-1 可计算 A 和 B 之间的电压差为 DC 2.68 V。所以，当 CIO 输入端的电压为 DC 2.6～2.7 V 时，表明蓄电池充电系统正常，无接地故障。

一般来说，蓄电池充电电路中可能的接地点可能分布在三个不同的地点。一是蓄电池正极端，二是蓄电池负极端，三是充电电路的交流侧。

## 第四节　辅助电动机供电电路

辅助发电机的最后一个输出绕组是辅助电动机供电绕组，该绕组为机车的 7 台辅助电动机供电。这 7 台电动机有 2 台是冷却风扇电动机、1 台牵引电机通风机电动机、1 台交流发电机通风机电动机，第 5 台是用于对燃烧空气系统和牵引电动机冷却空气系统中的除尘器进行真空清理的排尘风机电动机，最后 2 台是空压机电动机。

由于运用条件和要求的不同，机车对这 7 台电动机的驱动方式有所不同，其中牵引电机通风机电动机和冷却风扇电动机采用跳波控制器来驱动；排风机电动机、交流发电机通风机电动机采用直接驱动；空压机电动机采用接触器控制驱动。

### 一、跳波控制电路

$HXN_5$ 型内燃机车针对冷却风扇电动机及牵引电机通风机组配置了跳波控制驱动系统。其技术背景源于辅助发电机的输出频率与柴油机转速呈线性关联，若将电动机直接接入辅助发电机供电网络，将使设备持续处于与柴油机最高转速匹配的满频工作状态，造成能源效率低下与燃油经济性恶化。

为了让冷却风扇和牵引电机通风机电动机在保证冷却能力的情况下以最经济的方式运行，机车配置了一种跳波控制器。

1. 牵引电机通风机电路

在牵引电机通风机电路中，除了跳波控制器，还有 AA 辅助电动机供电绕组、牵引电机通风机电动机，如图 5-3-7 所示。除了给出牵引电机通风机电动机的电路外，还给出了冷却风扇电动机电路及到 DS3 的网络控制连接。

AA 辅助电动机供电绕组输出三相交流电，在柴油机第 8 手柄位时其达到 AC 402 V 的最大线电压。该交流电信号被施加到牵引通风机控制器（TBC）的输入端。DS3 根据多种要素，计算出牵引电机的温升，确定牵引电机通风机电动机（TMB）需要提供多少冷却空气。因为 DS3 同时也检测柴油机的转速，故它能够计算出与要提供的冷却空气量相对应的跳波比例。然后，DS3 控制 TBC 以正确的变换模式输出所需的频率及电压。通常，TBC 仅采用前面提到的转速设定中的两种，即 1/2 转速与全速。

TBC 检测自身给牵引电机通风机电动机的输出，然后将自身的这种工作状态传送给 DS3。

2. 冷却风扇电路

在冷却风扇电路中，除了 AA 辅助电动机供电绕组外，还有 2 个冷却风扇电动机控制器（RFC1、RFC2）和 2 台冷却风扇电动机（RF1、RF2）。DS3 控制 RFC1 和 RFC2 的工作。

AA 辅助电动机供电绕组输出三相交流电，在柴油机第 8 手柄位时其达到 AC 402 V 的最大线电压。该交流电被施加到 RFC1、RFC2 的输入端。DS3 通过传感器监测柴油机冷却

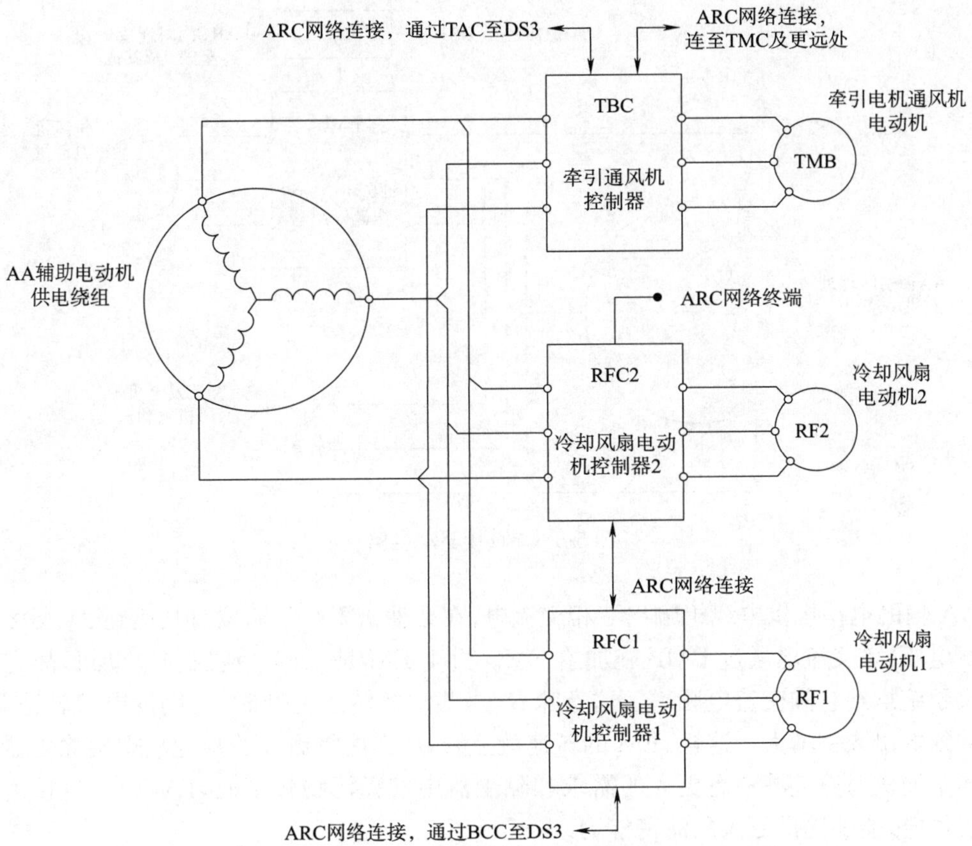


图 5-3-7　辅助发电机供电绕组回路

水温度，传感器通过 ECU 将测得的数据传送给控制系统。如果温度变得过高，DS3 便计算出需要由冷却风扇提供多大的冷却能力，同时确定与之相对应的冷却风扇电动机的转速。由于 DS3 也监测柴油机的转速，故它能够计算出与该冷却能力相对应的跳波比例。DS3 将该信息传输给 RFC1 与 RFC2，它们分别用来控制将输入频率和电压变换成所需的输出值。在 RFC1 与 RFC2 工作过程中可能要用到前面提到的所有四种速度设定，即关断、1/4 转速、1/2 转速和全速。另外，冷却风扇电动机还有一种不常用的转速设定，即全速反向运行，该功能也由 RFC1 与 RFC2 在 DS3 的指令控制下实现。

RFC1 和 RFC2 工作中也检测自身对冷却风扇电动机的输出，并将电动机的工作状态信息传送给 DS3。

## 二、直接驱动电路

图 5-3-8 所示为直接驱动电路，它为排风机电动机和交流发电机通风机电动机供电。

1. 排风机电路

排风机电动机是由辅助发电机直接供电的，一个排风机电动机断路器（EMB）接在 AA 辅助电动机供电绕组与排风机电动机（EM）之间。DS3 通过 CIO 中的一个输入信号监测 EMB 的状态。

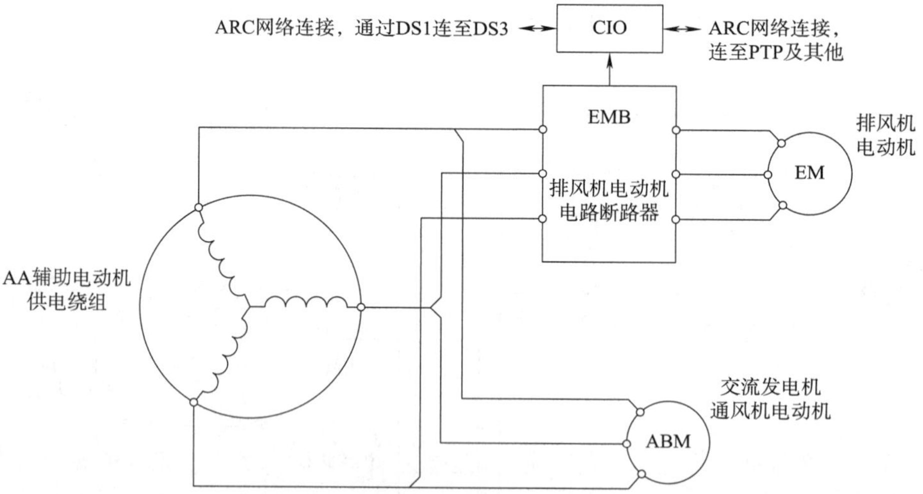


图 5-3-8　直接驱动电路

AA 辅助电动机供电绕组输出三相交流电，在柴油机第 8 手柄位时其达到 AC 402 V 的最大线电压，该交流电通过 EMB 施加给 EM。由于 EM 是三相交流感应电动机，故它的转速取决于施加给它的交流电频率。这意味着，当柴油机转速上升时，辅助发电机转速升高，从而导致输出频率增大。这样，EM 的转速就上升，从而能将更多的灰尘从螺旋除尘器中吸出。当柴油机对空气滤清有更大的需求和除尘器中堆积污物较多时，EM 由于直接由辅助发电机供电，能够提供更大的滤清能力。

为了保护 AA 辅助电动机供电绕组，在辅助发电机与 EM 之间接入了 EMB，如果 EM 或电路接线发生短路或接地故障，EMB 会断开。DS3 可从 CIO 读取 EMB 的状态数据，如果 EMB 断开，DS3 会显示 EM 停止运行的故障信息，提醒维修人员检查 EMB、EM 及其电源电路。

2. 交流发电机通风机电路

交流发电机通风机电路仅包含直接驱动电路中显示的两个器件，即 AA 辅助电动机供电绕组和交流发电机通风机电动机（ABM）。

AA 辅助电动机供电绕组输出三相交流电，在柴油机第 8 手柄位时其达到 AC 402 V 的最大线电压，它被直接施加给 ABM。由于交流发电机通风机电动机为三相交流感应电动机，故它的转速取决于施加给它的交流电的频率。这意味着，当柴油机转速上升时，辅助发电机转速升高（输出频率与电源容量增大），交流发电机通风机电动机转速也随之升高，这就使其提供更多的冷却空气。这意味着，当牵引发电机和辅助发电机发出更多的电能而产生的热量也增多时，交流发电机通风机提供的冷却空气也增多。

## 三、接触器控制电路

HXN$_5$ 型内燃机车的空压机电动机（CDM1、CDM2）由 AA 辅助电动机供电绕组供电。3 个一组的接触器控制每台空压机的运行。为了让空压机在柴油机整个转速范围中都获得较高的打风速率，DS3 通过控制接触器的连接方式来改变 CDM1、CDM2 的磁极数，从而达到改变空压机电动机转速的目的。

空压机驱动电路由 AA 辅助电动机供电绕组、电流接触器(CDC11、CDC12、CDC13 和 CDC21、CDC22、CDC23)、CDM1、CDM2 组成。而 DS3 决定哪个接触器工作，以便空压机电动机以适当转速运行。

AA 辅助电动机供电绕组输出三相交流电，在柴油机第 8 手柄位时其达到 AC 402 V 的最大线电压，它通过电流接触器被施加给每台空压机的驱动电动机。如果主风缸(MR1)的压力降低到规定的极限值以下，CIO 通过压力传感器接收到此信息，就会向 DS3 发出信号。

# 第五节　柴油机启动电路

## 一、CCA 电路

没有 CCA(集中控制体系结构)，就不会有 $HXN_5$ 型内燃机车的动作。智能显示器是机车的“大脑”，其他的设备，诸如 CIO 控制板、牵引电机控制器(TMC)和柴油机控制单元均受其控制。

DS3 控制启动过程。它通过 CIO 控制各个启动接触器和柴油机启动转换开关(CTS)动作。TMC 为 DS3 提供方法以便控制主、辅启动逆变器的运行，同时监视逆变器的功能是否出现任何问题。DS3 同时控制着柴油机的燃油供给，并通过 ECU 在启动过程中监视它的性能。

## 二、启动电路

$HXN_5$ 型内燃机车使用牵引逆变器来启动柴油机，它共有 2 种逆变器，一种为主，另一种为辅，以便提供一定的故障冗余。在实际运用中选择逆变器 6 作为主启动逆变器。在通常情况下逆变器 2 和逆变器 5 比其他逆变器工作的时间要短，所以，决定将其中一个设为辅助逆变器。由于牵引发电机的电缆布置与牵引电动机 5(TM5)的电缆布置趋于同一方向，所以，选择逆变器 5 作为辅助启动逆变器。

## 三、启动控制电路

柴油机启动控制电路如图 5-3-9 所示。所有这些装置均由 DS3 通过 CIO 板来控制。大部分装置都由 CIO 直接驱动。然而，CTS 却是被间接控制的。CIO 的输出被连接到两个继电器(C5R 和 C6R)上，这两个继电器用来控制 CTS 中直流电动机的运行。这使得 CTS 将牵引系统设置为三种工作模式中的一种，即牵引、主启动或辅助启动。CRBL 是位于辅助间 CA2 中的一个警铃，它在 CCA 启动柴油机之前响铃 30 s。RCBL 是一个备用警铃，它也位于交流电动机室内。

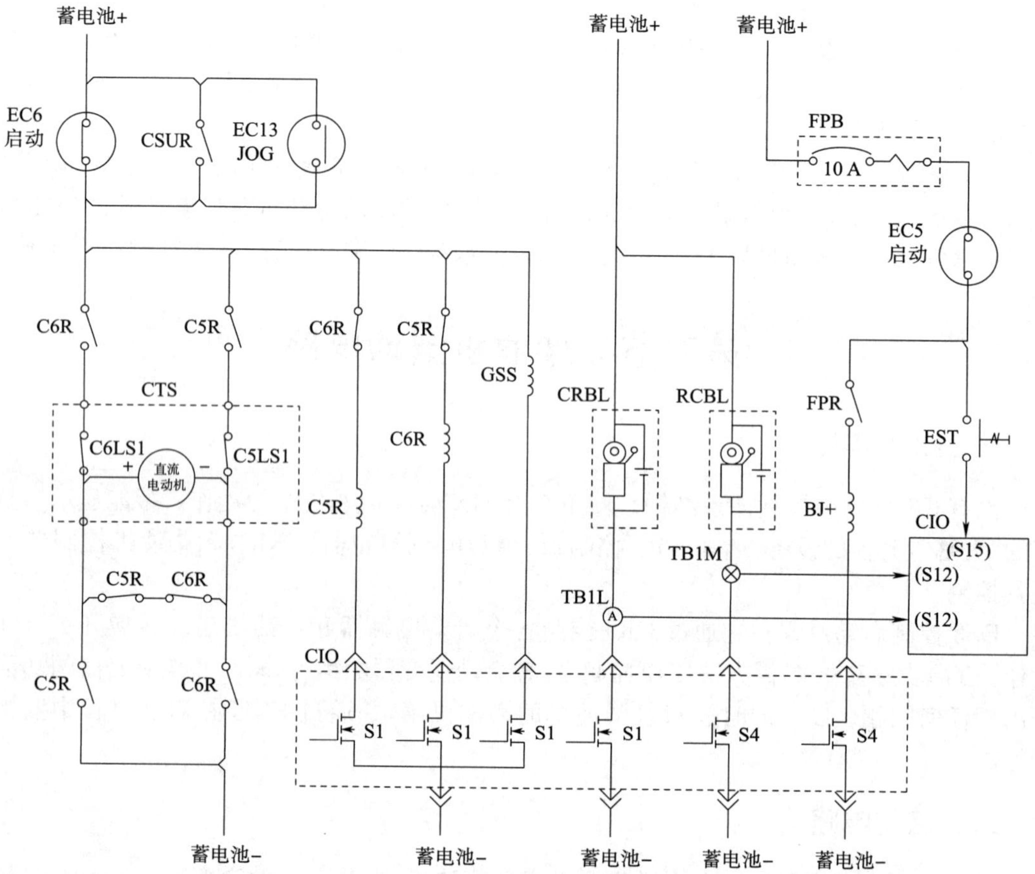


图 5-3-9　柴油机启动控制电路

# 第四章　微机控制系统

## 第一节　微机控制系统拓扑结构

HXN5 型内燃机车的微机控制核心(CCA)继承并优化了 AC6000 型机车(搭载智能显示终端)的控制架构体系。其控制中枢由 3 台智能显示器(DS1、DS2、DS3)构成,作为主控节点通过串行通信架构实现对车载子系统及功能模块的集成化管理。各单元间通过符合 ANSI ARCnet 标准的工业总线网络(简称 ARC 网)实现数据交互与分层控制,形成分布式运算拓扑。

该网络架构的核心特征包括:

(1)全系统互联:整合 ECU、AAC、TMC 等关键模块,实现牵引电机等设备的协同控制。

(2)协议开放性:通过标准化的通信接口定义,支持第三方设备无缝接入及跨系统协调。

(3)拓扑演进:虽最初采用光纤介质(F/O)实现 CCA 设备互联,但现网架构已全面升级为双绞线物理层方案。

ARCnet 网络在 HXN5 型内燃机车上承担以下核心功能:

(1)实时传输各传感器采样数据流。

(2)执行主控节点(DS 系列)向子系统发送的指令集。

(3)维持控制策略的动态同步与冗余校验。

(4)构建多级故障诊断与容错机制。

这种基于工业总线的控制架构不仅提升了系统响应速度,其开放式的通信协议架构更显著提升了外围设备兼容性与系统扩展能力。

图 5-4-1 所示为控制系统拓扑结构,将 CCA 控制系统中各模块单元之间的连接方式和等级关系展现得十分清晰。通过示意图,可以看到系统的网络连接从位于机车司机室端的 DS3 一直到位于机车电气室 CA4 中的零部件。具体连接次序为:司机室的操纵台(DS3—DS2—DS1)—CAI 电气柜(CIO)—RLA 无线电电气柜(PTP)—CA2 电气柜(ECU—TAC—TBC—TMC)—CA4 电气柜(AAC—BCC—RFC1—RFC2)。

## 第二节　微机控制系统功能

微机实时控制系统基于系统构架硬件之上,系统的好坏、稳定与否和硬件组成有着密切的关联。无论哪种控制系统,应用什么控制方式,都要有适当的硬件和匹配的接口与其相适应,最后再加上优良的人机接口程序才能实现完整的控制。

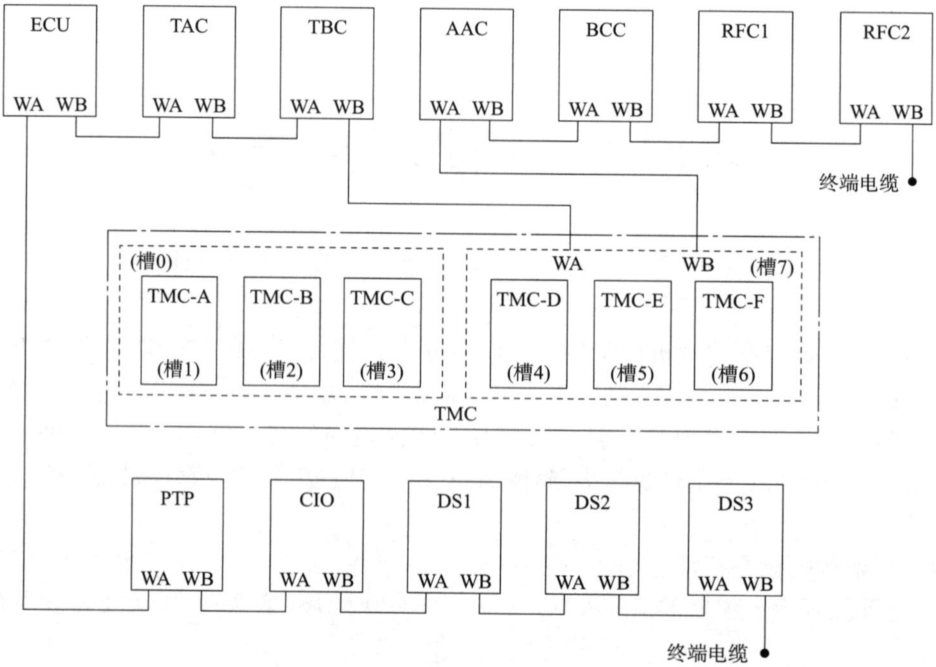


图 5-4-1 控制系统拓扑结构

$HXN_5$ 型内燃机车中这套成熟的控制系统无论从硬件布置结构上，还是硬件配置上，相比前期产品都有极大的提升，为整个控制系统的良好运行奠定了坚实的基础。为了更加深入地了解本控制系统，在以下内容中将详细介绍各功能组件的作用。

## 一、智能显示器

智能显示器是 $HXN_5$ 型内燃机车上的控制微机单元，它们既是控制系统终端显示接口，又是整个控制系统的处理核心。它们接收机车司机的指令，并读取机车的运行状态。在协调这些信息后，智能显示器产生一组指令并将之传送到 $HXN_5$ 型内燃机车控制系统其他模块单元上，以实现操作人员的命令，达到对机车的智能控制和保护。

由于智能显示器本身的输入/输出能力是有限的，其接口扩展也受到一定的限制，所以，它们经由 CIO 收集来自操作人员的指令信息，也可通过 CIO 收集一些有关机车工作状态的重要信息，以便于整个系统的自动控制。其他的信息可以从 $HXN_5$ 型内燃机车上的各种电子控制板获得，例如 TAC、AAC 和 TMC 等，这里不一一列举。通过 ARCnet，智能显示器可以与所有这些装置进行通信。

除了针对机车的控制功能外，智能显示器还作为显示和诊断设备，以辅助机车操作人员和铁路维修人员的工作。

## 二、牵引电机控制器

智能显示器为 $HXN_5$ 型内燃机车上的每台牵引电机提供指令信号，而牵引电机控制器，即 TMC 的任务是将这些信号转换成可用来驱动与牵引电机相连接的逆变器的信息，换句话说，TMC 为执行单元的“大脑”。TMC 通过运行它内部的 6 个微机-I/O(CPU-I/O)卡和两个光纤卡来实施这项工作。

## 三、集成输入输出控制板

智能显示器设计用于 $HXN_5$ 型内燃机车上，通过实施 ARCnet 网络而与机车上的系统进行通信。各类智能控制板与机车上的各种装置进行模拟和数字的信息交流(收集输入信息并发送输出信息)。TAC、AAC、TMC 和 ECU 都是智能控制板的实例。它们内部设计有微处理器，所以，既能通过 ARCnet 接受和传送信息，也能执行其安装在机车上所设定的功能。有时，需要设计某种型式的能控制一组接触器的状态，并能读取状态以确定这些接触器是否动作正确的智能控制板。同样，有时需要使用某个能读取没连接在现有的另一个智能控制板上的一组传感器数据的智能控制板。对于机车，这些从各种输入传感器处收集信息或提供输出去控制一组电子-机械装置的智能控制板，被称为输入-输出集中处理器，即 IOC。在每台机车上至少有 6 个 IOC。为了简化设计，降低成本和增加可靠性，所有不同的 IOC 被结合到一个控制板上，即集成式输入输出控制板，即 CIO。

## 四、柴油机控制单元

$HXN_5$ 型内燃机车上的燃油传送系统采用电子燃油喷射(EFI)系统。EFI 系统包含一个微机板，它控制安装在各个高压泵上的螺线管。当螺线管被激励时，燃油从它的高压泵被供送到喷油器。这种单板微机被称作柴油机控制单元，即 ECU。

## 五、协议转换板

在 $HXN_5$ 型内燃机车上装有许多第三方设备，如电子空气制动机、全球定位系统、事件记录仪及燃油液位计等。这些装置发送信息到智能显示器用于显示和控制，并根据机车使用人员的输入从智能显示器接收操作和设置指令。这些数据的传送都通过协议转换板(PTP)来进行，协议转换板充当信息翻译和传递渠道。

智能显示器可以与安装在 $HXN_5$ 型内燃机车上的，与所有的基于微处理器的设备进行通信，它利用安装在机车上的 ARCnet 网络来实现这种功能。因为许多其他供应商没有在部件中设计 ARCnet 的兼容能力，所以需要通过安装在这些第三方供应商部件箱内的行业标准通信通道来提供一种与这些部件进行通信的方法。PTP 提供了与这些设备中的每一个进行对接的方法。PTP 通过部件箱所支持的通信通道与它们进行对话，并随后将这些信息转换成智能显示器所支持的 ARCnet 网络标准。

[illegible]

[illegible]

[illegible]

[illegible]

[illegible]

[illegible]

# 第六篇
# 交流传动内燃机车柴油机技术

本篇介绍了我国最新交流传动内燃机车 $FXN_{3C}$ 型内燃机车装配的 12V265C 型柴油机及 $FXN_{5C}$ 型内燃机车装配的 R12V280ZJ 型柴油机的技术定位、选型逻辑、各项技术参数对比及结构设计对比，并讨论了我国内燃机车柴油机未来的技术路线发展趋势。

# 第一章　$FXN_{3C}$型、$FXN_{5C}$型内燃机车柴油机技术定位

## 第一节　FXN3C 型、FXN5C 型内燃机车及其柴油机机型介绍

### 一、$FXN_{3C}$型内燃机车及其柴油机

$FXN_{3C}$型内燃机车是中车大连机车车辆有限公司自主研发的机车，该机车已完成超过 10 万 km、牵引 3 500 t 以上货物的重车里程考核。$FXN_{3C}$型内燃机车主要担当国内铁路货运的牵引任务，作为$DF_{4D}$型和$DF_{8B}$型内燃机车的升级换代产品之一，提升货物运输能力及经济效益。机车设计为底架承载式燃油箱、隔离式双司机室结构。司机室面积约 8 $m^2$，体积约 18 $m^3$，为国内货运内燃机车中净空间尺寸最大的司机室。机车采用内电统一平台驱动装置，实现了各系统模块化设计，机车的系统工程、人机工程、隐蔽工程、美学工程、安全工程具有通用性、可维护性及可靠性等特点。整车具有快速值乘功能，实现自动化发车测试技术，方便司乘人员操作。机车设备柜体高度集成，全部采用模块化安装方式。机车零部件能够与电力机车实现大量互换使用。能够与同平台机车实现互联、互通、互控。管路和线路分区域布置，实现管路与线路分离，大幅缩短管线长度。减少管、线接头种类和数量，减少临修。

机车采用 12V265C 型中速柴油机，燃油消耗率 198 g/(kW・h)，采用可变几何涡轮增压技术(VTG)、排放优化型喷油器，以及智能化缸内燃烧技术，可以有效优化柴油机缸内燃烧，降低氮氧化物、碳氧化物、颗粒物排放，提升排放水平，排放达到 EPA Tier3 指标。

同时该柴油机加装了车载健康诊断技术(PHM)，在线监控柴油机运行状态，具有远程数据传输、大容量数据存储、故障统计、智能化故障诊断及运用维护管理功能，保障柴油机安全可靠持久运行。

12V265C 型柴油机是一款适用于 4 400 马力干线货运机车的节能环保型中速柴油机，具备独立自主知识产权。该机是基于 12V265 系列柴油机技术平台进行适配性改造而来，可满足货运机车更苛刻的运用要求，其中"C"为 12V265 柴油机应用识别号，表示"货运"用途。

该柴油机是 12V265 柴油机谱系化产品的延伸，谱系下的柴油机结构和部件基本相同，可靠性、可用性、安全性和稳定性相同。主要根据其用途进行适配改造，最大程度保持该谱系下柴油机部件的简统。

### 二、$FXN_{5C}$型内燃机车及其柴油机

$FXN_{5C}$型内燃机车作为复兴型机车家族成员之一，为 4 400 马力交流传动货运内燃机

车，装用中车戚墅堰机车有限公司自主研发的 R12V280ZJ 型柴油机，油耗和排放处于国内领先，国际先进地位，是我国首款采用整流逆变模块技术起机的内燃机车。整车采用双微机控制系统，极大地提高了故障预测诊断的准确性。

机车采用双司机室内走廊结构，方便巡检，采用弹性司机室，提高了司乘人员舒适性。同时，具有牵引扭矩大、黏着特性好、恒功率点低、网络通信快、适用范围广、简统化程度高的特点。

机车采用 R12V280ZJ 型中速柴油机，功率为 3 530 kW，油耗 198 g/(kW · h)。该柴油机机型所达到的欧盟 3B 排放标准是目前全球内燃机车排放的最高标准，其氮氧化物排放、碳氢化合物排放限值为 4.0 g/(kW · h)，颗粒物排放限值 0.025 g/(kW · h)。据测算，对比承担同等货运量的其他型号内燃机车，搭载 R12V280ZJ 柴油机的 $FXN_{5C}$ 型内燃机车每年可节油 17.6 万 L，节省燃油费用约 141 万元，降低碳排放 46.3 t，实现了油耗与排放双优目标。$FXN_{5C}$ 型内燃机车未来有望成为铁路货运内燃机车的主力车型。

## 第二节　12V265C 型与 R12V280ZJ 型柴油机的选型逻辑

在众多内燃机车柴油机系列中，12V265C 型与 R12V280ZJ 型柴油机有望成为铁路货运内燃机车的主力机型。主型内燃机车对柴油机的选型逻辑有以下几点。

### 一、从我国铁路内燃机车市场需求分析

随着中国铁路主要干线的大规模电气化，内燃机车承担运量相对较小的支线货运、客运列车的牵引任务，因而，4 000 马力左右的中等功率内燃机车需求量较大。此外，随着中国铁路重载列车的普遍开行，4 000 马力左右的交流传动调车内燃机车还将会有一定的需求。而 12V265C 型与 R12V280ZJ 型柴油机都为 4 400 马力。

### 二、从用户关注焦点来分析

应优先发展可靠性高、经济性好的机车柴油机。随着中国铁路的发展，作为经营主体的中国国家铁路集团有限公司和各铁路局更加关注内燃机车的采购成本和运用成本，因而，可靠性高、油耗低、经济性好、综合运用成本低的新型内燃机车必将成为新宠。中车戚墅堰机车有限公司在研发过程中，选择拥有完全自主知识产权的 R12V280ZJ 柴油机将其作为 $FXN_5$ 系列内燃机车的核心动力。一方面，R12V280ZJ 柴油机的知识产权自主可控；另一方面，其零部件通用性强，使得其生产成本和维护成本更低，经济性和可靠性更好。

### 三、从可持续发展分析

应加快替换“节能、环保、可靠”的新型柴油机和内燃机车。随着 $HXN_3$ 型、$HXN_5$ 型内燃机车的引进，我国对 $HXN_{3B}$ 型、$HXN_{5B}$ 型调车内燃机车提出了不低于技术引进柴油机 Tier2 的排放指标要求，对 $FXN_{3C}$ 型、$FXN_{5C}$ 型货运内燃机车柴油机提出了 Tier3 的排放指标要求。随着我国绿色发展要求，“蓝天保卫战”的全面打响，今后必将对内燃机车的排放提出更高的要求。因而，排放更少的 12V265C 型与 R12V280ZJ 型柴油机得到了大力发展。

# 第二章　柴油机基础参数与性能对比

## 第一节　核心参数对照

表 6-2-1 是 12V265C 型（FXN$_{3C}$ 型内燃机车）和 R12V280ZJ 型（FXN$_{5C}$ 型内燃机车）机车柴油机的主要技术参数。

**表 6-2-1　柴油机主要技术参数**

| 参数名称 | | | | 12V265C | R12V280ZJ |
|---|---|---|---|---|---|
| 基本参数 | | | 气缸形式 | 四冲程、直喷式、废气涡轮增压、中间冷却 | |
| | | | 缸径/mm | 265 | 280 |
| | | | 行程/mm | 300 | 300 |
| | | | 机体结构 | 球墨铸铁整体铸造 | 球墨铸铁整体铸造 |
| | | | 曲轴材质 | 合金锻钢 | 合金钢 |
| | | | 单缸排量/L | 16.55 | 18.47 |
| | | | 几何压缩比 | 15.4 | 13 |
| | | | 气缸排列夹角/(°) | 45 | 50 |
| 结构参数 | 转速 | | 标定转速/(r/min) | 1 000 | 1 000 |
| | | | 最低工作转速/(r/min) | 400 | 400 |
| | | | 活塞平均速度/(m/s) | 10 | 10 |
| | 功率 | | 标定(持续)功率 | 3 200 | 3 530 |
| | | | 最大运用(装车)功率/kW | 3 500 | 3 530 |
| | 压力 | | 最高燃烧(爆发)压力/MPa | 16.7 | 15.5 |
| | | | 曲轴箱压力/kPa | −3.302～−1.27 | — |
| | 燃油系统 | | 燃油消耗率(标定功率)/[g/(kW·h)] | 197.5 | 198×(1±3%) |
| | | | 喷油器启喷压力/MPa | 34.6 | 35 |
| | 冷却水系统 | 高温冷却水 | 流量/($m^3$/h) | ≥272.55 | 130 |
| | | | 额定转速/(r/min) | 2 893 | 2 354.5 |
| | | | 水温/℃ | 正常:72～86<br>最高:96 | 正常:80±3<br>最高:95 |
| | | 中温冷却水 | 流量/($m^3$/h) | ≥70 | 90 |
| | | | 额定转速/(r/min) | 2 893 | 2 354.5 |
| | | | 水温/℃ | 正常:72～86<br>最高:96 | — |

续上表

| 参数名称 | | | 12V265C | R12V280ZJ |
| --- | --- | --- | --- | --- |
| 结构参数 | 机油系统 | 装载量 | 714.3 | 1 000 |
| | | 流量/($m^3$/h) | ⩾130 | 55×2 |
| | | 主机油泵出口压力/kPa | 965.5 | 850 |
| | | 机油消耗率/[g/(kW·h)] | <燃油消耗率的 0.35% | ⩽燃油消耗率的 0.5% |
| | | 主机油道进口压力/MPa | >0.108(最低稳定转速)<br>>0.428(标定转速) | >0.1(最低稳定转速)<br>>0.5(标定转速) |
| | | 机油温度/℃ | 进 85～90,最高 107 | 正常:80±3,加载时最低进口 40,最高 92 |
| | 进排气系统 | 增压比 | 3.5～3.8 | 3.4 |
| | | 标定功率空气流量/(kg/s) | 7.6～9.2 | 3.4 |
| | | 增压器正常转速/(r/min) | 24 500～27 500 | ⩽41 160 |
| | | 增压器最高转速/(r/min) | 29 500 | 41 160(保护) |
| | 配气相位 | 进气门(上止点前开/下止点后开) | 47°/39.3° | 49°/40° |
| | | 排气门(上止点前开/下止点后开) | 55.6°/60.7° | 68°/54° |
| | 其他 | 发火次序 | 1-9-3-11-7-15-5-13-8-16-6-14-2-10-4-12 | R1-L2-R5-L4-R3-L1-R6-L5-R2-L3-R4-L6 |
| | | 旋转方向(输出端位置) | 逆时针旋转 | 顺时针旋转 |
| | | 启动方式 | 2 个空气马达启动 | 电机启动 |
| | | 外形尺寸/mm | 5 000×1 780×2 600 | 4 122×1 804×3 098 |
| | | 质量/t | 20.6 | 23.5 |

## 第二节　性能特性分析

柴油机的性能在很大程度上决定了内燃机车的各项性能，12V265C 型和 R12V280ZJ 型柴油机在符合我国铁路运输需求的同时，消化吸收了国外引进的先进技术，并且绝大部分零部件已完成国产替代，为我国自主掌握内燃机车核心技术做出了贡献。12V265C 型和 R12V280ZJ 型柴油机如图 6-2-1 所示。

图 6-2-1　12V265C 型和 R12V280ZJ 型柴油机

## 一、12V265C 型柴油机性能特点

(1)装车功率 3 500 kW,油耗模式下燃油消耗率 197.5 g/(kW·h),排放模式下满足 EPA Tier3 排放水平。

(2)适配满足货运机车运用的 12 挡位牵引曲线,实现转速、负载平稳过渡;设置合理的降功曲线,最大限度满足复杂环境的运用需求。

(3)增压器采用高压比叶轮+VTG 增压技术,实现增压压比和空燃比的动态、智能调节。

(4)控制系统相关设备采用集成式电喷控制柜,运维便捷。同时增加网关设备,通信冗余设计。

(5)采用优化型结构的中冷器,增大中冷冷却能力,提高换热效率。

(6)采用启喷压力更高的喷油器,优化缸内燃烧,有效控制氮氧化物、碳氧化物和颗粒物排放,提升排放等级。

(7)采用新结构气门横臂、水泵、传感器等部件,提升运用可靠性。

(8)增加防火安全设计,加装曲轴箱防爆阀、柴油机防火罩及增压器防护罩。

(9)增加可视化柴油机 PHM 健康诊断选配功能,实现控制系统与 PHM 系统完全分离,实现数据实时监测、故障诊断、健康预测、趋势分析、运维决策,以及报表查询等功能智能运维。

作为引进后国产化的技术,12V265C 型柴油机有以下技术优点:

(1)强化度:与国内外同类型柴油机相比,具备较高的强化度。

(2)继承性:以 16V265H 型柴油机为技术平台开发,扩展了 265 系列柴油机谱系,技术继承性较高。

(3)零部件通用性:大量部件与 16V265H 型柴油机通用,具有良好的部件通用性。

(4)结构紧凑性:结构紧凑,适用于机车、船舶布局,大量采用铝合金部件,与同类型柴油机相比重量轻。

(5)维护性:采用模块化设计,整机维护便捷。

(6)经济性:排放经济性高,标况和最低惰转工况下燃油消耗低。

(7)操控性:电喷控制系统,实现可视化操控,监控、报警、保护自动模式,人机交互性好。

(8)国产化率:由柴油机公司自主研发,大量采用国产部件。

## 二、R12V280ZJ 型柴油机性能特点

(1)标定油耗:198 g/(kW·h);部分负荷:196 g/(kW·h)。

(2)电子喷射控制技术。

(3)采用了高压比可变涡轮(VTG)增压技术、并联方式的冷却技术等来降低机车排放,整车废气排放水平达到美国 TierⅡ标准。

(4)最低稳定怠速 330 r/min。

(5)采用性价比更好的四代机油。

(6)在机车待命状态下可停止柴油机,采用蓄电池辅助供电(2 h),降低燃油消耗。

(7)具有良好的可维护性,例如:柴油机观察孔盖可快速拆装。

(8)同时柴油机配备了一些免维护设备,例如:机油滤清器、喷油器两年免维护。

(9)借鉴引进 $HXN_5$ 型内燃机车柴油机的先进技术,管路集成化设计,减少外部管路跑、冒、滴、漏。

(10)柴油机已通过 UIC100 h 和 360 h 可靠性试验。

(11)已通过 1 040 h VV 试验。

(12)消化吸收了引进柴油机的先进材料和成熟工艺。

(13)变频启动柴油机,省去了传统的传动机构。

(14)以高可靠性电子元件、智能控制代替复杂机械结构。

相较而言,R12V280ZJ 拥有完全自主知识产权。最大程度采用了 280 系列柴油机的成熟零部件和结构并且吸收引进了先进技术经验,更具备优势。

# 第三章　柴油机结构设计与关键技术对比

## 第一节　总体布局对比

### 一、12V265C 型柴油机总体布局

12V265C 型柴油机是在 16V265 型柴油机技术平台的基础上，结合传统柴油机成熟设计经验，经深入分析和计算，设计出的货运型内燃机车柴油机。其总体布局如图 6-3-1 所示。

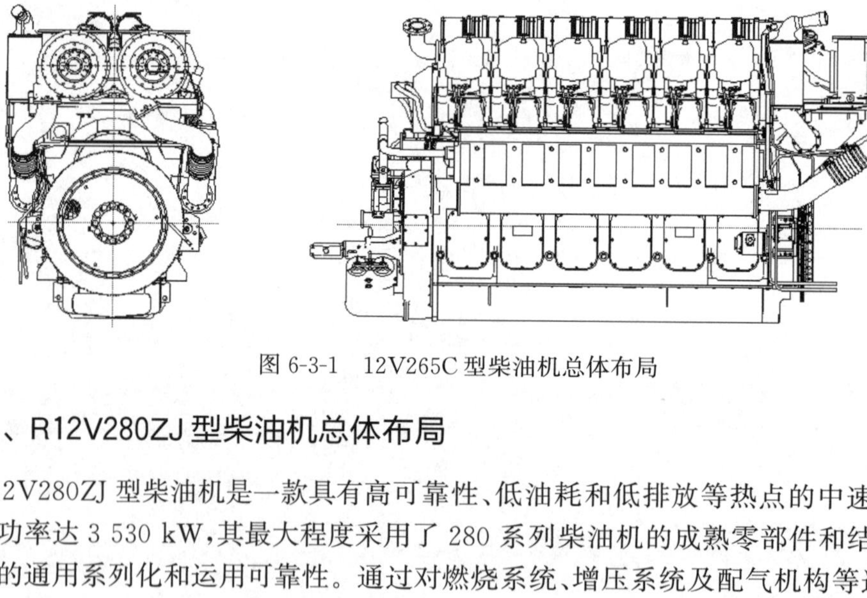

图 6-3-1　12V265C 型柴油机总体布局

### 二、R12V280ZJ 型柴油机总体布局

R12V280ZJ 型柴油机是一款具有高可靠性、低油耗和低排放等热点的中速柴油机，最大运用功率达 3 530 kW，其最大程度采用了 280 系列柴油机的成熟零部件和结构，提高了零部件的通用系列化和运用可靠性。通过对燃烧系统、增压系统及配气机构等进行设计优化、改善了柴油机的综合性能，特别是降低了部分负荷的燃油消耗率和排气温度。其总体布局如图 6-3-2 所示。

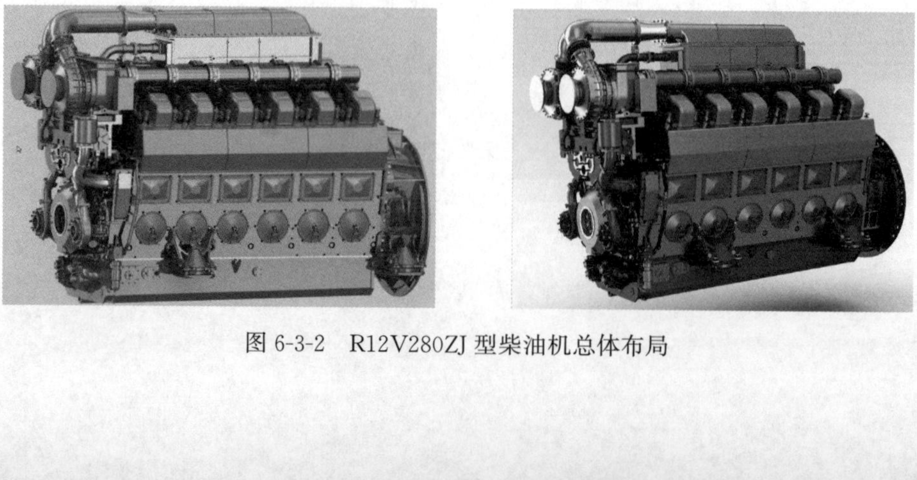

图 6-3-2　R12V280ZJ 型柴油机总体布局

# 第二节　关键子系统差异

## 一、柴油机固定件、运动件与动力组概念

由于 R12V280ZJ 型柴油机中车戚墅堰机车有限公司自主研发的产品，所以其沿用的固定件、运动件配气机构独立的概念，也就是说 R12V280ZJ 型柴油机的固定件包括了机体、气缸盖、气缸、活塞、连杆、曲轴和配气机构等，这里不再赘述。而 12V265C 型柴油机来自国外技术引进，引进了一个新的技术——动力组。

12V265C 型柴油机的动力组包括活塞装配、连杆装配、气缸套、动力组螺柱动力组螺母、配气机构、摇臂箱和摇臂箱盖罩，如图 6-3-3 所示。每个动力组均带有各自的阀系机构、摇臂箱盖罩，以及独立的进、排气道的出水道。动力组采用模块化结构、方便维修、使用 4 个螺柱紧固在机体上、使用液力拉伸方式紧固在机体缸台面上。

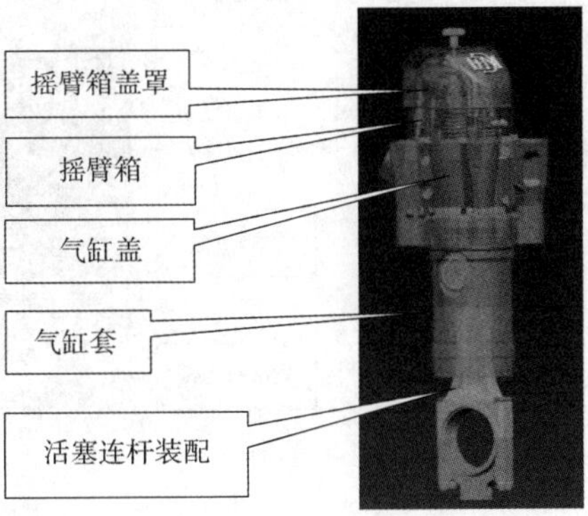


图 6-3-3　动力组

## 二、运动件对比

1. 减振器

12V265C 型柴油机采用液力减振器；R12V280ZJ 型柴油机采用卷簧弹性阻尼减振器。

2. 定时齿轮系与泵传动装置位置

12V265C 型柴油机定时齿轮系安装柴油机输出端；R12V280ZJ 型柴油机定时齿轮系安装柴油机自由端。

## 三、配气机构对比

1. 凸轮轴(图 6-3-4)

12V265C 型柴油机的凸轮轴布置形式为下置式，单根，位于 V 形夹角内＋随动摇臂。按照欧ⅢA 排放等级设计凸轮型线角度。

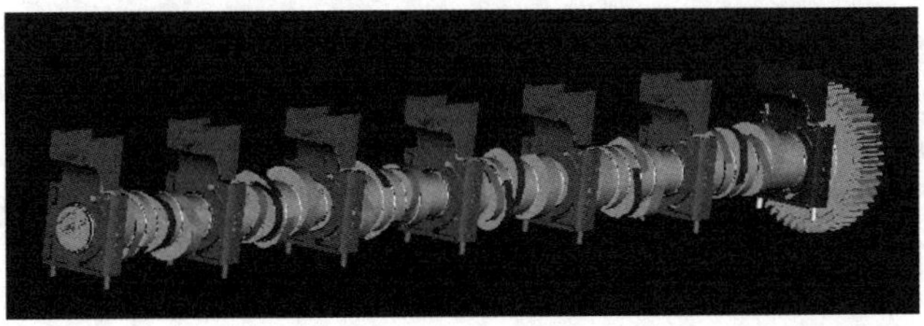

图 6-3-4　凸轮轴

(1)采用三段凸轮单节组装。

(2)单根凸轮轴,布置在机体 V 形夹角中间。

(3)同时控制左右两侧缸的进排气和供油定时。

(4)采用高强度耐磨材料。

2. 随动摇臂机构(图 6-3-5)

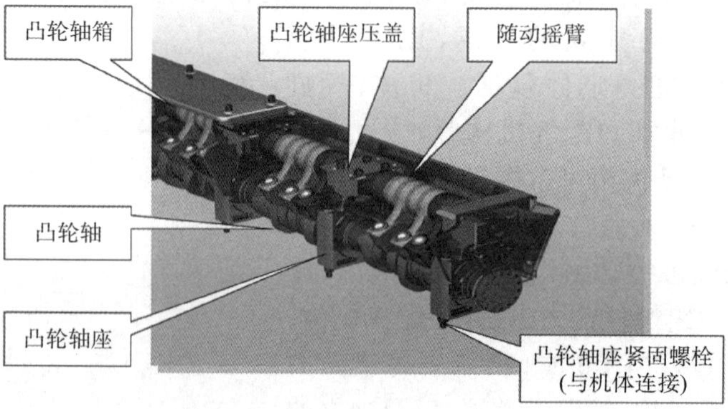


图 6-3-5　随动摇臂机构

3. 12V265C 型柴油机配气机构(图 6-3-6)

12V265C 型柴油机气门间隙为零,不用人工调整气门间隙。

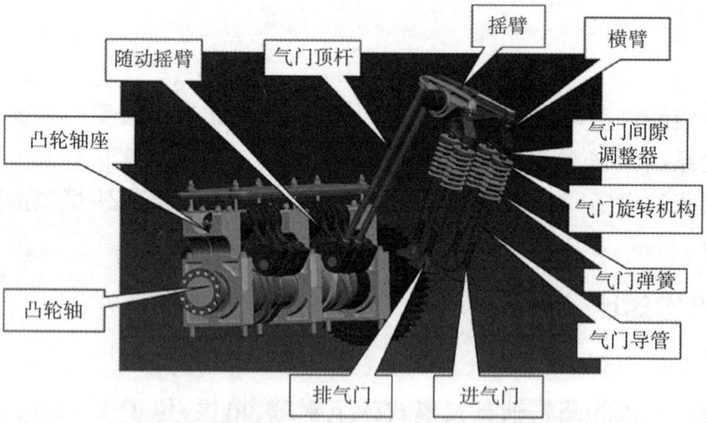


图 6-3-6　12V265C 型柴油机配气机构

4. R12V280ZJ 型柴油机配气机构

R12V280ZJ 型柴油机的配气机构的布置形式与传统布置形式一致,凸轮轴左右各一根,位于左右两侧凸轮轴箱内。

12V265C 型、R12V280ZJ 型柴油机的进、排气阀都装有气门旋转机构,使气阀和阀座寿命延长,并改善气阀的密封状况。

## 四、增压系统对比

1. 12V265C 型柴油机增压系统

12V265C 型柴油机采用高压比叶轮+VTG 增压模块,增压器随环境条件(海拔、气温、隧道)自动调整喷嘴环角度，优化柴油机负荷、降低增压器转速、提高增压器喘振裕度和可靠性，适应地区复杂、多变环境条件下的应用。

涡轮增压器不用冷却水冷却，靠机油带走热量，单独机油泵可给其停机之后润滑和带走热量。VTG 增压器关键零部件如图 6-3-7 所示。

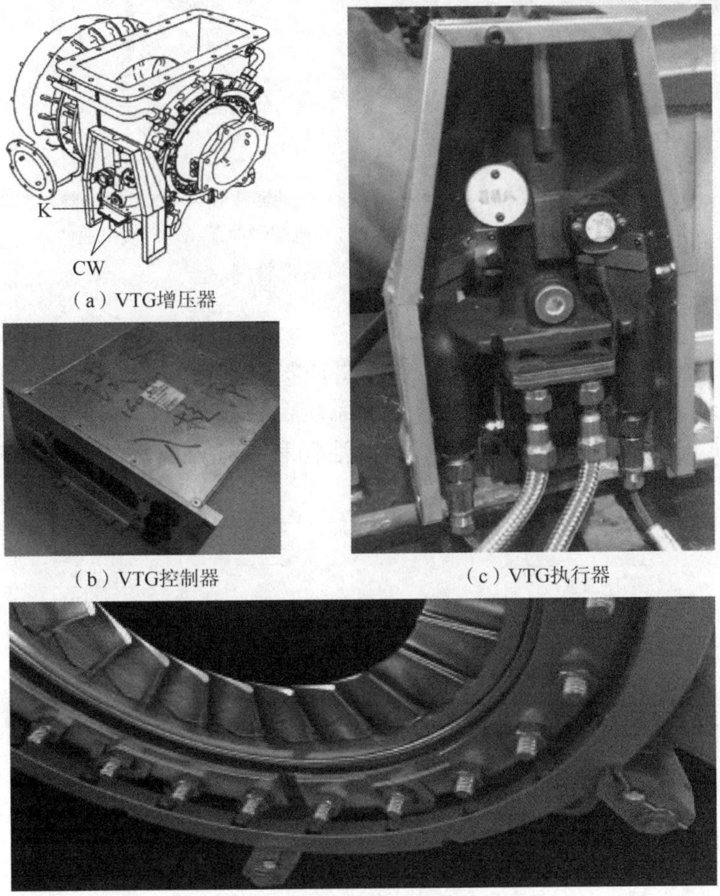

(a) VTG增压器

(b) VTG控制器

(c) VTG执行器

(d) 可变角度喷嘴环

图 6-3-7　VTG 增压器关键零部件

2. R12V280ZJ 型柴油机增压系统

R12V280ZJ 型柴油机采用了 TPR56 高压比增压器，应用可变涡轮(VTG)增压技术，可有效提高增压器在部分负荷工况与柴油机的匹配性能，降低柴油机在部分负荷时的燃油消耗率和热负荷。TPR56 高压比增压器如图 6-3-8 所示。

图 6-3-8　TPR56 高压比增压器

## 五、燃油系统对比

1. 12V265C 型柴油机燃油系统

燃油系统管路如图 6-3-9 所示。

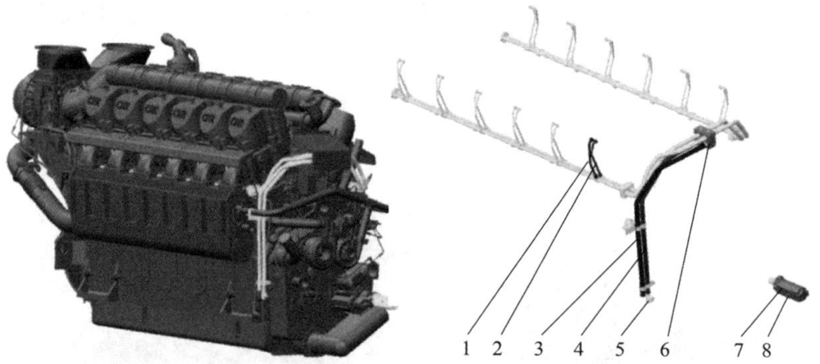


1—B6 缸回油管；2—B6 缸进油管；3—燃油回油管；4—燃油进油管；
5—三通（传感器）；6—燃油分配块；7—机带燃油泵；8—燃油出油口。

图 6-3-9 燃油系统管路

（1）喷油器和喷油泵。

12V265C 型柴油机燃油系统采用成熟的单体泵电喷系统，电喷泵、喷油器是 Bosch 公司生产，控制器是德国 Heinzmann 生产，全套系统已通过 $DF_{8CJ}$ 长期运用考核。通过优化喷油正时和供油 MAP，可改善缸内燃烧，降低油耗和废气排放。喷油泵和喷油器结构图如图 6-3-10 所示。

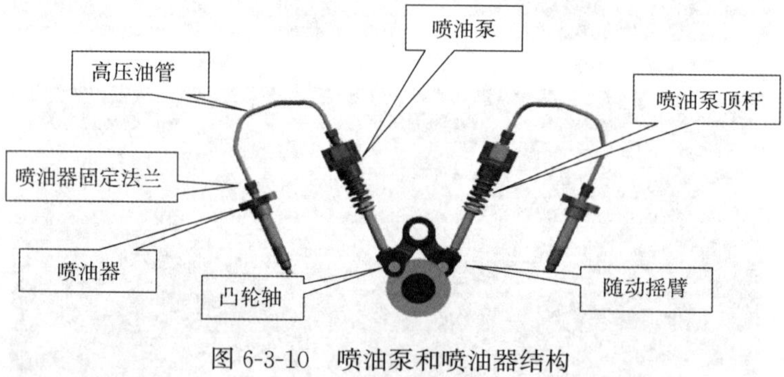


图 6-3-10 喷油泵和喷油器结构

（2）喷油泵工作原理。

喷油泵结构如图 6-3-11 所示。

电磁阀得电，通过磁场吸引滑阀运动，封闭进回油管路，柱塞在顶杆作用下运动，压缩柱塞腔内燃油，建立高压，通过控制电磁阀关闭油孔时间长短调节油量。

采用电子控制单体式燃油喷射泵，柱塞直径 22 mm，行程 28 mm；喷油泵回油量最大能到 40%。

图 6-3-11 喷油泵结构

2. R12V280ZJ 型柴油机燃油系统

R12V280ZJ 型与 12V265C 型柴油机燃油系统工作原理一致，这里不再赘述。

## 六、前端集中安装槽

前端集中安装槽使多个部件集中安装在一起，这样管路更集中，大幅度减少了管路连接，方便维修人员作业，在一定程度上减少维修成本。前端集中安装槽如图 6-3-12 所示。

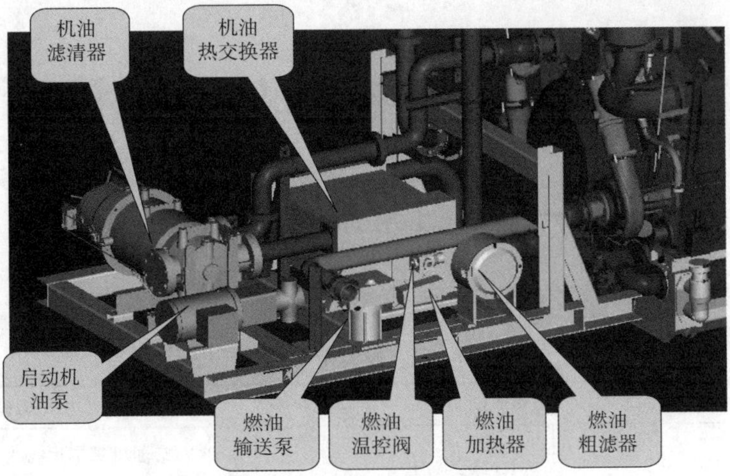


图 6-3-12　前端集中安装槽

# 第三节　材料与制造工艺

两款机型都消化吸收了引进柴油机的先进材料和成熟工艺。

## 一、12V265C 型柴油机材料与制造工艺

机体：球墨铸铁整体铸造；龙门式箱形结构；V 形 45°夹角；一体铸造机座支承，内部铸有主油道和气缸套冷却水道。

主轴瓦：钢背铜铅合金，薄壁主轴瓦。

曲轴：全纤维锻钢曲轴，平衡块与曲轴采用螺栓连接或焊接，轴径表面及圆根部位采用中频感应淬火和喷丸强化处理。

泵支承箱：铸造铝合金材料。

凸轮轴：采用高强度耐磨材料。

气缸盖：球墨铸铁。

活塞组：钢制活塞顶，铝合金制造的活塞裙。

气缸套：整体铸铁带减磨环结构。

油底壳：钢板焊接，箱形结构。

## 二、R12V280ZJ 型柴油机材料与制造工艺

机体：球磨铸铁整体铸造，近似六边形的外形，具有良好的横向和纵向刚度，机体内部设置了机油、冷却水通道和空气腔。

气缸套：采用离心浇注和平台珩磨工艺制造，缸套上部设有减磨环。

多种部件采用铝制材料，减轻整机重量。

# 第四章　维护检修与故障诊断

## 第一节　日常维护要点差异

12V265C 型和 R12V280ZJ 型柴油机段修范围对比见表 6-4-1。

**表 6-4-1　段修范围对比**

| 检修阶段 | 修程周期 | | 主要检修内容 |
|---|---|---|---|
| 日常 | 12V265C | R12V280ZJ | 柴油机基本运行参数检查、外部状态检查 |
| C1 修 | 6×(1±10%)万 km，不超过 3 个月 | 不超过 6 个月，检修停时为 24 h | 机车例行检查和保养，利用机车自检系统进行故障诊断，按状态修理 |
| C2 修 | 12×(1±10%)万 km，不超过 6 个月 | 不超过 1 年，检修停时为 24 h | 机车关键部件重点检查维修，有针对性地恢复机车运行可靠性 |
| C3 修 | 23×(1±10%)万 km，不超过 1 年 | 不超过 2 年，检修停时为 30 h | |
| C4 修 | 45×(1±10%)万 km，不超过 3 年 | 不超过 2 年或不超过 60 万 km，检修停时为 6 d | |

## 第二节　典型故障处理对比

12V265C 型、R12V280ZJ 型柴油机常见故障分析及处理方法见表 6-4-2。

**表 6-4-2　典型故障原因分析及处理方法**

| 序号 | 故障现象 | 12V265C | | R12V280ZJ | |
|---|---|---|---|---|---|
| | | 故障原因 | 检查处理 | 故障原因 | 检查处理 |
| 1 | 柴油机无法启动 | TRS 线短路或 TRS 传感器出现故障 | 利用接线图，核对 TRS 接线是否正确。检查 TRS 接线是否被烫伤，传感器是否完好。同时检查 SRS 和 TRS 传感器的安装间隙检 | 冷却水温太低 | 预热 |
| | | 柴油机电喷线与电喷盒之间虚接 | 检查柴油机电喷线插针是否有凹陷 | 无燃油 | 加燃油 |
| | | 柴油机供给燃油压力低 | 查看柴油机燃油进口压力值 | 燃油系统中有空气 | 排除空气 |
| | | 接口模块出现故障 | 检查接口模块的指示灯是否正确显示 | 喷油器阻塞或损坏 | 检修或更换 |

续上表

| 序号 | 故障现象 | 12V265C | | R12V280ZJ | |
|---|---|---|---|---|---|
| | | 故障原因 | 检查处理 | 故障原因 | 检查处理 |
| 1 | 柴油机无法启动 | 启动马达的风压不足 | 检查启动马达的风压 | 压缩压力不足 | 检查进排气门及活塞环 |
| | | 启动马达出现故障 | 查看启动马达的齿是否伸出 | 电喷控制系统传感器松动 | 紧固，针对具体情况排除 |
| | | | | 电喷控制系统电源未通电 | 接通电源 |
| 2 | 增压器冒黑烟 | TRS线短路或TRS传感器出现故障 | 利用接线图，核对TRS接线是否正确。检查TRS接线是否被烫伤，传感器是否完好，当曲轴0°时，TRS传感器是否与定时盘齿相对应，之间的间隙是否在0.89～1.90 mm | 喷油器滴油 | 检修或更换 |
| | | SRS传感器与凸轮轴指针有偏差 | 检查当曲轴355°时(或再旋转一周)，SRS传感器是否与凸轮轴指针相对应，检查两者之间的间隙是否在0.52～1.02 mm。当曲轴0°时，凸轮轴齿轮后盖观察孔能否看见很深的印痕 | 气门间隙太小，气门漏气，气门弹簧断 | 检修或更换 |
| | | 燃烧室燃烧不充分 | 查看控制软件，是否有敲缸现象发生 | 喷油定时错误，喷油过多 | 调整喷油提前角 |
| | | 增压器进气量不足 | 检查增压器内是否有异物 | 增压压力低，背压高 | 清洗 |
| | | 排气道有异物，将废气涡轮叶片打碎 | 拆卸排气管总管，查看是否有异物 | 活塞环损坏或拉缸 | 更换 |
| | | | | 气缸套磨损过 | 更换 |
| | | | | 增压系统(进排气管路)、增压器气封漏气 | 更换 |
| 3 | 燃油压力低 | (1)燃油箱缺油。<br>(2)燃油管路泄漏。<br>(3)机械燃油泵故障。<br>(4)电子燃油泵故障。<br>(5)燃油滤清器堵塞。<br>(6)燃油系统回油阀未关闭 | (1)检查燃油箱油位(应在1 000 L以上)、管路有无漏泄、滤清器压差表显示压差不超过206.84 kPa(柴油机正常运转时)，燃油回油阀在关闭位。<br>(2)发生降功无任何提示信息时，按压机车数据→系统数据，进入电喷控制器→传感器数据选项，查看燃油压力值(低于70 kPa时停机)再进行相应处理。<br>(3)如柴油机停机而无提示信息时，可按压显示屏机车数据→系统数据，进入机车维护选项，进行燃油系统检查(此时显示屏显示燃油压力值，此模式不能启动柴油机)，发现燃油压力低可打开燃油精滤器放气门进行放气；无效时检查燃油管路是否漏气，进行相应处理。燃油放气只打开燃油精滤器放气门是不够的，在燃油系统检查时，最好将燃油分配器上面的回油管路上的排气堵打开；其次将各缸的燃油回油管松开，燃油管路里的空气很容易被排出。<br>(4)机械燃油泵故障，检查联轴节状态 | | |

续上表

| 序号 | 故障现象 | 12V265C | | R12V280ZJ | |
|---|---|---|---|---|---|
| | | 故障原因 | 检查处理 | 故障原因 | 检查处理 |
| 4 | 机油油压低 | (1)主机油泵故障。<br>(2)机油漏泄。<br>(3)机油稀释。<br>(4)机油回油阀未关闭 | (1)先在副屏中调出“事件及故障”，用上下键将光标移动到当前故障上，然后打开“更多详细记录”，查看机油进口压力、右侧增压器机油压力和左侧增压器机油压力的数值。<br>(2)当机油进口压力低于 138 kPa，左、右侧增压器机油压力都低于 60 kPa 时，应检查柴油机机油油位和机油回油阀状态为关闭位(与管路呈垂直位)。如果三个压力都低于 30 kPa，可判断为主机油泵故障或曲轴故障，禁止重新启机。如果三个压力仅有一个低于限定值，可判断为传感器误报，可启机维持运行。<br>(3)如果此时检查机油油位低于下刻线，可判断为机油不足引起停机，此时不得启机，并进一步检查是否有漏油处。<br>(4)如果检查油位高于上刻线 30 mm 以上，可判断为机油稀释，不得启机。<br>(5)如果油位正常，此时应重点检查机油回油阀状态，如果处于开启位，关闭后即可启机运行 | (1)压力传感器坏或测点松动漏气。<br>(2)机油泵损坏。<br>(3)旁通阀故障。<br>(4)机油滤清器阻力大。<br>(5)油底壳中油位过低。<br>(6)机油稀释(燃油混入)。<br>(7)机油管路泄漏严重。<br>(8)机油过热 | (1)检查分析并排除。<br>(2)检修。<br>(3)更换检修。<br>(4)清洗。<br>(5)加油。<br>(6)换油。<br>(7)检修。<br>(8)检查水温 |
| 5 | 水温高，限制手柄位(显示屏出现提示信息) | (1)水泵故障。<br>(2)冷却水量不足。<br>(3)冷却风扇不转。<br>(4)百叶窗电磁阀处于关闭位。<br>(5)温度传感器故障 | (1)停机后检查水箱水位、管路有无漏泄，有条件进行补水；如水箱水位下降而未发现漏泄处所时则不要启机。<br>(2)检查冷却水温度传感器接线是否虚接、脱落。<br>(3)如以上检查均正常，可开关一次计算机控制和柴油机控制断路器重新启机。<br>(4)打开气缸盖检查是否漏水。<br>(5)百叶窗是否打开(可人为打开) | (1)温度传感器故障或接触不良。<br>(2)冷却水量不足。<br>(3)冷却管路中有空气或阻塞。<br>(4)水泵损坏或水系统漏水。<br>(5)拉缸。<br>(6)机车上冷却风扇或散热器故障或温控阀故障 | (1)更换、检查分析并排除。<br>(2)补充冷却水。<br>(3)检修清洗。<br>(4)检修。<br>(5)更换。<br>(6)检查分析并排除 |

# 第五章　内燃机车技术演进与展望

## 第一节　内燃机车柴油机技术路线发展趋势

为提高柴油机的可靠性和耐久性，应该从多方面着手，而设计及制造方面是首要的。就目前而言，合理的零件结构形式（如活塞的外形及各零件截面变化时的过渡半径）、合适的加工方法（如全纤维挤压曲轴、连杆，以及气缸盖螺栓的辗制加工）、正确的热处理规范、恰当的表面强化处理（如滚压曲轴的圆角和喷丸处理连杆的杆身等）和表面覆盖层（如镀铬、喷钼和磷化等）都是提高柴油机可靠性和耐久性的有效措施。

目前柴油机经常出现的故障有机油稀释、气门下陷、气门座的密封变形、活塞环和环槽的磨损等。对此类问题的深入研究，都可用于提高柴油机的可靠性和耐久性。此外，在柴油机的设计上，还存在着一系列问题。针对这些问题，将从以下方面进行技术优化。

### 一、工作粗暴问题

由于柴油机的强化程度越来越高，为了提高柴油机零部件工作的可靠性和耐久性，并缩短研制周期与降低研发费用，针对零部件的研制工作也得到了日益重视，除了相关测试手段和计算方法之外，近来又采用了一些全新的方法：在研究气缸内空气运动的速度和规律方面，采用激光多普勒（Dopple）测定法；在强度试验方面，采用全息光弹摄影；在确定零件的尺寸时，则采用最优化设计方案。

### 二、噪声问题

合适的活塞外形、较小的各种配合间隙，增加壁厚和加强筋的机体（有时还在V形空间内铸有足够刚度的横隔板），采用吸声的正时齿轮箱结构等方案都能降低柴油机噪声。

### 三、排放问题

目前，降低排放污染的措施主要如下：

（1）用降低缸内最高燃烧温度的办法降低 $NO_x$ 排放，具体措施有减少喷油提前角，其代价会增加油耗及颗粒物；采用分路式冷却，充分降低扫气温度；在高工况时，进气门在下止点前关闭，以实现低温循环。

（2）全面优化燃油喷射燃烧系统及增压系统，改善燃烧组织，降低不完全燃烧 HC、CO 及碳颗粒，如采用活塞顶燃烧室形状优化、可变喷油定时、燃油预喷射、提高喷油压力、提高压缩比等方案。

（3）降低机油消耗量，减少其不完全燃烧所产生的颗粒物。

（4）采用电子燃料喷射系统（EFI）及可编程电子调速系统，全面优化各种负荷及过渡工况的经济性，并实现排放过程调节。

(5)采用催化燃烧技术,如乳化油燃油喷射系统。同时,可向燃烧室喷水,或用熏蒸法向各进气支管喷雾化水等。

(6)采用废气再循环(EGR)系统。

(7)采用低硫柴油以减少硫化物颗粒,或采用天然气作为代用燃料。

(8)采用排气后处理措施:采用选择性催化还原(SCR)系统;采用陶瓷炭颗粒过滤与焚烧装置;采用氧化催化器,使 HC 及 CO 得以氧化。

(9)开发新型富氧燃烧系统或新型混合气形成方法。

### 四、油耗问题

(1)降低标定工况油耗率的主要措施有提高压缩比及 S/D 比;提高爆发压力及喷油压力;采用高效新型增压器及定压增压系统;采用高效率、低阻力的中冷器;采用低散热的绝热涂层。

(2)降低全运用工况(含空转及过渡工况)油耗的措施有采用电子燃料喷射系统;采用全程电子调速系统;采用定压增压系统;采用停缸补气系统;采用低负荷进气预热系统;采用冷却水高温自动控制系统;降低最低空载稳定转速。

### 五、智能化发展问题

智能化,在这里主要指"机电一体化",或"现代机械系统"。柴油机的智能化发展,是一项有关运行工况经济性,提高运行安全性,降低维修成本,减少废气排放等综合效益的研究工作。其以微机及电子技术的应用为核心,在电子—液压—机械系统之间实现智能型的一体化控制。目前,柴油机智能化系统的运用主要如下:采用电子控制系统。对工况、机油品质及主要零部件运行过程进行监测。采用自动记录及分析处理系统。采用集运行故障、维修及保养等管理信息于一体的专家系统。对柴油机燃油系统、配气机构、增压系统、冷却系统及机油系统进行监测。

## 第二节　内燃机车柴油机技术展望

对于干线铁路牵引所用的中速柴油机,应充分消化吸收技术引进机型(GEVO16 型和 16V265H 型)的先进技术、设计理念及相关制造技术,重点开展降低柴油机燃油消耗率及排放的研究,采取如可变涡轮喷嘴环(VTG)、高压共轨燃油喷射系统、高效增压器等技术,并开展对米勒循环、EGR 废气再循环、后处理、颗粒捕捉等降排措施的研究及相关试验。

在柴油机智能控制方面应实现对柴油机喷油、配气正时、增压过程的实时控制,配合柴油机运行状态的监控、故障诊断等发动机电子管理系统,构建现代化、智能型的柴油机控制系统。

同时要持续开展提高柴油机可靠性、优化可维护性的工作。不断提升设计、仿真计算及试验验证手段。同时采用模块化设计理念,实现柴油机动力组、管路集成化等便于用户维护的结构。

为适应低轴重、动力分散内燃动车组及翻新制造等方面的需求,还应持续跟踪研究高速柴油机、卧式柴油机及柴油机再制造等技术。

目前,在我国铁路运输行业中,内燃机车依然有其独特的前景所在。考虑到内燃机车未来的发展,针对机车柴油机的设计、开发、制造及试验等流程同样有着重要的意义。

# 第七篇
# 牵引理论与列车优化操纵

本篇知识内容从机车制动机减压量的计算方法，不同条件下的列车操纵，运行中的安全注意事项，列车在各种运行状况时的操纵办法，在操纵中防止列车断钩的办法旅客列车的平稳操纵及不同制动方式的使用时机及方式，重载货物列车的操纵原则，重载货物列车的制动问题，重载列车的平稳操纵事项等方面加以研究和探讨。

# 第一章　机车操纵一般要求

## 第一节　减压量的计算方法

### 一、最小减压量的计算

在列车施行常用制动时，车辆副风缸的压力空气向制动缸充风。（副风缸的容积是制动缸容积的 3.25 倍）列车管减压量除了要考虑车辆三通阀主活塞由缓解位移至制动位需要克服的阻力外，还要考虑制动缸活塞由缓解位移至制动位，先要向制动缸容积内充入 100 kPa 的大气压力，并克服缓解弹簧约为 35 kPa 的反弹力才能产生制动作用。经计算：

$$r_{max}=(100+35)/3.25=41.5(kPa)$$

所以《铁路机车操作规则》中规定最小减压量为 50 kPa。

### 二、最大有效减压量 $r_{max}$ 的计算

客、货车最大有效减压量 $r_{max}$ 按列车管定压 $p_1$ 减去最大有效减压量，副风缸剩余压力 $(p_1-r_{max})$ 与制动缸压力 $(3.25r_{max}-100)$ 相等的条件计算。

$$p_1-r_{max}=3.25r_{max}-100p_1$$

$$p_1+100=4.25r_{max}$$

$$r_{max}=0.235\times(p_1+100)$$

当 $p_1=500$ kPa 时：$r_{max}=0.235\times(500+100)=141(kPa)$

当 $p_1=600$ kPa 时：$r_{max}=0.235\times(600+100)=165(kPa)$

所以《铁路机车操作规则》中规定当 $p_1=500$ kPa 时，$r_{max}$ 为 140 kPa。当 $p_1=600$ kPa 时，$r_{max}$ 为 170 kPa。

## 第二节　不同条件下的列车操纵

列车在长大下坡道运行时，应遵循“动力制动为主，空气制动为辅”的操纵原则，当动力制动不能满足控制列车速度的要求时，再采用空气制动调节列车运行速度。

实行周期性空气制动时，其缓解速度要满足充风时间要求，确保下一次制动时有足够的制动力。缓解列车制动时，应先缓解空气制动，再逐步解除动力制动。

列车在长大上坡道运行时，应采用“先闯后爬，闯爬结合”的操纵方法。上坡前，应提早增大机车牵引力，尽可能提高速度，储足动能；爬坡时，应实行预防性撒砂，防止空转发生。内燃、电力机车持续电流不得超过允许值；制动后列车速度降至 15 km/h 以下时，不应缓解列车制动。遇下列情况时，禁止低速缓解：制动力过大，致使列车降速过快时；线路纵断面为“鱼背型”时；牵引空重混编列车，特别是重车在前，空车在后；严寒地区在寒冷季节时。

### 一、在下坡道为主的起伏坡道上运行时的操纵

列车在下坡道为主的起伏坡道上运行时司机应通过调整动力制动力的大小，使车钩一直处于压缩状态通过每个变坡点。在此区段内，如列车由下坡道转平道或小上坡道时，需等列车前部越过变坡点时，再减小动力制动力；如列车由平道或小上坡转为下坡道时，司机应在变坡点之前适当增大动力制动力。

### 二、在上坡道为主的起伏坡道上运行时的操纵

列车在上坡道为主的起伏坡道上运行时，司机应通过调整牵引力的大小，使车钩一直处于拉伸状态通过每个变坡点。在此区段内，如列车由上坡道转下坡道时需等列车前部越过变坡点时，再减小牵引力；如列车由下坡道转为上坡道时司机应在变坡点之前适当增大牵引力。

### 三、在连续的起伏坡道上运行时的操纵

列车在连续的起伏坡道上运行时，司机应根据线路纵断面的不同情况正确选用机车工况，缓和地拉伸或压缩车钩并充分利用列车的惯性和动能闯坡，使列车平稳匀速地通过不同的变坡点。

在通过鱼背形或锅底形线路时应采用本务机车较小的机车牵引力或动力制动力(150 A左右)使列车平稳的通过该地段，以缓和因坡度变化引起车钩间隙的变化。在变换机车工况时，应使列车车钩有缓冲变化的时间，严禁盲目追求高速而短时间内转换机车工况。

### 四、中间站停车

进站停车时，应注意车站接车人员的手信号。货物列车应保压停车，直至发车前出站(发车进路)信号机开放或接到车站准备开车的通知后，方能缓解列车制动。列车或单机停留时，不准停止柴油机、劈相机及空气压缩机的工作，并保持制动状态。夜间等会列车时，应将机车头灯灯光减弱或熄灭。中间站停车，有条件时应对机车主要部件进行检查。司机必须坚守岗位，不得擅自离开机车。

## 第三节　运行中的安全注意事项

(1)若确认列车折角塞门被关闭，应按压列尾装置司机控制盒红色按键，采用列尾装置主机排风制动措施，停车前适当撒砂。停车后，查明原因并妥善处理。开车前，司机确认附挂辆数和列车管贯通状态良好后，方可重新起动。

(2)在电气化自动闭塞区段，闭塞分区设有调谐区(调谐区又称电气绝缘节)电气绝缘节既满足了牵引供电及轨道电路的需要，又消除了因机械绝缘节破损，干扰信号正确显示的问题。电气绝缘节设在闭塞分区分界点处。单机在自动闭塞区间紧急制动停车或被迫停在调谐区时，司机须立即通知后续列车司机，向两端站车站值班员(列车调度员)报告停车位置(具备移动条件时司机须先将机车移动不少于15 m)，并在轨道电路调谐区外使用短路铜线短接轨道电路。

(3)不得超越机车限界进行作业,电气化区段严禁攀登机车、车辆顶部,途中停车检查时,身体不得侵入邻线限界。

(4)电力机车司机需要登上机车顶部检查弓网状态或处理故障时,应断开主断路器,降下受电弓,同时向车站值班员或列车调度员申请办理登顶作业,接到列车调度员发布的"接触网已停电,允许登顶作业"的调度命令并验电、接地后方可作业。

(5)严禁向机车外部抛撒火种,机械间严禁吸烟。

(6)列车在区间被迫停车后不能继续运行时,司机应立即使用列车无线调度通信设备通知两端站、列车调度员,报告停车原因和停车位置,根据需要迅速请求救援并按规定设置防护。机车故障后 10 min 内不能恢复运行时,司机应迅速请求救援。

(7)遇天气不良、机车牵引力不足等情况,列车在困难区段可能发生坡停或严重运缓时,司机应提前使用列车无线调度通信设备通知两端站或列车调度员。

(8)运行途中突发难以抵抗的身体急症时,应立即报告列车调度员或车站值班员。不能维持驾驶操纵的,要立即采取停车措施。

# 第二章　旅客列车操纵

## 第一节　旅客列车操纵办法

旅客列车的平稳操纵不仅是铁路运输安全行车的需要，也是机务部门优质服务的体现。使每一位旅客乘坐我们铁路的旅客列车都有宾至如归的感觉，安全、正点、平稳、舒适温馨的到达目的地，是列车司机的神圣职责。它也是司机职业素质、驾驶技能水平的综合体现。

司机要做到平稳操纵，就必须要根据运行工况及线路纵断面的变化，合理控制车钩间隙的变化程度。例如，使运行中的车辆车钩全部处于伸张状态或压缩状态，那么列车运行时，无论牵引工况或制动工况操纵时列车运行就比较平稳。

### 一、机车平稳连挂

司机操纵列车的基本要求就是要做到起车稳、加速快、停车准。因此司机的操纵业务水平的高低，最终要落实在熟悉机车性能、科学合理地操纵列车上。旅客列车操纵的最高境界是机车平稳连挂和站内停车平稳对标。平稳连挂的要点如下：

(1)机车挂车时，为保证机车制动作用迅速有效，作用管预先要充入一部分压力空气，又不使机车制动。该压力空气要小于机车最小减压量，使机车处于缓解状态。

(2)使用好机车小闸，小闸使用的关键是用好中立位。

(3)控制好接近挂车时的速度，接近时做到制动后的缓解挂车。

### 二、站内准备停车

旅客列车可采用“牵引辅助制动法”施行站外调速和站内停车。采用“牵引辅助制动法”的目的在于列车制动调速过程中，各车辆的车钩始终处于拉伸状态，避免车钩反复伸张、压缩造成的纵向冲动，使列车平稳降速。这种方法对于装有盘形制动装置、制动力较强的新型客车，效果更为显著。

### 三、站内停车

进入停车线停车时，要做到一次停妥。要根据制动力的强弱，实行“三定一活”的原则，定进站速度、定减压地点、定减压量，在此基础上灵活掌握。

在列车制动排完风后，要设定校速地点，在设定校速地点核对列车速度，对列车制动力作出初步判断。校速地点设定的越早，平稳停车对标的把握性越大。它可以提前根据速度下降趋势做好灵活掌握追加或缓解机车制动力的准备，做到适量减压、缓上小闸、定点校速、少量追加。

### 四、双管供风及直供电旅客列车

牵引双管供风的旅客列车时，当列车总风管压力低于550 kPa时，应及时通知车辆乘务员，按其要求运行或维持到前方车站停车处理；牵引直供电的旅客列车时，运行中应注意确认列车供电电压及电流的显示，发现异常情况时应及时通知车辆乘务员，按其要求运行或维持到前方车站停车处理，并报告列车调度员或车站值班员。

直供电列车到达后，应保持供电，接到车辆乘务员通知后方可停止供电，拔出供电钥匙，按规定与车辆乘务员办理交接。

## 第二节　动力制动的使用

### 一、机车动力制动的使用

列车在长大下坡道运行中，应采用动力制动为主，空气制动为辅的操纵方法，做到使用动力制动时，电流的升降要平稳。列车高速运行时，要注意励磁电流与制动电流之比例。

需要缓解时，应先缓解空气制动，再解除动力制动。多机使用动力制动时，前部机车使用后，再通知后部机车依次使用；需要解除动力制动时，根据前部机车的通知，后部机车先解除，前部机车后解除。

### 二、制动机使用的原则

施行常用制动时，应考虑列车速度、线路情况、牵引辆数和吨位、车辆种类，以及闸瓦压力等条件，准确掌握制动时机和减压量，保持列车均匀减速，并应注意以下原则：列车运行中尽量减少不必要的制动；需要制动时，尽量减少制动次数；制动时保持均匀降速，避免或减少列车冲动；非必要时，不使用紧急制动。

旅客列车制动调速时要早减、少减，适当延长制动距离。只有这样，才能最大限度地减少冲动。

所谓早减是因为初减量小，制动距离必须要延长；所谓少减就是初减量的选择，既要达到控制列车速度又不使列车速度下降过快。

# 第三章　重载货物列车操纵

## 第一节　重载货物列车的操纵原则

为解决运能与运量的矛盾，铁路部门采取了提速(客车提速而货车则相应必须减速)、增大列车运行密度(采用自动闭塞及自动闭塞四显示)的方法，而开行重载货物列车也是解决上述矛盾的有效方法。

所谓重载货物列车是指货物列车牵引定数在 8 000 t 及以上，轴重 25 t 以上，使用车站站线有效长为 1 050 m(运煤专列 1 000 m 或 2 100 m)的列车。

### 一、重载列车的开行形式

(1)单元式：指货物的装运卸为一条龙的运输方式，其运送货物的列车机车及使用的货车，可保持较长时间而不变化。

(2)组合式：指两列以上的货物列车首尾相连的开行形式。对机务部门而言，此种方式的优点比较明显。组合式又分为始发组合和技术组合两种方式。

(3)整列式：指不论牵引的重量多少，也不论使用的机车台数为多少，均将牵引动力置于列车前部开行。

### 二、重载货物列车操纵的总体原则

重载货物列车操纵的总体原则是“本务为主、中部配合”，施加动力时遵循“先本后中、先小后大”，解除机车动力时遵循“先中后本”及运行中严格确保无线列调通信设备畅通的原则。

(1)初次减压量，不得少于 50 kPa。不得大于 80 kPa。

(2)追加减压一般不应超过 2 次，超过 2 次时应停车充风缓解；空车追加减压量后就要停车充风缓解。

(3)列车速度在 30 km/h 以下时严禁缓解列车空气制动。

### 三、重载货物列车的平稳操纵注意事项

(1)重载货物列车平稳操纵应牢记安全第一的原则。

(2)注重与行车调度的联系。

(3)精心操纵，充分发挥机车全功率，防止空转，确保平稳起车，安全、正点、经济运行。

(4)起车操纵的要求和方法如下：

①站内起车的要求。

a. 确认行车凭证与发车信号。

b. 起车稳，加速快，机车在不过载、不空转前提下伸钩后即可加速。

②站内起车的方法。

使用车钩间隙及缓冲装置的压缩量(拉伸)起车,这样既稳又快,保证一次使列车起动;起车时手柄与电流的对应方法及时间要自觉遵守;一旦出现起车操纵不成功,需压缩车钩时对压缩距离需要计算。

③限制坡度起车。

被迫停车时的起车准备:a. 尽可能使列车停于直线或坡道坡度较小处。b. 酌情掌握车钩压缩拉伸状态及方法。c. 停车前 50~60 m 左右撒砂。

④起车操纵办法。

总风风压尽可能高,启动风机,缓解单阀,提手柄,有牵引电流出现时即缓解自动制动阀,控制好电流提升速度。同时要注意时间的分配,以及控制电流的过程。

## 第二节　不同条件下的重载货物列车的操纵

### 一、重载货物列车起车操纵

在平道上,列车缓解后,先用列尾装置查询尾部风压达到定压后,调速手柄给至 2~3 位停留片刻,再逐渐移动手柄。全列车起动后,再通知中部机车给电流,注意道岔的限速,列车尾部通过道岔后,再逐渐增大机车牵引力,根据线路纵断面控制好列车运行速度。

在上坡道停车时。要为起车做好准备,停车时压缩好车钩,起车时,确认大部分车辆已缓解。少部分车辆正在缓解时,给手柄起车,手柄比平道起车高 1~3 位。

### 二、重载货物列车在起伏坡道运行时的操纵

由于重载货物列车长度较长,在起伏坡道上运行时可能会使列车同时处于几个不同的线路纵断面,极易造成列车分离、断钩,所以列车在此种线路上运行时,不宜使用空气制动,而应通过调节机车的动力制动力与牵引力的大小来控制速度,使列车平稳地通过不同的变坡点,保证区间正点运行。

### 三、重载货物列车在以下坡道为主的起伏坡道上运行时的操纵

重载货物列车在以下坡道为主的起伏坡道上运行时,司机应通过调整动力制动力的大小使车钩一直处于压缩状态通过每个变坡点。在此区段内,如果列车由下坡道转为平道或小上坡道,需等列车前部越过变坡点时,再减小动力制动力,如果列车由平道或小上坡转为下坡道,司机应在变坡点之前适当增大动力制动力。

### 四、重载货物列车在以上坡道为主的起伏坡道上运行时的操纵

列车在以上坡道为主的起伏坡道上运行时,司机应通过调整牵引力的大小,使车钩一直处于拉伸状态通过每个变坡点。在此区段内,如果列车由上坡道转为下坡道,需等列车前部越过变坡点时,再减小牵引力,如果列车由下坡道转为上坡道,司机应在变坡点之前适当增大牵引力。

### 五、重载货物列车在连续的起伏坡道上运行时的操纵

重载货物列车在连续的起伏坡道上运行时，司机应根据线路纵断面的不同情况正确选用机车工况，缓和地拉伸或压缩车钩并充分利用动能闯坡，使列车平稳匀速地通过不同的变坡点。在通过鱼背形或锅底形线路时应采用本务机车较小的机车牵引力或动力制动力使列车平稳地通过该地段，以缓和因坡度变化引起的车钩间隙的变化。在变换机车工况时，应使列车车钩有缓冲变化的时间，严禁在高速而短时间内转换机车工况。

### 六、重载列车工况转换时的操纵

牵引工况转惰行工况，先通知中部机车退电流，再将牵引电流降至原电流的1/2，等待10 s，手柄逐步缓慢退流，最后再将手柄缓慢回零。惰行工况转牵引工况，先将调速手柄直接移至低于当时速度10 km/h的刻度上，再缓慢移动手柄，待出现200 A的初电流后，稍停10 s，再逐渐提手柄至理想位置上，每次电流增幅不宜超过100 A，本务机车给电流稳定后再通知中部机车给电流。工况转换不应太频繁，转换过程中应停顿30 s左右。

## 第三节　重载货物列车的制动

### 一、重载货物列车的制动问题

重载货物列车辆数多，列车长，使用制动机易产生纵向冲动且制动时前后不同步，由此引发4个问题：

(1)初充风时间会明显延长，例如各部件作用时间依次为：K、KG、双K阀在60辆为8′12″，在80辆时为12′18″(1.5倍)，而在100辆为18′27″(60辆的2.25倍)。

对103型分配阀，在60辆为11′8″，在70辆为20′54″，在100辆为31′3″。

(2)在同样制动的情况下，减压、充风速度低，制动时间长；缓解时充风时间长，对下坡道的运行不利(不允许)。

(3)无论充风缓解或减压，均会沿列车管的长度方向出现明显的衰减现象。

(4)长度大，制动缓解时间差大，造成列车纵向冲击力大(与列车编组车辆数的平方成正比)。

### 二、存在问题分析

1. 空气波速与列车管的减压速度问题

空气压力波从前向后传递，当达到一定值才能形成制动波，但长度与所需波速为反比关系(随长衰减)应避免轻微减压或追压。

2. 制动距离问题

制动距离与机车速度有关，与制动地段坡道坡度有关，与列车的编组有关，故应在充分考虑相关因素后与操纵原则呼应。

3. 列车纵向冲击问题

由于列车牵引辆数的增加，产生纵向冲击力与增加辆数的平方成正比，故操纵时应在

各方面要精心。

## 三、适应重载货物列车的制动装置

(1)120 型分配阀的替代更新。

(2)采用制动波速大的装置。

(3)采用高耐磨闸瓦。

(4)车辆的重、空车调整装置必须良好。

(5)车辆制动缸必须为全密封式并具有良好的制动保持性能。

(6)重载列车必须采用高强度的车钩及大容量的缓冲器,12 号以上为高强度车钩,承力 3 000~4 000 kN,但小号钩(例如 2 号钩)的承力仅为 421.5 kN。

# 第八篇
# 列车运行监控装置

列车运行监控装置(LKJ)是保障列车运行安全的速度控制装置,具有监控列车安全运行和数据记录两大主要功能,为机车运用管理自动化提供数据支撑。LKJ-15S型列车运行监控装置(以下简称LKJ-15S)是在LKJ2000型列车运行监控装置(以下简称LKJ2000)的成功应用基础上,借鉴ATP及ATC的先进技术,采用安全计算机、新型测速定位及车地信息交换等技术研制而成。LKJ-15S不仅具有LKJ2000的所有控制功能,而且在LKJ2000型DMI界面的基础上,优化了人机交互界面,进一步提高了LKJ的安全性、可靠性、可用性和可维护性。LKJ-15S适合运行于不同速度等级线路的各型旅客列车及货物列车。软件具有通用性,不同的用户可通过调整面向用户的软件参数来满足不同的功能要求,适应不同的运行场景。

# 第一章　LKJ-15S 性能分析

## 第一节　LKJ-15S 的功能

LKJ-15S 具备监控功能、记录功能、人机界面功能、在线换装及其他扩展功能。LKJ-15S 的扩展功能支持非安全开关量信号采集、BDS/GPS 信息接收、车地无线通信及对外通信接口等扩展，更好地实现对行车的安全控制。

### 一、监控功能

监控功能包括以下主要内容，根据工作模式调用相应的控制。

(1)当列车速度低于安全行车允许的速度时，不应影响列车的正常运行，在列车速度超过安全行车的允许速度时输出制动指令。

(2)防止列车越过行车许可的终点。

(3)依据设置的线路、道岔允许速度、机车车辆的最高运行速度及其他允许速度并取其中的低值确定系统的允许速度，防止列车运行超速。

(4)防止列车超过设置的临时限速。

(5)防止机车(动车组)超过设置的调车限速，并可根据无线调车灯显信息进行控制。

(6)防止列车(或机车)溜逸。

(7)当列车速度达到系统设定的报警速度时，系统发出声光报警；当列车速度达到系统设定的动作值，系统输出列车牵引力切除指令、制动指令，控制列车减速或停车。

(8)系统启动声光报警后，在速度低于规定的报警速度时停止报警。系统输出制动指令，制动设备实施列车制动后，对于紧急制动，停车后自动缓解；对于常用制动方式，在列车速度低于设定的速度后提供缓解条件。

(9)对于使用停用基本闭塞法改用电话闭塞(停基改电)、绿色许可证或人工引导等特殊行车方式的，在符合规定条件时，可采用司机确认操作的方式，允许列车以不超过设置的限制速度越过信号机进入前方区段。

(10)当列车通过站内无码股道，在符合设置条件时，可采用司机确认操作的方式，允许列车以不超过设置的限制速度通过侧向出站道岔。

(11)装有容许信号的通过信号机为停车信号时，允许货物列车以不超过设置的限制速度越过该信号机。

(12)自动闭塞区间通过信号机显示停车信号时，系统监控列车在该信号机前停车 2 min 后，以不超过规定的限制速度越过该信号机运行至次一通过信号机，按其要求运行。

(13)系统具备司机警惕功能，超过设置时间司机不进行警惕操作，系统进行提示要求应答，如无应答则输出制动指令。

(14)系统根据轨道电路信息、线路信息及输入的列车运行信息，以行车许可的终点作为目标点,实时计算出速度-距离制动一次模式曲线。

### 二、记录功能

(1)系统具有运行数据实时记录功能。

(2)记录的数据能通过专用IC卡方式转储。

(3)系统应记录以下信息:列车基本信息、列车状态信息、司机操作信息、运行状态信息、设备基本信息、指令输出信息。

(4)每条记录信息包括实际运行速度、限制速度、距前方信号机距离和实时时钟等。

(5)记录的数据能够通过专用转储设备转录到地面计算机系统中,可通过相应的软件进行统计、分析及打印等。

### 三、人机界面功能

(1)具备设备维护参数、列车信息参数输入功能。

(2)具备运行揭示数据载入功能。

(3)具备运行过程中临时性控制指令输入功能。

(4)显示功能。

(5)语音提示功能。

(6)人机界面显示具备白天、黑夜两种模式,并具备人工调节亮度功能。

(7)具备人工调节语音音量功能。

### 四、扩展功能

(1)具备车载基础数据无线换装功能。

(2)具备不少于8路开关量输入接口,用于采集鸣笛、自动过分相等状态。

(3)具备BDS/GPS双系统混合定位,可对列车进行辅助定位和授时。

(4)具备WLAN无线通信接口,可实现车地高速无线通信。

(5)具备双针表实速、限速和里程计驱动输出功能。

(6)具有多路数字信号输入接口,可采集无线调车灯显信号。

(7)具备与列车运行状态信息系统(LAIS)车载设备进行通信功能。

(8)具备与机车安全信息综合监测装置(TAX)进行通信功能。

## 第二节　LKJ-15S的结构组成

LKJ-15S主要由主机单元、扩展单元、人机界面单元、速度传感器、压力传感器、应答器信息接收单元、轨道信息读取单元(机车信号)、专用IC卡设备、专用电缆等组成。LKJ-15S与机车安全信息综合监测装置、机车语音记录装置、列车运行状态信息系统、铁路车号自动识别系统等共同组成列车运行安全监控系统。

### 一、主机单元

主机单元是LKJ-15S的核心部件,实现机车运行监控和记录功能。

LKJ-15S 采用 6U 机箱结构，其宽度尺寸为 94$R$（$R$＝5.08 mm），插件为 6U（高度）× 220 mm（深度）标准插件，如图 8-1-1 所示。

主机单元为系统控制中心，其内部由Ⅰ、Ⅱ两系完全相同的控制单元组成（左边为Ⅰ系，右边为Ⅱ系），每系有 6 个插件位置，各插件位置以制动输出插件中心线为基准向左、向右对称排列。从中心线开始向左、向右各插件排列顺序依次为：输出检测、主控、通信、模拟量入、数字量入、电源。制动输出插件为两系公用，但各系输出相互独立。从Ⅰ、Ⅱ系电源插件两侧分别是隔离开关、记录 A、记录 B，顶部为两系的冷却插件，如图 8-1-2 所示。

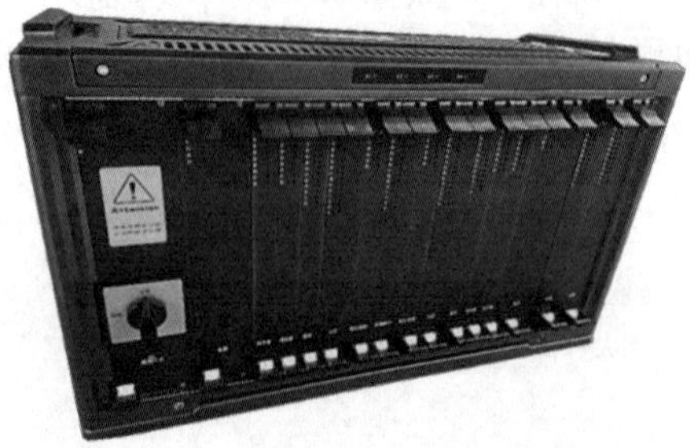

图 8-1-1　LKJ-15S 主机单元实物

| 冷却插件Ⅰ | | | | | | | | 冷却插件Ⅱ | | | | | | | |
|---|---|---|---|---|---|---|---|---|---|---|---|---|---|---|---|
| 隔离开关 | 电源Ⅰ | 数字量入Ⅰ | 模拟量入Ⅰ | 通信Ⅰ | 主控Ⅰ | 输出检测Ⅰ | 制动输出 | 输出检测Ⅱ | 主控Ⅱ | 通信Ⅱ | 模拟量入Ⅱ | 数字量入Ⅱ | 电源Ⅱ | 记录A | 记录B |

图 8-1-2　LKJ-15S 主机插件排列示意

## 二、扩展单元

扩展单元是 LKJ-15S 的功能扩展部件，实现 LKJ-15S 的扩展功能。

LKJ-15S 扩展单元采用 3U 标准机箱结构，其宽度尺寸为 84$R$（$R$＝5.08 mm），插件为 3U（高度）× 220 mm（深度）标准插件，如图 8-1-3 所示。

扩展单元插件排列从左到右依次为：电源插件 1、电源插件 2、备用扩展 4、数模转换、安全通信、数据交换、主控插件 1、主控插件 2、平面调车 1、平面调车 2、功能扩展、备用扩展 1、备用扩展 2、备用扩展 3，如图 8-1-4 所示。

图 8-1-3　LKJ-15S 扩展单元实物

| | | | | | | | | | | | | | |
|---|---|---|---|---|---|---|---|---|---|---|---|---|---|
| 电源插件1 | 电源插件2 | 备用扩展4 | 数模转换 | 安全通信 | 数据交换 | 主控插件1 | 主控插件2 | 平面调车1 | 平面调车2 | 功能扩展 | 备用扩展1 | 备用扩展2 | 备用扩展3 |

图 8-1-4　LKJ-15S 扩展单元插件排列示意

## 三、人机界面单元

采用 10.4 英寸 TFT 高亮度彩色液晶显示屏，显示屏以滚动方式显示实际运行速度轨迹曲线及模式限制速度（或线路允许速度）曲线，以图形、符号、汉字来显示地面信号机的位置、种类，以及运行线路的曲线、坡道、桥梁、隧道及道口等信息，提示或引导司机操作，具备语音提示功能。

## 四、速度传感器

速度传感器安装于机车轮轴上，为 LKJ-15S 提供列车运行速度信息。LKJ-15S 适配 6 通道霍尔式速度传感器或光电式速度传感器，并预留雷达速度传感器接口。

## 五、压力传感器

压力传感器为 LKJ-15S 提供列车管压力、均衡风缸压力及机车制动缸等压力信号。LKJ-15S 适配电流型传感器，具备断线检测功能。LKJ-15S 支持使用双通道及单通道压力传感器。

# 第二章　LKJ-15S 基本操作

## 第一节　人机界面单元

### 一、外观简介

人机界面单元(DMI)作为司机与 LKJ-15S 主机进行信息交互的接口,其外观分为以下 6 个区域:A/B 机切换区、IC 卡槽区、语音提示区(喇叭)、主键盘区、功能键盘区、主界面显示区,如图 8-2-1 所示。

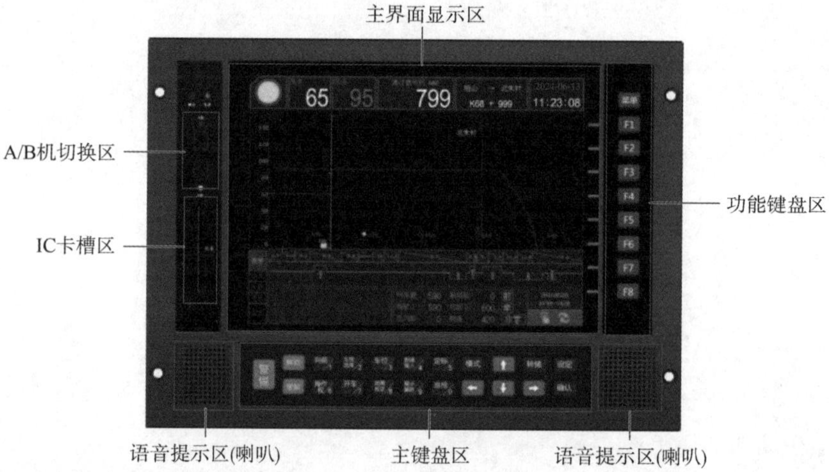


图 8-2-1　DMI 主界面示意

### 二、各区域功能说明

1. A/B 机切换区

DMI 分为 A/B 两机,A/B 机切换区用于 DMI 的 A、B 机切换,按 A 键切换到 A 机工作,按 B 键切换到 B 机工作,DMI 上电启动后默认为 A 机工作。

2. IC 卡槽区

IC 卡槽区是 DMI 的 IC 卡接入口,负责 IC 卡与 DMI 间的通信,具备数据下载与上传功能。

3. 语音提示区(喇叭)

语音提示区(喇叭)具有语音提示功能,声音大小可通过键盘上的【←】、【→】键进行调节,按压【←】键声音调小,按压【→】键声音调大。

4. 主键盘区

主键盘区共 21 个键,方便司机操作,与 LKJ2000 相比,功能未变按键尽量维持位置不变，其中变化的按键为：【查询】键变成【模式】键，【调车】键变成【支线选择】键、【出入库】键变成【揭示解除】键、【向后】键变成【操作权】键。主键盘区布局示意如图 8-2-2 所示，各按键功能见表 8-2-1。

图 8-2-2　主键盘区布局

**表 8-2-1　按键功能**

| 按键名称 | 按键功能 |
|---|---|
| 【警惕】 | 按压此键暂停或中止 ZTL 报警、管压报警、相位报警、防溜报警 |
| 【缓解】 | 允许缓解时，按压此键，人工缓解 LKJ 的制动动态 |
| 【解锁】 | 允许解锁时，按压此键，人工缓解 LKJ 的停车控制 |
| 【向前/1】 | 通常工作状态下，与【车位】键配合使用，调整车位滞后距离。另作数字键【1】使用 |
| 【支线选择/2】 | 当支线允许选择时，按压后弹出“支线选择”输入界面 |
| 【车位/3】 | 通常工作状态下，与【向前】键配合使用，调整车位滞后距离。另作数字键【3】使用 |
| 【股道输入/4】 | 允许输入侧线时，按此键，弹出侧线输入窗口。另作数字键【4】使用 |
| 【定标/5】 | 按压【定标】可以进行打点操作；在警惕报警状态下时，按压此键可以代替警惕按钮解除警惕报警状态；另作数字键【5】使用 |
| 【操作权/6】 | 按压此键，进行操作权确认。另作数字键【6】使用 |
| 【开车/7】 | 允许开车对标时，按压此键，执行开车对标操作。另作数字键【7】使用 |
| 【距离校正/8】 | 通常工作状态下，按压此键，请求 LKJ 自动调整车位滞后或超前误差。另作数字键【8】使用 |
| 【揭示解除/9】 | 按压此键，执行当前显示揭示解除操作。另作数字键【9】使用 |
| 【巡检/0】 | 按压此键，表示司机进行巡检操作。另作数字键【0】使用 |
| 【模式】 | 按压此键，进入行车模式切换操作界面 |
| 【转储】 | 按压此键，进行文件转储操作界面 |
| 【设定】 | 按压此键，进入发车参数设定界面 |
| 【确认】 | 按压此键，确认单项输入数据 |
| 【←】 | 左方向键，另作音量调节键使用，按压此键一次，音量调低一挡 |
| 【→】 | 右方向键，另作音量调节键使用，按压此键一次，音量调高一挡 |
| 【↑】 | 上方向键，另作背光亮度调节键使用，按压此键一次，背光亮度调高一挡 |
| 【↓】 | 下方向键，另作背光亮度调节键使用，按压此键一次，背光亮度调低一挡 |

# 第二节　基本操作

## 一、开机操作

打开 LKJ-15S 主机单元电源开关后，系统执行自检功能，数秒后进入主界面显示状态。

DMI 没有电源开关，它的开关状态受主机单元控制。系统上电后进入待机模式(图 8-2-3)，等待司机输入参数信息。

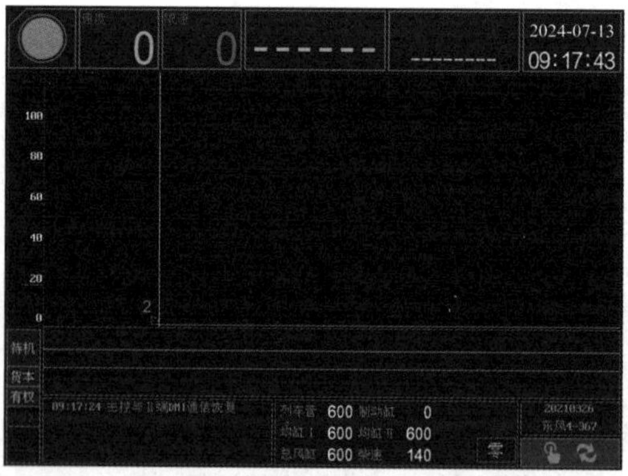

图 8-2-3　待机模式界面

注意：

(1)根据“故障—安全”设计要求，LKJ-15S 配置为失电制动时，系统关机后紧急制动回路导通，固定输出紧急制动指令。隔离开关处于“正常”位时，系统关机或闭合机车蓄电池时会输出紧急制动指令，可能会对车底作业人员造成人身伤害。

(2)根据需要，系统上电后可配置为缺省进入待机模式，也可以配置为缺省进入降级模式。

## 二、参数输入

出库前待机模式下将部分设定参数信息输入系统，按压【设定】键弹出发车参数设定界面，如图 8-2-4 所示。

在参数设定窗口，通过【↑】【确认】键可移动光标所在位置；在数字编辑框中通过按压【0】~【9】键进行数字输入，输入完成后按压【确认】键，使光标移动到下一项；在编辑框中右下角有三角标识，当光标移动到该项时，自动弹出功能键【F1】~【F8】对应项，直接选择需要设置的内容。完成本项内容设定光标自动移至下一项。

参数设定过程中，计长输入最后一位为小数位(例如：输入计长 46.5，应输入 465)。

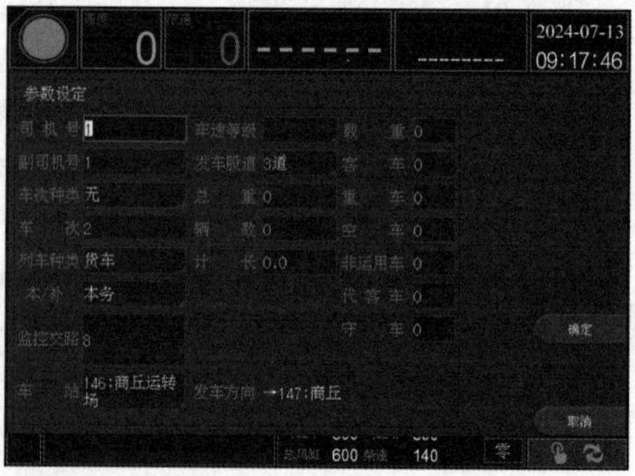

图 8-2-4　参数设定界面

所有参数修改完毕，使光标移到【完成】按钮，按压【确认】键，确认修改有效并退出参数设置状态。否则，将光标移到【退出】按钮，按压【确认】键修改无效并退出参数设置状态。

## 三、模式转换操作

按压【模式】键，屏幕右侧弹出模式选择窗口，如图 8-2-5 所示。不允许转入的模式按钮显示为不可操作状态（灰化），按压允许转入模式对应的功能键，弹出模式转换确认窗口，按压【确认】键，完成模式转换操作。

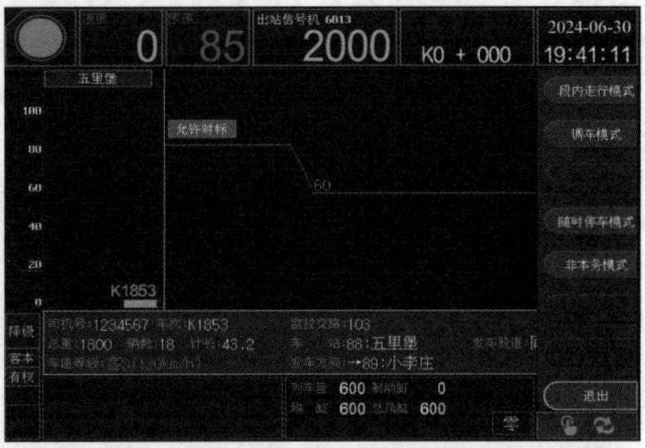


图 8-2-5　模式选择窗口

## 四、发车参数设定

机车（动车组）到达始发站，使用模式转换操作进入降级模式，获取担当牵引任务信息后，按压【设定】键，进入发车参数设定，如图 8-2-6 所示。

发车参数可通过手动输入和 IC 卡输入两种方式进行。所有发车参数正确输入完毕后，按压右侧功能键【F6】（完成）发车参数发送至监控主机，DMI 显示“允许开车”，发车参数成功输入如图 8-2-7 所示。编组信息载重、客车、重车、空车、非运用车、代客车、守车等信息也可以在此界面下打开编组信息输入窗口进行输入。

IC 卡中写有临时数据文件时，IC 卡插入卡槽内在进行设定操作时，显示器将揭示发送给主机单元，并自动弹出揭示查询提示窗口。

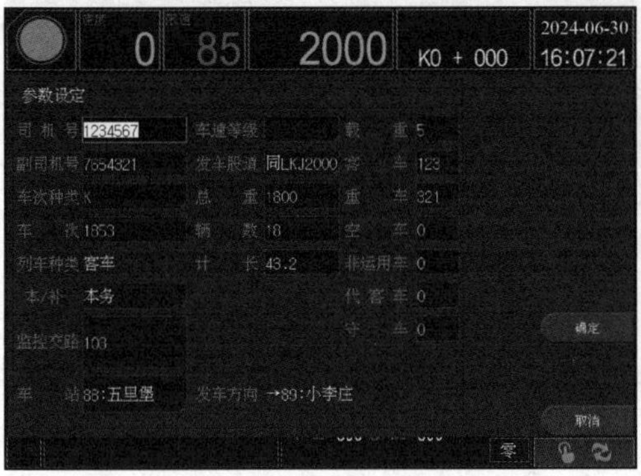


图 8-2-6　发车参数设定界面

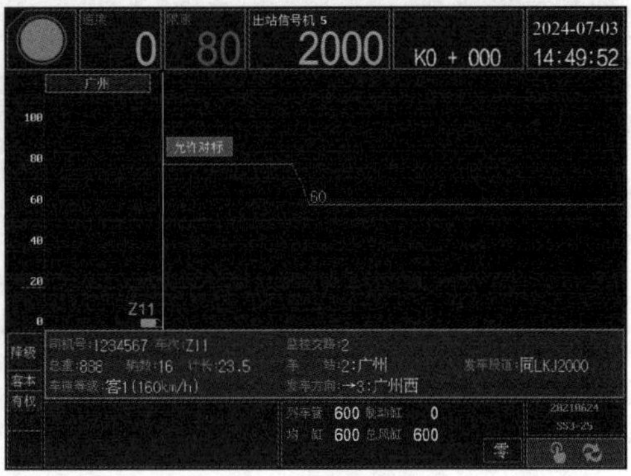


图 8-2-7　发车参数设定有效界面

注意：

正确的参数是系统正确控制的前提，对于重要的发车参数如车速等级、始发站信息、计长、辆数、总重等与控制相关的参数，需要重点确认，否则可能会造成系统的错误控制。

## 五、揭示查询

揭示查询的方式分为两种，一种是通过已写入揭示文件的专用 IC 卡进行设定，设定成功后系统自动进入查询揭示内容。另一种是通过人工方式查询已载入系统的揭示信息，具体操作方法如下：

按压【菜单】键弹出功能菜单，选择【行车参数】→【揭示查询】，进入“全部揭示信息查询”界面，如图 8-2-8 所示。

使用【↑】键或【↓】键将光标移动到要解除的揭示上，按压【确认】键，选中的揭示变为浅蓝色底(图 8-2-9)，按压右侧【F2】(解除)后显示屏幕弹出解除相应揭示的输入窗口(图 8-2-10)，正确的输入调度命令号后，按压【F6】(完成)揭示解除成功，已解除的揭示状态栏变为红色(图 8-2-11)，按压【F8】退出“全部揭示信息查询”界面。

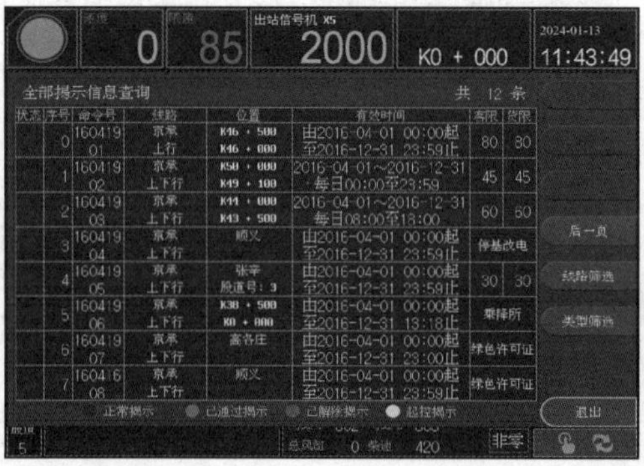


图 8-2-8　全部揭示查询界面

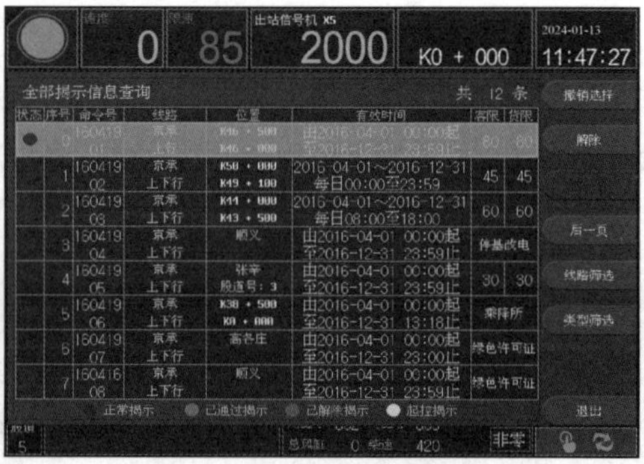


图 8-2-9　揭示选中界面

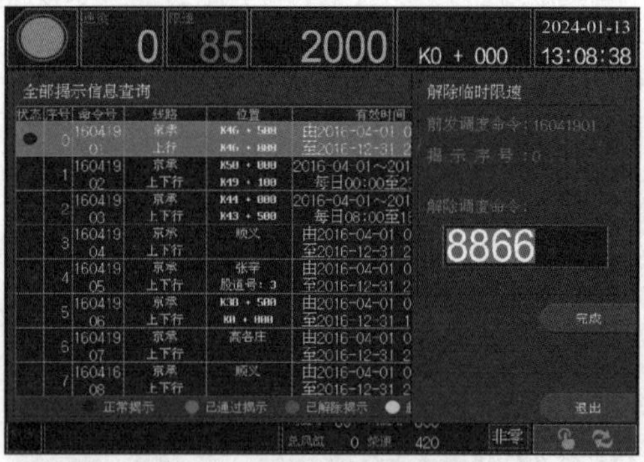


图 8-2-10　揭示解除调度命令输入界面

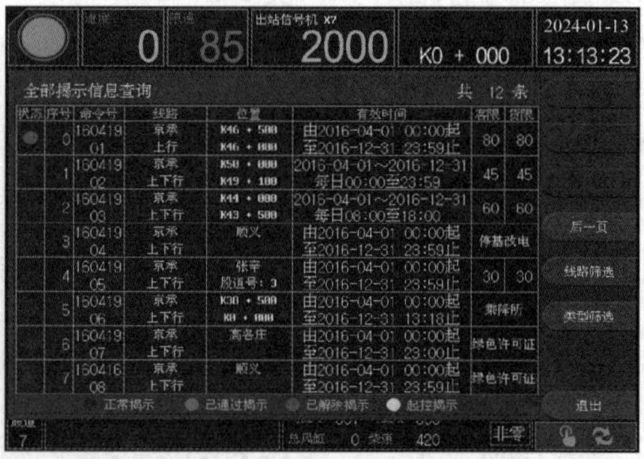


图 8-2-11　揭示解除成功界面

## 六、开车对标

发车参数设定成功后，DMI 显示“允许开车”图标，当列车头部运行至设定车站所在股道的出站信号机位置时，按压【开车】键后系统进入通常模式(图 8-2-12)，系统调用前方导航数据，使 LKJ-15S 车载基础数据与地面基础数据同步，完成“开车”操作。

当始发站为应答器区段时，在降级状态下按压【菜单】键，选择【行车参数】，在弹出的菜单中依次按压【区段选择】【应答器区段】，BTM 接收天线收到开车对标应答器信息后调用应答器中的基础数据，自动完成“开车”操作。应答器显示界面如图 8-2-13 所示。在运行途中 LKJ-15S 在收到应答器数据时，DMI 会进行应答器编号的提示，应答器显示为黄色三角形。

当基础数据中具备始发车站出站信号机位置的卫星定位数据时，系统会根据接收到的卫星定位信息实现自动“开车对标”功能。

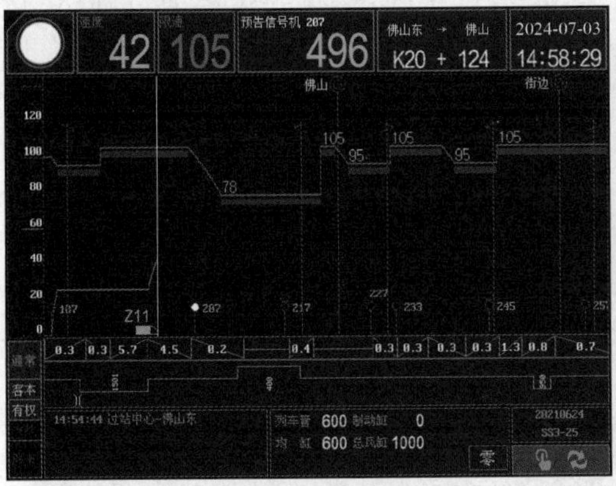


图 8-2-12　开车对标进入通常模式界面

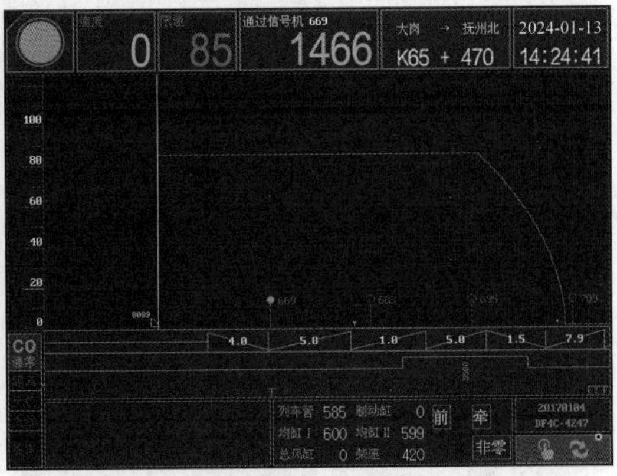


图 8-2-13　应答器显示界面

## 七、车位调整操作

列车运行中，LKJ-15S 距前方信号机距离窗口中以不断递减的数据显示距下一架信号机的距离，机车越过一架信号机瞬间显示的距离与机车实际位置的误差称为过机误差。

机车在越过地面信号机时显示器仍显示在已越过信号机前，这种误差称为滞后误差。

机车未越过地面信号机时，显示器显示已越过信号机，调用下一架信号机数据，这种误差称为超前误差。

当 LKJ-15S 使用的数据(车载基础数据或应答器提供基础数据)与地面基础数据不符时，需使用车位调整操作。

根据距离误差的不同，可以通过以下两种方法进行距离误差的手动调整。

1. 车位向前

出现滞后误差时，先按压【车位】键，在 DMI 上显示一个车位调整的窗口提示，在机车头部越过地面信号机的瞬间，再按压【向前】键(两键按压间隔时间不得超过 5 s)。

2. 距离校正

车位误差在一定范围内(300 m)，无论超前误差还是滞后误差，在列车头部越过地面信号机的瞬间，按压【距离校正】键，LKJ-15S 将自动进行距离校正。

注意：

误操作车位调整，会造成机车位置与真实位置存在偏差，需注意进行距离确认，人工调整车位至准确位置。

## 八、定标操作

按压【定标】键，DMI 显示此刻的里程、距离等信息(图 8-2-14)。系统记录下此刻的里程、距离及时间，作为运行数据处理时的查找标记。

## 九、特殊行车

列车运行中，需要进行绿色许可证行车确认、路票行车确认、货车特殊前行确认、特定引导办理、绿/绿黄灯确认、进入万吨控制等操作时，在停车状态下按压【↑】2 s 以上进入“特殊行车选择”界面（图 8-2-15）或按压【菜单】键，在弹出来的菜单中选择【特殊行车】后进行办理，不符合办理条件的显示为灰色。

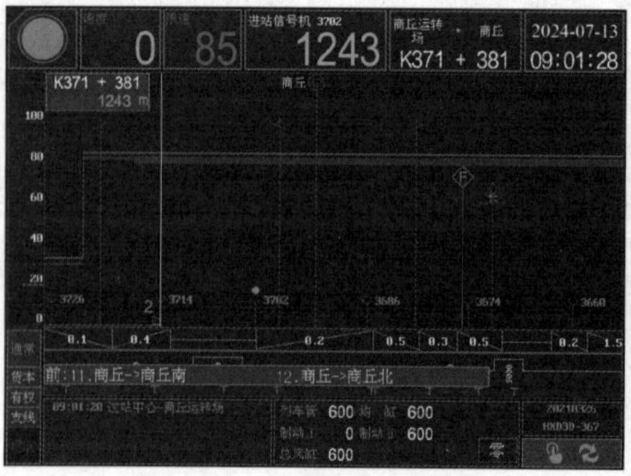


图 8-2-14　定标操作界面

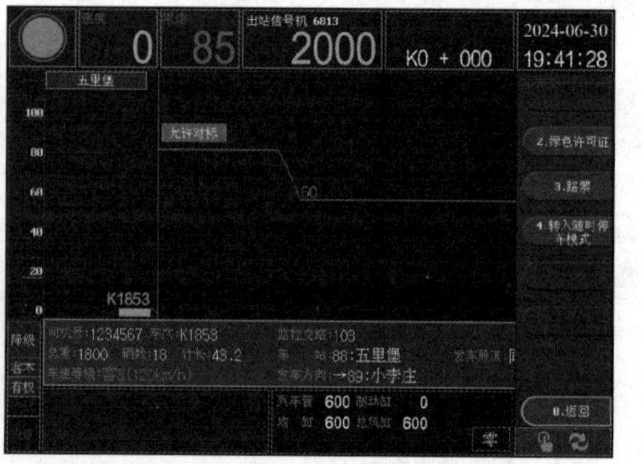


图 8-2-15　特殊行车选择界面

## 十、巡检操作

列车运行中，在规定区间需进行巡检作业，具体操作如下：

（1）按压操纵端 DMI 上的【巡检】键。

（2）巡检到非操纵端时按压非操纵端 DMI 上的【巡检】键。

（3）返回到操纵端时再次按压【巡检】键，完成一次巡检操作。

注意：

当按压【巡检】按键有效时，屏显文本信息提示区显示“前端巡检”“后端巡检”“巡检完成”文本信息。

## 十一、侧线与支线

1. 侧线输入

列车在进站信号机前，机车信号显示双黄灯、黄灯（交流计数区段进侧线），按压【股道输入】键，弹出“股道号输入”界面（图 8-2-16），正确输入股道号后按压【确认】键，接着按压右侧功能键【F6】（完成），股道号发送给监控主机，DMI 主显示区左下角股道显示区显示已输入的股道号（图 8-2-17），当本分区和下分区侧线同时显示时，上半部分显示的为本分区侧线号，下半部分显示为下分区侧线号。

2. 支线选择

接近支线分歧地点，状态信息栏“支线”灯点亮，纵断面区域显示支线提示，按压【支线选择】键，显示屏右侧将弹出支线选择界面，通过功能键【F1】～【F8】选择对应支线，DMI 主显示区显示已选择的支线信息，如图 8-2-18 所示。

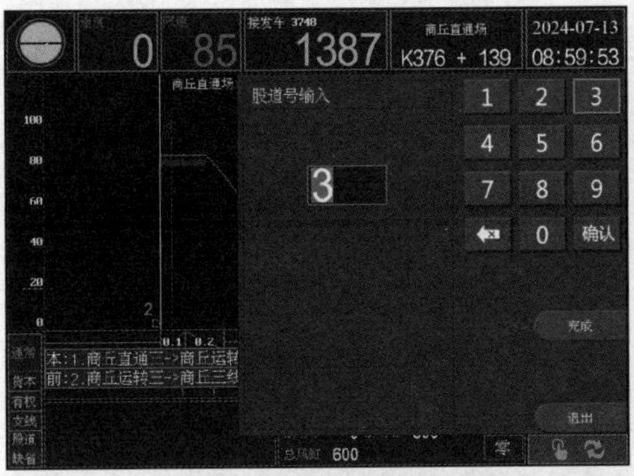


图 8-2-16　股道号输入界面

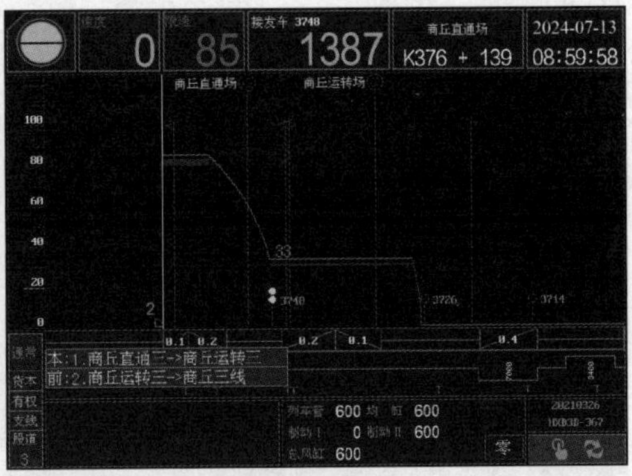


图 8-2-17　股道号显示界面

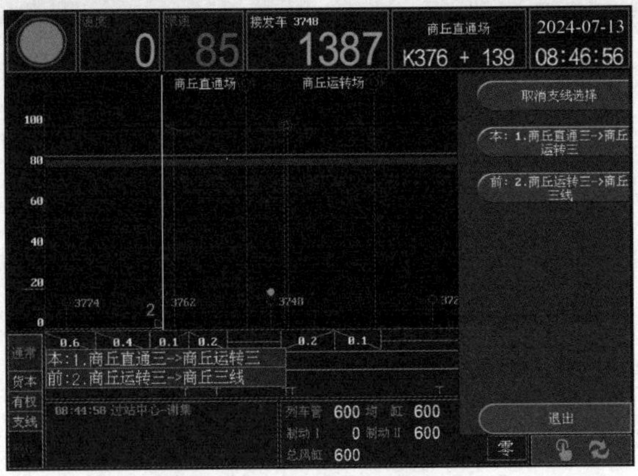


图 8-2-18　支线选择界面

注意：

在大的编组站及一些特殊站场，各股道长度相差很大，为保证机车在侧线停车时停车位置准确，司机必须在该站的进站信号机前输入侧线股道号。如果不输入，LKJ-15S 按该站缺省的侧线进行控制。

## 十二、调车操作

机车运行途中要进行调车作业时，需要进入调车模式，具体操作方法如下：

1. 进入调车模式

在停车状态下，按压【模式】键弹出模式选择菜单，选择调车模式，即可进入调车模式，状态信息显示区中 LKJ 工作模式显示“调车”。调车模式显示界面如图 8-2-19 所示。

2. 退出调车模式

按压【模式】键弹出模式选择菜单，选择其他模式，退出调车模式。

## 十三、报警解除

当 LKJ-15S 发生防溜报警、降级报警时(图 8-2-20)，可按压【警惕】键，解除报警。

注意：

周期警惕及进站确认报警窗口弹出时，确认安全后可按压【定标】键或操作台上的 LKJ 警惕按钮解除报警。

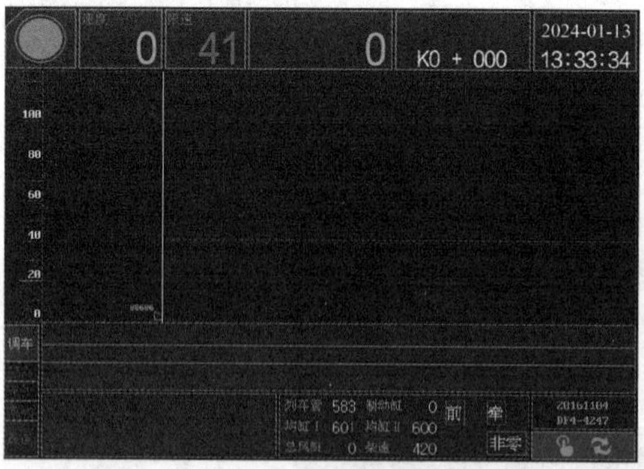


图 8-2-19　调车模式显示界面

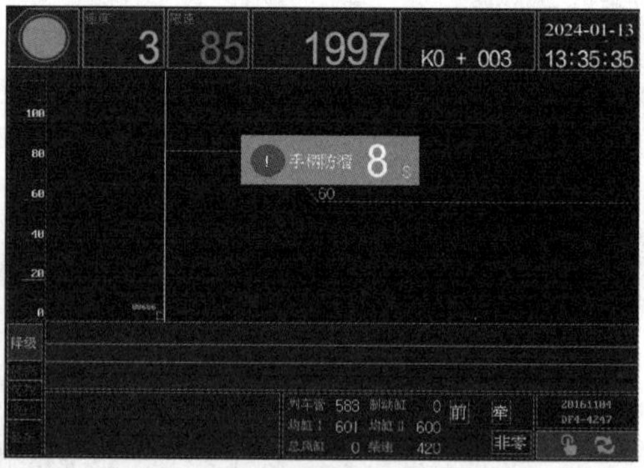


图 8-2-20　防溜报警显示界面

## 十四、常用制动缓解操作

机车运行中 LKJ-15S 输出常用制动指令，当满足缓解条件时，DMI 语音提示允许缓解，同时限速曲线上文字提示允许缓解时，司机可以根据实际情况，按压【缓解】键，完成缓解操作。

## 十五、隔离开关操作

当系统出现故障不能继续运行或担当特殊运输任务需切除 LKJ-15S 的制动输出时，可将主机单元上隔离开关拨至“隔离”位，DMI 显示“隔离”，如图 8-2-21 所示。

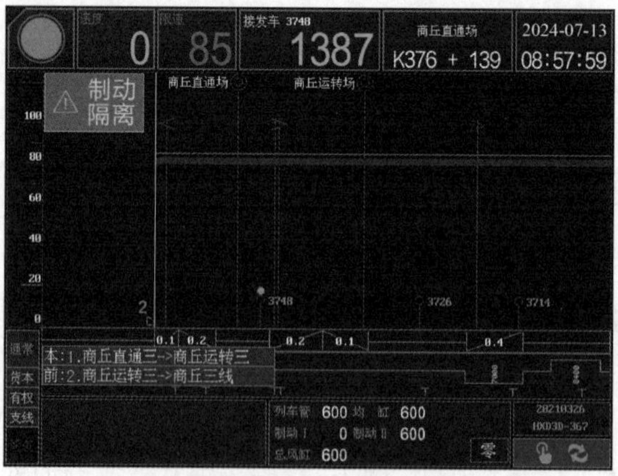


图 8-2-21　隔离状态显示界面

注意：

隔离开关在“隔离”位时，系统的制动指令不能输出到列车制动接口，正常运用需要 LKJ-15S 控制列车运行时，严禁将隔离开关拨至“隔离”位。隔离开关的不正确使用，会造成系统的不可控。

# 第九篇 机车新技术

本篇主要介绍铁路机车相关的新技术,包括国内外高速动车组、我国自主研发的复兴号动车组的相关新技术内容、新型智能电力机车、走行部技术与机车自动驾驶技术等,通过学习新知识、新技术、新工艺、新设备,及时掌握和了解新型技术装备的技术特点和应用,以适应铁路行业快速发展的需要。

# 第一章　高速动车组的发展

## 第一节　国内外高速动车组

### 一、国外高速动车组

随着高速铁路的不断发展、进步，目前世界各国已经出现了许多新型的、先进的动车组。例如，日本“STAR21”试验型动车组的最高试验运行速度达到 425 km/h；法国的 TGV 动车组曾创造了轮轨接触方式下试验运行速度达到 515.3 km/h 和 574.8 km/h 的世界纪录。

国外具有代表性的干线高速动车组主要有：日本新干线动车组、法国 TGV 动车组、德国 ICE 动车组、英国 APT 高速摆式动车组等。

1. 日本新干线动车组

日本新干线动车组全部是动力分散式动车组，车型丰富，有 0 系、100 系、200 系、300 系、400 系、500 系、700 系、N700 系、800 系、E1 系、E2 系、E3 系、E4、E5（H5）系、E6 系和 E7（W7）系等十多种车型。0 系动车组在 1964 年新干线开通时就以 210 km/h 的最高运行速度投入运用，使东京—大阪间列车运行时间由 7 h 缩短至 3 h 10 min；300 系新干线动车组作为 100 系的后继车型，是日本从 1964 年高速铁路开通以来，以全新面貌出现的高速列车，最高运行速度达 270 km/h，最大的轴重只有 11.4 t。300 系于 2012 年退出了历史舞台；500 系和 700 系都是在 300 系新干线动车组的基础上发展而来的后继车型，N700 系、800 系则是以 700 系动车组为基础改良的车型。

2. 法国 TGV 动车组

法国高速列车可分为四代，第一代是东南线高速动车组 TGV-PSE；第二代是大西洋线高速动车组 TGV-A 及其派生的路网高速动车组 TGV-R、欧洲之星高速动车组 TGV-TMST、塔利斯高速动车组 TGV-PBKA、西班牙 AVE 高速动车组和韩国高速动车组 TGV-K；第三代是双层高速动车组 TGV-2N；第四代是动力分散式高速动车组 AGV 系列，其最高速度达 350 km/h，最大功率为 7 600 kW。

3. 德国 ICE 动车组

德国于 1985 年试制成功 ICE/V 试验型高速电动车组，同年最高试验速度达 317 km/h。1988 年 5 月又创造了 406 km/h 的世界最高速度记录。1986 年，在 ICE/V 试验型高速动车组的基础之上，开始研制 ICE1 型动车组，1990 年 7 月试制完成了首批动车组，于 1991 年 6 月 2 日正式投入运营，最高运营速度为 280 km/h。

1990 年为了适应运输组织灵活的需要，开始研制第二代高速动车组 ICE2 型，于 1996 年投入运营。ICE2 型动车组基本技术参数与 ICE1 型完全相同，只是它的长度是 ICE1 型的一半。

由于列车速度的提高，欧洲高速列车轴重的限制及动力分散式的优越性，ICE3 型动车组改变了 ICE1 型和 ICE2 型动车组采用动力集中式的传统，改为动力分散式设计，列车编组为 4M4T，每 3 辆车组成一个电气单元，列车最高运行速度为 330 km/h，最大牵引功率为 8 000 kW。

## 二、国内高速动车组

我国对动车组技术的探索和动车组的研制，最早可追溯到 1979 年，根据当时的铁道部规划，研究开发了 140 km/h 速度级动力分散式电动车组。此后，我国先后研发了 26 款种类各异的动车组样车，牵引类别涵盖了内燃和电力，动力配置涵盖了动力集中和动力分散，速度等级涵盖了 100 km/h、120 km/h、140 km/h、180 km/h 和 200 km/h 等。具有代表性的动车组有："大白鲨" "蓝箭""中华之星"动力集中式电动车组和"长白山号""中原之星""先锋号"动力分散式电动车组。

为进一步增强设计、制造能力，从 2004 年起，我国通过技术引进、消化吸收再创新形成了和谐号 CRH 系列动车组技术平台，主要包括 CRH1、CRH2、CRH3、CRH5 四大技术平台。

1. CRH1 动车组技术平台

CRH1 动车组技术平台是由中车青岛四方机车车辆股份有限公司与加拿大庞巴迪公司的合资公司青岛四方阿尔斯通铁路运输设备有限公司研制的，目前有 CRH1A、CRH1B、CRH1E、CRH380D、CRH1A-A 等型号。

2. CRH2 动车组技术平台

CRH2 动车组技术平台是由中车青岛四方机车车辆有限公司消化吸收日本川崎重工 E2-1000 系动车组技术研制的，目前有 CRH2A、CRH2B、CRH2E、CRH2C、CRH380A、CRH380AL、CRH6A、CRH6F、CRH2G 等型号。

3. CRH3 动车组技术平台

CRH3 动车组技术平台是由中车唐山机车车辆有限公司和中车长春轨道客车股份有限公司消化吸收西门子 Velaro-E 动车组技术研制的，目前有 CRH3C、CRH380B、CRH380BG、CRH380BL、CRH380CL、CRH3A 等型号。

4. CRH5 动车组技术平台

CRH5 动车组技术平台是由中车长春轨道客车股份有限公司消化吸收阿尔斯通 SM3 型动车组技术研制的，目前有 CRH5A、CRH5G、CRH5E 等型号。

为我国铁路技术装备及运用技术的快速提高和发展奠定了良好的基础。

# 第二节　复兴号动车组

为解决我国动车组技术引进后带来的自主化、简统化及运用适应性问题，按照国家创新驱动发展战略，2013 年起，我国研制了 CR400 技术平台和 CR300 技术平台复兴号系列动车组。8 辆编组相同速度等级的复兴号动车组可互联互通，实现重联运营。2017 年以后，为满足我国智能高铁发展需求，研制了京张和京雄智能动车组。

复兴号动车组是在充分吸收我国多年来动车组运用检修经验的基础上，以市场需求为目标、坚持问题导向、坚持自主创新、开展正向设计、全面提高自主化水平研制的具有完全自主知识产权的标准化、系列化、简统化动车组，达到国际领先水平，满足未来发展需求。

通过复兴号动车组的研制，动车组九大关键技术和十项配套技术的部件全部实现了国产化。复兴号动车组在方便运用、环保、节能、降低全寿命周期成本、进一步提高安全冗余等方面都有重大创新，具有智能化、安全性、人性化、经济性等特点。

1. 复兴号动车组的创新设计

(1)统一互联互通(统一车钩机械连接接口，实现物理互联；统一电气接口，实现逻辑互联)、统一互操作(统一司机操作界面及动车组的工作模式，实现互操作)。因此，复兴号动车组的功能更加规范，实现了不同厂家生产的相同速度等级动车组能够重联运行、不同速度等级动车组能够相互救援，运营组织更加灵活，提升了动车组的利用效率，降低了运用成本。

(2)零部件统型设计，实现了零部件通用互换，打破了以往动车组零部件的供应垄断，减少了备品备件数量，降低了动车组购置及检修运用成本。

2. 复兴号动车组的技术特点

(1)智能化。建立了大量的传感系统，全列检测点达 2 500 余项，采集各种车辆状态信息 1 500 余项，对列车进行全面监测；建立感知系统的传输通道和智能判识的网络，采用 TCN 和高速传输以太网的双重冗余设计的网络控制系统，可实现收集各类监测点信息，并根据预先设定的判据实时诊断故障；采用 4G、5G 通信技术实现远程数据传输，可在地面实时获知车辆状态，提升地面同步监测和远程维护能力。

(2)安全性更高。列车具备失稳检测、烟火报警、轴温检测、受电弓视频检测等安全防护措施，安全防护设计完善，并在确保走行安全的基础上，增加了主动安全与被动安全措施；增设地震预警系统，当接收到地震报警时，列车自动施加紧急制动；加装列车跟踪预警装置，可获取本车与前车间隔距离，当距离接近时，实施预警提示，同时将本车车次、速度、位置信息实时无线传输给地面预警服务器，以供后车预警；设置脱线安全防护装置，提高了动车组被动防护能力，构建高速铁路三级脱线安全防护体系，最大限度降低异常灾害下的人员财产损失；设置碰撞吸能装置，提高了行车安全性。

(3)更加人性化。复兴号动车组通过优化旅客界面与司乘界面，提供人性化舒适乘坐体验；提供无线 Wi-Fi 服务；提升全列车供水和排污容量，污物零排放；具备过分相不间断供电和无动力回送自发电功能，满足旅客不间断用电和无动力回送时设备用电需求；动车组乘坐空间增大，二等座座椅间距统一加大到 1.02 m，一等座椅间距统一加大到 1.16 m；设置不间断的旅客用 220 V 插座；空调系统充分考虑减小车外压力波的影响，减小隧道通过或交会时耳部不适感；设有多种照明控制模式，可根据旅客需求提供不同的光线环境。

(4)更加经济实用。列车采用轻量化、低阻力设计，高效的牵引/制动系统，合理的修程修制体系，全寿命周期成本低，整车寿命 30 年；零部件等寿命设计理念、合理修程修制、最少易损易耗件和最小维护单元、通用性强的模块化定制技术，以及完善的配套产品供应链，降低了运用检修寿命周期成本；优化设计结构，同时采用先进的轻量化材料，降低整车自重；采用具有中国元素的全新型低阻力流线型车头，平顺化车体外轮廓设计，降低了动车组运行阻力和噪声；采用列车级制动力管理模式，优先采用再生制动，实现了制动能量的回馈和再利用。

复兴号动车组的主要技术参数见表 9-1-1。

**表 9-1-1　复兴号动车组主要技术参数**

| 车型 | 编组型式 | 动力配置 | 车种 | 传动方式 | 定员/人 | 运营速度/(km/h) | 试验速度/(km/h) | 列车常用制动空走时间/s | 列车紧急制动空走时间/s | 起动加速度/($m/s^2$) | 牵引功率/kW | 车体型式 | 转向架 | 轴重/t |
|---|---|---|---|---|---|---|---|---|---|---|---|---|---|---|
| CR400BF | 8 辆编组<br>可以重联运行 | 动力分散动车组<br>4M+4T | 一等车、二等车、餐车及商务座 | 交-直-交，三相鼠笼式异步电动机 | 576 | 350 | 385 | ≤3.0 | UB≤2.3<br>EB≤3.0 | 0.4 | 10 140 | 铝合金结构车体 | H 形焊接构架，无摇枕、空气弹簧 | ≤17 |
| CR400BF-A | 16 辆编组<br>不可重联 | 动力分散动车组<br>8M+8T | | | 1 193 | 350 | 385 | ≤3.0 | UB≤2.3<br>EB≤3.0 | 0.4 | 20 280 | | | ≤17 |
| CR400BF-B | 17 辆编组<br>不可重联 | 动力分散动车组<br>8M+9T | | | 1 283 | 350 | 385 | ≤3.0 | UB≤2.3<br>EB≤3.0 | 0.4 | 20 280 | | | ≤17 |
| CR400BF-Z<br>(智能动车组) | 8 辆编组<br>可以重联运行 | 动力分散动车组<br>4M+4T | | | 578 | 350 | 385 | ≤3.0 | UB≤2.3<br>EB≤3.0 | 0.4 | 9 750 | | | ≤17 |
| CR400AF | 8 辆编组<br>可以重联运行 | 动力分散动车组<br>4M+4T | | | 576 | 350 | 385 | ≤3.0 | UB≤2.3<br>EB≤3.0 | 0.4 | 9 750 | | | ≤17 |
| CR400AF-A | 16 辆编组<br>不可重联 | 动力分散动车组<br>8M+8T | | | 1 193 | 350 | 385 | ≤3.0 | UB≤2.3<br>EB≤3.0 | 0.4 | 19 500 | | | ≤17 |
| CR400AF-B | 17 辆编组<br>不可重联 | 动力分散动车组<br>8M+9T | | | 1 283 | 350 | 385 | ≤3.0 | UB≤2.3<br>EB≤3.0 | 0.4 | 19 500 | | | ≤17 |
| CR400AF-Z<br>(智能动车组) | 8 辆编组<br>可以重联运行 | 动力分散动车组<br>4M+4T | | | 578 | 350 | 385 | ≤3.0 | UB≤2.3<br>EB≤3.0 | 0.4 | 9 750 | | | ≤17 |
| CR300AF | 8 辆编组<br>可以重联运行 | 动力分散动车组<br>4M+4T | | | 613 | 250 | 275 | ≤3.0 | UB≤2.3<br>EB≤3.0 | 0.43 | 5 460 | | | ≤17 |
| CR300BF | 8 辆编组<br>可以重联运行 | 动力分散动车组<br>4M+4T | | | 613 | 250 | 275 | ≤3.0 | UB≤2.3<br>EB≤3.0 | 0.43 | 5 460 | | | ≤17 |
| CR200J<br>短编组(鼓形) | 9 辆编组<br>可重联运行 | 动力集中动车组<br>1MC+7T+1Tc | 一等车、二等车、餐车 | | 720 | 160 | 176 | — | — | 0.355 | 5 600 | 整体承载式钢结构 | 轴式：$B_0$-$B_0$<br>轻量化两轴转向架、空心车轴、铝制齿轮箱、二系高圆钢弹簧、弹性架悬 | 动车≤19.5<br>拖车≤16.5<br>拖车≤14 |
| CR200J<br>长编组(鼓形) | 18 辆编组<br>不可重联 | 动力集中动车组<br>1MC+16T+1Tc | 二等座、一等卧、二等卧 | | 1 102 | 160 | 176 | — | — | 0.318 | 11 200 | | | 动车≤19.5<br>拖车≤16.5<br>拖车≤14 |

续上表

| 车型 | 列车长度/m | 列车质量/t | 受流电压制式 | 牵引电动机功率/kW | 制动方式 | 制动距离 | 辅助供电制式 | 列车控制网络系统 |
|---|---|---|---|---|---|---|---|---|
| CR400BF | 209.06 | 461.8 | AC 25 kV/50 Hz | 650 | 直通式电空制动＋再生制动 | 初速 350 km/h 时，制动距离≤6 500 m<br>初速 300 km/h 时，制动距离≤3 800 m<br>初速 250 km/h 时，制动距离≤3 200 m<br>初速 200 km/h 时，制动距离≤2 000 m<br>初速 160 km/h 时，制动距离≤1 400 m<br>初速 120 km/h 时，制动距离≤800 m |  | WTB＋MVB 网络（列车控制）＋以太网（运维）相结合 |
| CR400BF-A | 414 | 910 |  | 650 |  |  | 外接电源电压：三相 AC 380 V/50 Hz<br>蓄电池电压：DC 110 V |  |
| CR400BF-B | 439.9 | 960 |  | 650 |  |  |  |  |
| CR400BF-Z（智能动车组） | 211.31 | 440 |  | 625 |  |  |  | 网络系统采用以太网控车 |
| CR400AF | 208.95 | 427.8 |  | 625 |  |  |  | WTB＋MVB 网络（列车控制）＋以太网（运维）相结合 |
| CR400AF-A | 414.15 | 895 |  | 650 |  |  |  |  |
| CR400AF-B | 439.8 | 924.6 |  | 650 |  |  |  |  |
| CR400AF-Z（智能动车组） | 209.06 | 407 |  | 625 |  |  |  | 网络系统采用以太网控车 |
| CR300AF | 208.95 | 417 |  | 350 |  | 初速 250 km/h 时，制动距离≤3 200 m<br>初速 200 km/h 时，制动距离≤2 000 m<br>初速 160 km/h 时，制动距离≤1 400 m<br>初速 120 km/h 时，制动距离≤800 m |  | 网络系统采用以太网控车 |
| CR300BF | 208.95 | 431.3 |  | 350 |  |  |  | 网络系统采用以太网控车 |
| CR200J 短编组（鼓形） | 234.68 | 608 |  | 1 430 | 自动式电空制动 | 初速 160 km/h 时，制动距离≤1 400 m<br>初速 120 km/h 时，制动距离≤800 m |  | 列车级：WTB<br>车辆级：MVB 网络＋以太网（双网热备） |
| CR200J 长编组（鼓形） | 465.56 | 1 200 |  | 1 430 |  |  |  |  |

# 第二章　新型智能电力机车

2024 年 5 月 9 日，中国首台新型智能重载电力机车在湖南株洲正式下线。这台被誉为“钢铁巨人”的八轴制式电力机车(图 9-2-1)是全球最大功率永磁直驱重载货运电力机车，单台最大牵引功率可达 10 400 kW。这是由国家能源集团朔黄铁路公司与中车株洲电力机车有限公司联合研制，将运用于我国西煤东运第二大通道朔黄铁路重载运输的新一代主型电力机车。该机车采用多项领先技术，并搭载了诸多智能化辅助设备，在运力、节能、智能、安全等方面均得到提升。这台机车的正式下线标志着我国重载铁路运输装备领域取得技术突破。

这台八轴制式的“钢铁巨人”应用了全球首创大功率碳化硅变流器，如同源源不断供应能量的“血液”，其开关频率可实现 500～2 000 Hz 大范围动态调节，能适应更复杂的线路电网条件。

图 9-2-1　八轴制式电力机车“钢铁巨人”

同时，机车搭载了全球首创大转矩永磁牵引电机。这颗强劲的“心脏”，相比于既有机车异步牵引电机，转矩大幅增长，能直接驱动转向架；与传统齿轮啮合相比，传动效率更高、更环保。机车还采用全球首创大牵引力直驱转向架做承载，为其增添一双灵活有力的“双腿”。

基于上述“三大全球首创技术”，机车“跑”起来更加轻盈、绿色低碳，整车能量转化效率由 85% 提升至 90%，单台机车运营一年可节省约 33 万度电；新技术驱动下形成的检修工艺，使机车驱动装置检修周期由 120 万 km 提升至 240 万 km。

## 一、大转矩永磁牵引电机

永磁牵引电机具有功率密度大、动力转化效率高、过载保护能力强等优点，而永磁体失磁则是困扰其推广应用的世界性难题。

TQ-600 型永磁同步牵引电机采用世界新型稀土永磁材料，其矫顽力高达 381 h，磁体稳定性好，抗去磁能力强。当试验温度达到 180 ℃时，永磁体不可逆损失低于 5%。通过有限元仿真分析，该永磁体完全满足电机抗去磁的要求。在各种运行极限条件下，永磁体也不会产生退磁现象，确保了电机性能的可靠性。

一列 8 节编组的列车采用 TQ-600 型永磁电机驱动之后，相对目前采用的 365 kW 交流电机，单台电机功率提升 65%，达到 600 kW，最大功率 635 kW，电机总数可由 24 台减少为 13 台。单台电机功率密度提升 31.5%，质量减少 1/3，列车电机总质量减少 3 165 kg，达到国际先进水平。

该电机在绝缘性能、通风结构等方面也处于国际领先地位。其绝缘技术结合了大功率机车牵引电机绝缘结构的优点，具有更高的绝缘可靠性；采用全新的封闭式通风设计，确保电机内部冷却系统清洁干净。大转矩永磁牵引电机结构如图 9-2-2 所示。

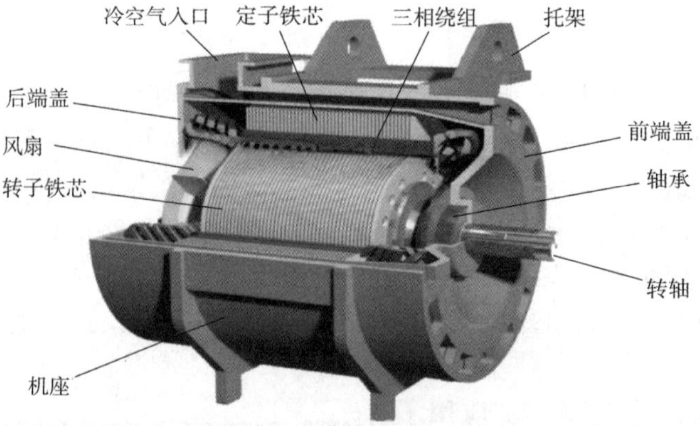


图 9-2-2　大转矩永磁牵引电机结构

1. 永磁牵引电机的优点

(1)功率密度高。这一点对于设备空间狭小的铁路车辆，尤其是动力分散的列车，尤其重要。永磁牵引电机最早在高速动车组上的应用是在法国的 AGV 列车上。AGV 的设计要求是既要使用铰接结构，又要使用动力分散技术，这就使得列车转向架的底部空间更小并且机械设计更受制约，这一度导致该列车设计停滞，直到研发出永磁同步电机后才算解决了这个技术上的难题。

(2)调速范围广。之前的铁路机车，由于电机转速和车轮转速不匹配，在电机和车轴之间需要安装减速器。采用永磁牵引电机的列车不需要这个装置，可以直接驱动车轴，这样就可以节省更多的空间。

(3)转换效率高。因为永磁电机转子不需要励磁线圈，省去了很大的励磁电流的能量消耗，同时还省去了为了励磁所加的无功补偿。另外无须减速器，这样一来省去了很多能量上的浪费。

2. 永磁牵引电机的缺点

永磁牵引电机不耐高温，机械强度差，维护也比较麻烦。另外，永磁铁的材料比较稀有昂贵，使得其成本较高。

## 二、直驱转向架

转向架是轨道车辆的走行部，相当于人的“腿脚”，是轨道车辆最核心的部件之一。传统的转向架由电机牵引，通过齿轮传动装置驱动，而永磁直驱转向架是将永磁直驱电机整体安装在轮轴上直接驱动轮对，省去了中间的齿轮传动环节，具有结构简单、高效节能、运行可靠、噪声低等显著优点，是一种前沿驱动技术。

新型永磁直驱转向架采用全封闭水冷永磁直驱电机直接驱动轮对，效率高，且直驱过程无齿轮传动损耗，跟目前主流的异步电机带齿轮传动的转向架相比，能耗降低了 15%，节能优势显著。另外，由于其避免了齿轮传动产生的噪声，使得运行噪声降低了 10 dB(A)。与传统的转向架需要大量维护相比，永磁直驱转向架免除了齿轮传动装置的维护，且永磁直驱电机为全封闭式结构，基本免维护，这样提高了运行的可靠性，降低了运用维护成本。新型永磁直驱转向架如图 9-2-3 所示。

图 9-2-3　新型永磁直驱转向架

直驱转向架技术优势显著，是目前国际轨道车辆技术领域的一大重要发展方向，德国、法国、日本等国家均有研究，并有少量运用。此次国产首台永磁直驱转向架装车试验成功，使我国成为世界上少数几个掌握直驱转向架技术的国家之一，也为我国直驱转向架未来的运用奠定了坚实的基础。

# 第三章　机车走行部技术

## 第一节　机车走行部的性能指标

随着货运重载牵引和客运高速化的发展，对机车走行部提出了新的、更高的要求。机车走行部的性能指标主要为以下几个方面：

(1)强度和刚度。转向架各部分必须保证具有足够的强度和刚度。特别是转向架构架对刚度的要求较高，因为它是转向架的基础，若刚度不足，会影响各部分之间的相对位置。

(2)横向稳定性。机车在直道上运行时，应有良好的横向稳定性，亦即机车在低速至量大速度范围内，绝不容许发生蛇行失稳。

(3)运行平稳性。机车的运行平稳性是指人所感受到的机车运行品质。

(4)曲线通过性能。机车的曲线通过性能关系到机车的安全性、轮缘和曲线轨侧的磨耗。

(5)对线路的动力作用。轮轨之间的静载荷一般并不会产生危害，而机车运行时产生的轮轨动载荷会危及行车安全，对于高速机车，还应尽可能减小轴重。

(6)黏着性能。为了使机车最大限度地发挥轮轨间的黏着潜力，必须选择最佳的电气系统和机械系统，再配以计算机控制的、性能恰当的防空转装置。

## 第二节　复兴号动车组转向架

复兴号动车组转向架是以CRH380A型动车组转向架平台为基础，继承结构简洁、技术可靠的特点，结合单轮对更换、维护周期延长、宽温域环境适应性及国产化材料突破成果应用的需求，对既有平台转向架在系统性能、可维护性进行提升，优化结构及参数匹配，按照暂行技术条件及统型要求进行设计。

### 一、动力转向架应遵循的原则

(1)动力转向架的使用环境条件、限界条件、强度及动力学性能均应符合国家有关标准。

(2)合理匹配动力转向架的各悬挂参数、结构参数及车轮踏面形状，在满足强度需求的条件下尽可能降低簧下质量与簧间的质量。

(3)在满足动力转向架性能要求的前提下，充分考虑采用尽可能简单的结构，以便于转向架主要零部件实现国产化，并方便转向架的运用维修。

(4)在动力转向架设计中应充分发挥动力学分析、有限元计算，以及计算机辅助优化设计的作用，以缩短动力转向架的试制周期，提高设计水平。

## 二、复兴号动车组转向架组成

转向架采用两轴无摇枕结构，H形焊接构架、LMA型踏面、转臂式定位、分体式轴箱体、单牵引拉杆、刚性架悬牵引电机、三点吊挂式制动夹钳，以及盘形制动等。采用两级悬挂，一系悬挂采用圆柱螺旋弹簧＋垂向减振器，轮对轴箱采用转臂式定位；二系悬挂采用空气弹簧，设高度调整阀及差压阀，安装横向减振器、抗蛇行减振器及抗侧滚扭杆装置。转向架主体结构一致，动力、非动力转向架可分别互换。图9-3-1所示为动力转向架结构，图9-3-2所示为非动力转向架结构。

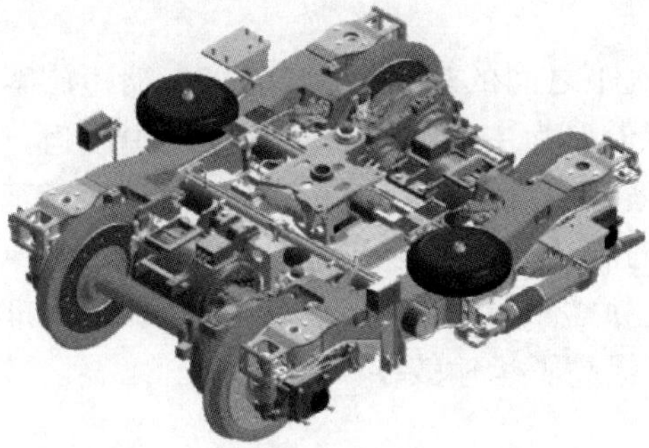

图9-3-1　动力转向架结构

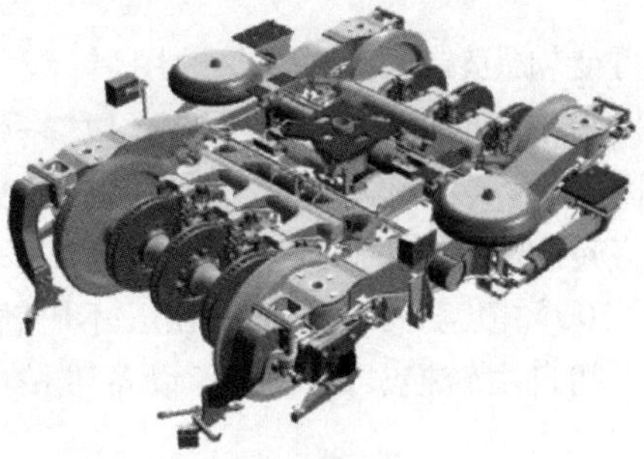

图9-3-2　非动力转向架结构

# 第三节　列车可变轨距技术的应用

列车可变轨距技术是一种允许列车在不同轨距轨道上运行的技术，解决了跨国或跨区域铁路运输中的轨距不兼容问题。

轨距不统一[例如，标准轨距为1 435 mm（中国、欧洲部分国家、北美部分国家等），宽轨如西班牙（1 668 mm）、俄罗斯（1 520 mm），窄轨如日本部分地区（1 067 mm）]导致跨国/跨区域列车需换轮或乘客换乘，增加时间和成本。列车可变轨距技术优点是列车便于适应不同轨距铁路，减少过轨时间，提高运输效率。

在运行过程中，同一轮对左右两车轮之间的横向距离可以改变，以适应不同轨距铁路的转向架称为可变轨距转向架。可变轨距转向架通常采用独立旋转车轮技术。

2020年10月21日，我国时速400 km跨国互联互通高速动车组在中车唐山机车车辆有限公司下线。该动车组采用了世界首创的时速400 km高速可变轨距转向架和内置轴箱转向架，可实现在亚欧非等国家不同铁路轨距线路上的自动变轨，能够在－25～＋50 ℃低高温环境下，以400 km/h的速度持续运营。该动车组具有速度高、低能耗、舒适性好、环境适应性强等特点，满足不同国家轨距、不同供电制式及不同运营环境需求，为我国铁路“走出去”和“交通强国”战略的实施提供了有力的技术支撑。

可变轨距轨道如图9-3-3所示，可变轨距转向架如图9-3-4所示。

图 9-3-3　可变轨距轨道

图 9-3-4　可变轨距转向架

可变轨距转向架的研发投用，打破了不同轨距之间的通行限制，能极大缩短旅客及货物的换乘中转时间。就目前而言，以“一带一路”倡议为主的洲际货运列车从中国运行至中亚地区之前，要将列车停下来，将转向架更换成适应当地国家宽轨距的转向架，运行至欧洲后再将转向架更换回标准轨距转向架，不仅耗时耗力，成本也特别高，高速可变轨距转向架，可 100％覆盖 600～1 886 mm 不同轨距的变轨需求，能够在米轨与标准轨间、标准轨与宽轨之间自由转换。既降低了设备维护成本，又提高了运输效率。

# 第四章　列车自动驾驶技术

列车自动驾驶，指的是借助先进的传感器、通信、控制和人工智能技术，让列车能够自动完成运行操作，比如起动、加速、减速、停车，以及对运行过程中各类状况做出响应。这一技术极大减轻了司机的工作负担，显著提升铁路运输的安全性、效率及可靠性，已然成为铁路行业现代化转型的关键标志。

## 第一节　列车自动驾驶技术的分类

列车驾驶技术经历了从非自动驾驶(NTO)—半自动驾驶(STO)—全自动驾驶(ATO)的发展过程。ATO 模式包括两个等级，即第三等级 DTO 和第四等级 UTO。

### 一、人工驾驶(GoA1 级)

GoA1 级(第一等级)是 NTO 模式，即由司机控制列车的所有运行，包括起动、停车、运行速度、站台停靠、开关车门等操作事项，并由司机对列车运行中的突发情况进行处理。

(1)不连续监督下的人工驾驶(GoA1a)是列车运行控制系统在特定的位置上监督列车速度，等同于现有的点式控制方式。

(2)连续监督下的人工驾驶(GoA1b)是列车运行控制系统连续地监督列车速度，等同于装有列车自动防护系统(ATP)。

目前，我国绝大多数铁路都属于这一等级。

### 二、有司机监控驾驶(GoA2)

GoA2(第二等级)是 STO 模式，即由司机负责控制列车从站台发车及处理突发情况等操作事项，而列车的起动、运行和停止则是自动完成的。该模式下，由信号系统提供安全防护，控制列车运行和站台停车，但是关门和发车指令由司机下达。这也是目前大部分地铁都采用的模式。

在铁路领域，装备 CTCS2＋ATO 列控系统的珠三角莞惠城际属于该级别，在全球率先实现了时速 200 km 自动驾驶。在京张铁路的 CTCS3＋ATO 技术，实现了时速 350 km 的高铁自动驾驶系统，也属于该级别。

### 三、无司机有人值守的全自动驾驶(GoA3)

GoA3(第三等级)是有人值守的 ATO 模式，即列车上不设置司机，司机被 ATO 等系统功能所取代，自动化程度进一步提高。这一模式下，列车已基本具备全自动驾驶的功能，由信号系统对列车运行进行全程控制，列车的起动、停站、运行均由信号系统控制，但列车上仍需配备一名随车人员，以应对突发情况。上海地铁 17 号线属于该级别。

### 四、无人值守的全自动驾驶（GoA4）

GoA4（第四等级）是无人值守的 ATO 模式，即列车的唤醒、起动、停止、开关车门，以及应对突发情况全部实现自动化，无须配备随车工作人员。也就是我们通常所说的全自动驾驶，是目前轨道交通自动化运营的最高级别。上海地铁 10 号线属于该级别。

## 第二节　列车自动驾驶技术的应用

由于自动驾驶技术对保障轨道交通安全，提高运输效率具有重要作用，所以，该技术在轨道交通领域得到了广泛应用。

1. 城际铁路领域

我国广东莞惠城际为全球首条时速 200 km 自动驾驶的城际铁路，已于 2017 年底全线贯通。列车不仅可以自动运行，而且具备车站定点停车功能，停车误差不超过 35 cm。

2. 地铁领域

我国自主研发的城市轨道交通 CBTC 系统，具备全时、全程无人监督自动驾驶功能，在重庆地铁 5 号线成功应用，打造了全球首个互联互通示范项目，推动地铁建设运营模式的变革。

3. 中低速磁悬浮领域

装备中低速磁悬浮列车运行控制系统的北京 S1 线成为国内首条实现自动驾驶的磁悬浮线，最短发车间隔达到 3 min。

# 第十篇

# 行车结合部

本篇主要围绕行车结合部展开，以机务工作者角度介绍结合部域的融合应用实践。聚焦机务与车辆工务、调度指挥及其他行车保障部门基于运行安全协同保障下的关键结合部作业。

深入探讨机务与工务、电务等部门在作业岗位职责与设备故障等环节的结合部应用，着重于机务行车应急状态下的结合部研判与处置。

通过本篇的学习，能够让机务作业人员全面了解行车结合部的内容与处置措施，促进各机务与行车各部门在行车作业各环节有效协同配合，保障行车安全与稳定。

# 第一章　机务工作领域中结合部融合应用实践

在铁路的日常安全管理中，常常会出现部门与部门之间或人与人之间在安全管理上相互交叉的部分，这类管理中的交叉部分称为结合部。

结合部是运输、机务、工务、电务、车辆、供电、客运、货运、信息、房建、建设等，以及其他各系统相互衔接、密切联系的区域或事项。结合部管理出现的漏洞在日常检查时容易被遗忘和忽视，从而给铁路安全管理埋下隐患。

## 一、铁路行车结合部的特点

两个及以上部门或工种在作业时间、作业空间、作业对象、作业内容等方面相互关联、相互交叉的关节点即为铁路行车结合部。其特点是：一点不通，堵塞一线；一线不通，堵塞一片，进而引起连锁反应，影响运输安全。

结合部问题原因为：职责不明、各自为政、联系不畅、交接疏漏、互不卡控等。术业有专攻，铁路运输企业基础设备各业务部门分工管理的设备在合并为铁路运输设备的结合部。

## 二、机务行车结合部作业注意事项

行车工作多联动，自控互控加他控，相互卡控堵漏洞，安全作业无险情。

违章作业不自控，险情悬事随时生；互不卡控留漏洞，联动环节出险情。

## 三、机务行车结合部作业特点

(1)联系对象的普遍性。出勤时本机班及相关机班联系开小组会，制定行车预想；机车出入段作业环节联系段内、外段人员，涉及的部门有车务、车辆、列车调度员、车辆乘务员(随车机械师)、工务等部门，具备一定的普遍性。

(2)联系对象、联系内容的动态性。行车地点、作业内容不断变化，行车作业联系对象、联系内容随之发生变化，如作业车站不同(涉及《车站行车工作细则》中的规定的不同作业规定)联系内容不同，在不同时段、地点、牵引列车的性质不同与调度员联系内容也有不同。有些联系对象、联系内容，可能一次乘务作业中只有一次，有的则会反复联系，如列车在始发站开车后，机车乘务员与车号员、列尾作业人员、检车员一般不再发生作业联系，在运行途中与车站值班员及列车调度员要多次联系。

(3)作业联系的时效性、准确性。在行车作业遇突发机车车辆故障、线路、天气等非正常行车事件，在处置时须及时准确判定行车条件、事故原因后及时与相关人员联系处置。

(4)联系对象的多向性。在处置非正常情况时，需与多个部门联系。例如列车塌方导致区间被迫停车后须与车站值班员(列车调度员)报告行车事宜，配备车辆乘务员(随车机械师时）须车辆乘务员（随车机械师时）采取防护、防溜措施；线路发生故障时须联系工务部门处置，在行车中联系对象具备多向性。

（5）联系对象、联系内容的偶然性。例如牵引卸砟、布放长轨、超限、军特运等列车时在联系时需要与特定人员联系，此类列车开行的数量较少与特定人员的联系的概率较低。

## 四、机务行车结合部作业要求

（1）机班内部作业互控要求：生活关照、工作配合，尊师爱徒，配合默契。司机带头，互控补漏。

（2）机班内部要相互关照，避免因身体不适、精力不集中、情绪异常等产生不良后果；在机车连挂状态复检、站停检车等复杂场景下作业时应提醒、互控。

（3）动车前、停车后、改变作业方式及非正常情况下，本务机车要主动与本列其他机车联系、通报、传达有关作业计划、作业要求、命令指示，其他机车要及时应答，按要求作业。遇有非正常情况时，列车中的各机班要顾全大局，以故障为令，服从本务机车的指挥，相互配合，有序处理。

## 五、机车乘务员与结合部相关工种的作业互控要求

（1）严守岗位职责和按标作业，不能给结合部留下隐患，不能“缺位”更不能“越位”。

（2）须认真执行结合部联系互控制度。车机联控、车调联控（CTC 区段）、调度命令传达与接收（含手信号及听觉信号）、调车计划传达、行车非正常情况联系汇报及运输票据交接、行车安全装备检查确认。

（3）要掌握结合部相关业务知识和作业技能，尤其是对车辆、线路、信号、调度指挥模式、列控等级转换、接触网等结合部行车设备故障时的现象、控制事态的方法及汇报、处理要点等，通过理论学习及应急作业演练方式应熟练掌握。

## 六、非正常情况下结合部互控要求

“以故障为令，故障为导向”，积极有效控制事态，并积极处理。强化大局意识、畅通意识，及时报告。在非正常事件处理过程中，与本段、有作业关联的车站、调度员及车辆、工务、供电等结合部作业人员进行联系互控，积极配合处理。

## 七、调车作业结合部作业应用实践

调车特点：参与作业人员多、作业变化多，站场设备及停留、过往车辆复杂多变造成调车作业非控项点多。调车作业要点是弄清计划、领会任务、令行禁止、协同动作、彻底瞭望、确认进路、严守速度、不急不躁。

（1）本务机调车作业不利因素：临时配合，缺乏默契；设备不熟悉；没有 STP 非控项点多，“人防”“物防”“技防”手段少，结合部互控尤为重要。

（2）调车领导人与指挥人（列车调度员或车务应急值守人员）转为车站控制时，由指定的人员统一领导。

（3）调车计划发布与接收，调车指挥人与司机核对。CTC 无线调度命令传送系统不能传送，调车领导人应编制书面调车作业计划，由调车指挥人向司机交递。

(4)正线、到发线调车,需得到列车调度员的同意;转为车站控制时,应得到车站值班员准许。执行车调联控制度,谁领导与谁联控。口头准许越出站界调车:谁领导谁准许。

(5)在无人站调车:动车前须请求调度准备进路、开放调车信号,并联控。

(6)非常站控模式下调车作业,遇车站联锁失效改为就地操纵道岔或需经无调车信号机防护的道岔或调车信号机故障时,应按非集中区办理"要道还道"。

## 二、机务行车结合部融合应用

行车规章制度要科学实际,严谨合理。

(1)将人防、物防、技防有机结合起来,发挥人的主观能动性;规章制度、安全措施要准确表述、清晰准确,对适用范围、适用条件、具体作业要求等要准确表述;规章制度要切合实际,可操作。

(2)准确处理统一与因地制宜的关系。①下级规章与上级规章要保持一致,既不能违反上级规章,也不能无原则地层层加码,随意制定不科学、不严谨,甚至自相矛盾的"土政策";②全局性规章与部门规章、结合部相关规章要相互衔接,避免各自为政,相互冲突;③行车规章要尽可能保持统一性,同时要因地制宜。

(3)机务行车安全管理杜绝对安全风险不研判盲目臆测、夸大安全风险,制定一些不合理的"土政策",不利于安全管理。

(4)准确处理繁与简的关系。安全风险研判要全面细致,安全措施要简明扼要、具有可操作性。上级规章已经明确的事项,下级只需抓好落实即可。机务行车规章体系非常庞大,且修改频繁,给机车乘务员的学习和执行,以及机务行车安全管理带来诸多不便。

# 第二章　机务与车辆运行安全协同保障下的关键结合部

## 第一节　脱轨自动制动装置的组成及作用

脱轨是指机车车辆的车轮落下轨面(包括脱轨后又自行复轨),或车轮轮缘顶部高于轨面(因作业需要的除外)。每辆(台)只要脱轨1轮,即按1辆(台)计算。

货车脱轨后,通常司机不易及时发现,车辆仍在机车牵引下继续行驶,直到拉断风管才紧急制动停车,停车距离被拉长,可能引发其他车辆相继脱轨或倾覆,损坏车辆、货物、轨枕、路基及道旁设备,甚至侵入邻线与邻线客车相撞,危及人员的生命安全。

在货车脱轨并且不被及时发现的情况下,如何自动实施制动,以有效降低车辆脱轨后造成的损失?货车装用了脱轨自动制动装置。

货车脱轨自动制动装置主要由脱轨自动制动阀、支管、三通和球阀等组成。转向架每根车轴处安装一套脱轨自动制动阀,脱轨自动制动阀通过支管、三通和球阀与主风管连通,如图10-2-1所示。

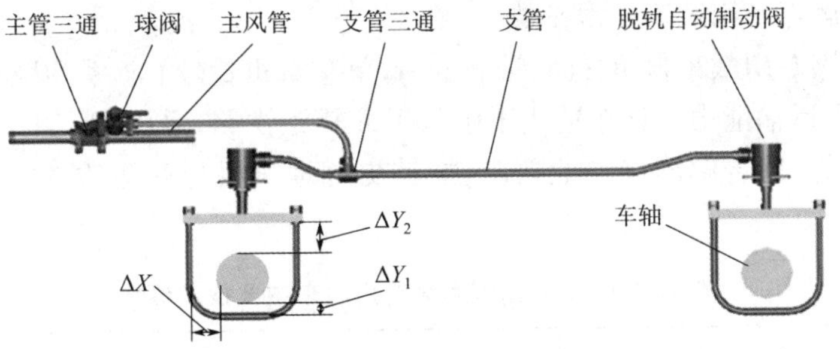


图10-2-1　货车脱轨自动制动装置结构

在空车脱轨时,脱轨轮对处的车轴拉断制动阀杆;在重车脱轨时,脱轨转向架中未脱轨轮对的车轴顶断制动阀杆。制动阀杆折断后,主管压力空气急速排向大气,引发列车发生紧急制动作用。

发现列车紧急制动后处理关键项点:如因车辆脱轨或重大线路故障引起脱轨制动装置动作时,应立即确认脱轨车辆状态、所装载的货物是否坍塌,是否妨碍邻线,线路故障是否妨碍邻线,如可能妨碍邻线行车时,必须立即发起列车防护报警,按规定进行防护,并报告两端站、列车调度员。

脱轨自动制动装置动作,但无上述异状时,司机应立即报告两端站、列车调度员,安排工务人员检查线路。工务人员检查完毕,明确是否可以放行列车或限速运行,并向列车调度员汇报后,司机按列车调度员的指示执行。

通过对脱轨自动制动装置装车以来的动作情况分析，绝大多数是由于线路不良引起的。因此，脱轨自动制动装置动作后，即使车辆未脱轨，也必须由工务人员检查线路，根据列车调度员（车站值班员）指示的放行条件和开车通知继续运行，禁止擅自动车。

# 第二节　30 t 轴重 C96(H)型运煤专用敞车的运用

## 一、30 t 轴重 C96(H)型运煤专用敞车发展需求

2023 年 11 月 17 日，由中车齐齐哈尔车辆有限公司主导研制的 C96(H)型运煤专用敞车顺利取得了国家铁路局签发的铁路机车车辆型号合格证和制造许可证，标志着 30 t 轴重铁路货车正式具备了批量生产和投入运用的条件。

为满足山西中南部铁路运煤通道 30 t 轴重重载运输发展需要，根据原铁道部科技研究开发计划《30 吨轴重专用敞车技术研究》项目的要求，中车齐齐哈尔车辆有限公司承担了 30 t 轴重 C96(H)型运煤专用敞车的研制工作。历时 11 年，完成了 C96(H)型运煤专用敞车各项关键技术研究，并于 2021 年顺利通过国铁集团科技和信息化部会同机辆部、货运部、调度中心组织的技术评审，其技术经济指标和成果形式达到预期效果。

C96(H)型运煤专用敞车型号合格证和制造许可证的顺利获得，为铁路重载运输业务有序推进提供了资质保障，实现了我国铁路重载运输技术的科学、协调和可持续发展。

## 二、C96(H)型运煤专用敞车技术参数及结构

1. C96(H)型运煤专用敞车技术参数

C96(H)型运煤专用敞车自重 24 t、载重 96 t，单车载重量较 C80 系列敞车增加 16 t，增幅 20%，大幅提高了运输能力。该车适用于中国标准轨距铁路，采用固定编组运输煤炭，可实现不摘钩连续翻卸，符合解冻库作业要求，能够更好地满足煤炭运输的需要。其主要技术参数见表 10-2-1。

**表 10-2-1　C96(H)型运煤专用敞车主要技术参数**

| 参　数 | 数　值 |
|---|---|
| 载重 | 96 t |
| 自重 | 24 t |
| 轴重 | 30 t |
| 容积 | 110 $m^3$ |
| 比容 | 1.15 $m^3/t$ |
| 每延米重 | 8.82 t/m |
| 换长 | 1.2 |
| 自重系数 | 0.25 |
| 通过最小曲线半径 | 145 m |
| 最高运行速度 | 100 km/h |

续上表

| 参　数 | 数　值 |
|---|---|
| 全车制动倍率 | 4.85 |
| 空车制动率 | 23.4% |
| 重车制动率 | 12.3% |
| 制动距离(重车、紧急) | ≤1 400 m |

2. 油漆与标记

车体外表面采用不锈钢用环氧云铁底漆及溶剂型厚浆醇酸面漆。车体内中梁、下侧梁、撑杆及撑杆座表面采用环氧云铁厚浆底漆及环氧沥青玻璃鳞片面漆。

车体外表面油漆颜色为黑色,转动端为黄色。标记颜色为白色,如图 10-2-2 所示。

图 10-2-2　C96(H)型运煤专用敞车车体外表面

3. 车体主要结构

(1)车体(图 10-2-3)。

车体主要由底架、侧墙、端墙、下侧门和撑杆等组成。主要承载梁件采用 Q450NQR1 高强度耐候钢,与煤炭接触部位采用 T4003 不锈钢。

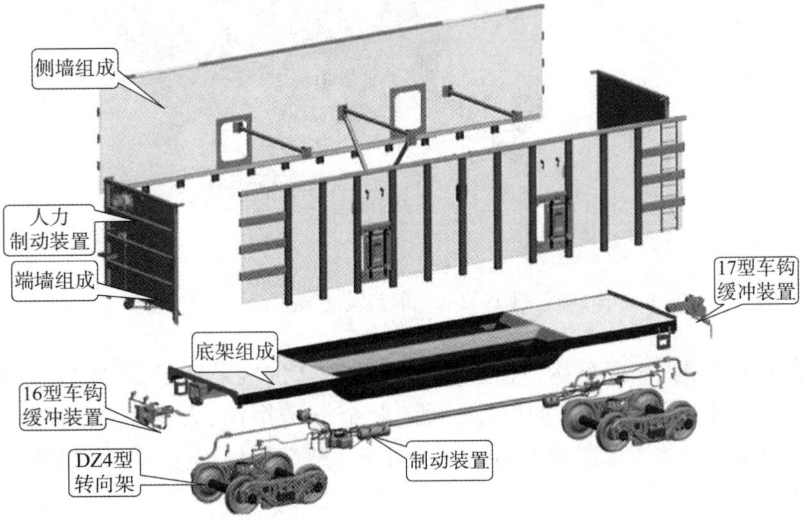


图 10-2-3　车体

(2)底架(图 10-2-4)。

底架主要由中梁、下侧梁、枕梁、大横梁、小横梁、纵向梁、浴盆、地板等组焊而成,底架与侧、端墙连接的角部设有防止积煤的围板。

中梁两端采用材质为 B+级铸钢的铸造牵引梁,中部采用屈服强度为 450 MPa 高耐候的热轧槽钢组焊中梁或 C 型冷弯中梁。

下侧梁为冷弯矩型钢管,枕梁为由上、下盖板及双腹板组焊而成的变截面箱形结构,大横梁为由浴盆连板、下盖板及腹板组焊而成的变截面箱形结构,小横梁及纵向梁为压型槽钢,底架两端铺 5 mm 厚钢地板。浴盆由浴盆底板及斜浴盆端板组焊而成,下部设有排水孔。

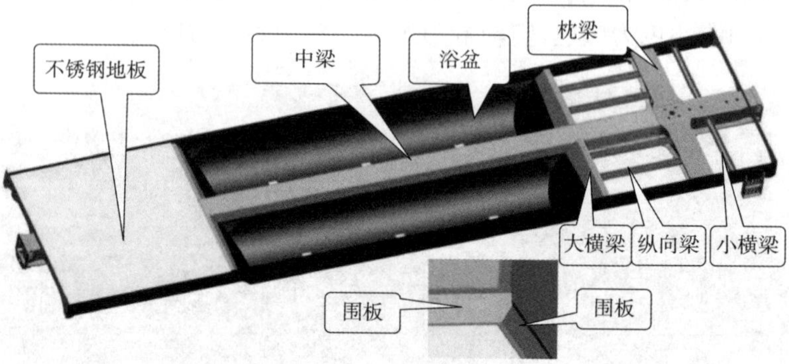


图 10-2-4　底架

(3)车钩缓冲装置(图 10-2-5)。

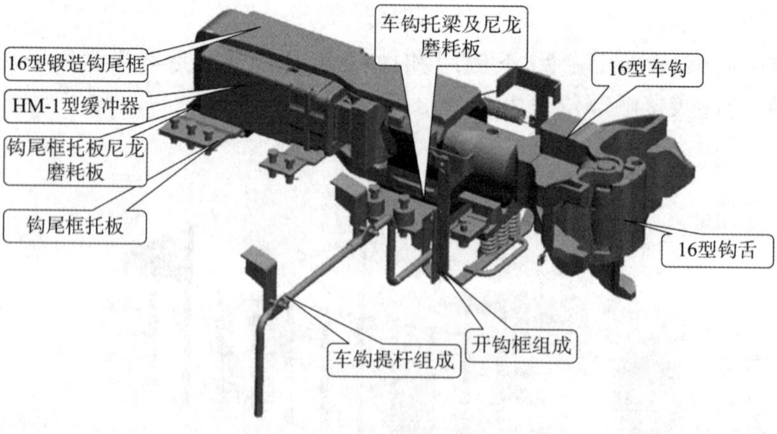


图 10-2-5　车钩缓冲装置

1 位端采用 E 级钢 16 型车钩、16 型锻造钩尾框,2 位端采用 E 级钢 17 型车钩、17 型锻造钩尾框,采用 HM-1 型缓冲器,加厚型钩舌、合金钢钩尾销、含油尼龙钩尾框托板磨耗板及防跳插销。两辆车一组,车组内车辆间采用 RFC 型牵引杆连接,如图 10-2-6 所示。

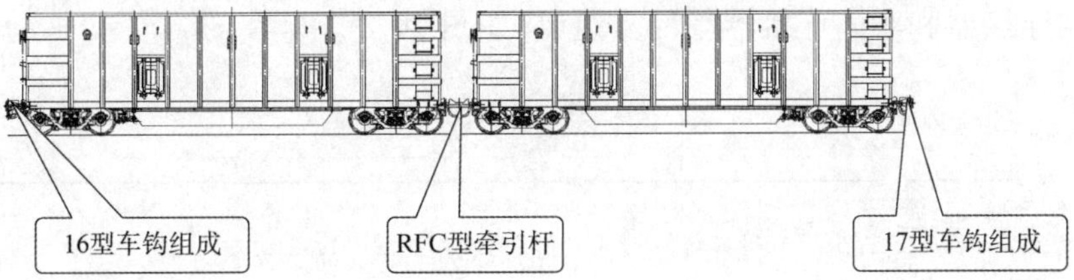


图 10-2-6　RFC 型牵引杆连接

(4)车辆转向架(图 10-2-7)。

C96(H)型运煤专用敞车采用整体铸造牵引梁、高强度车钩、大容量缓冲器、锻造钩尾框、120-1 型电空制动阀、转向架集成制动等重载技术，满足单列编组总重 1 万 t、动力分散牵引 2 万～3 万 t 列车运输要求。装用低动力作用 DZ5 型摆动式转向架或 DZ4 型交叉支撑转向架。车辆动力学性能稳定，满足商业运营速度 100 km/h 运用要求。

转向架应用全寿命周期设计理念，全面采用拉铆钉和非金属磨耗件、可拆卸金属磨耗件，消除金属摩擦副作用，提高车辆可靠性和使用性能，方便运用检修。

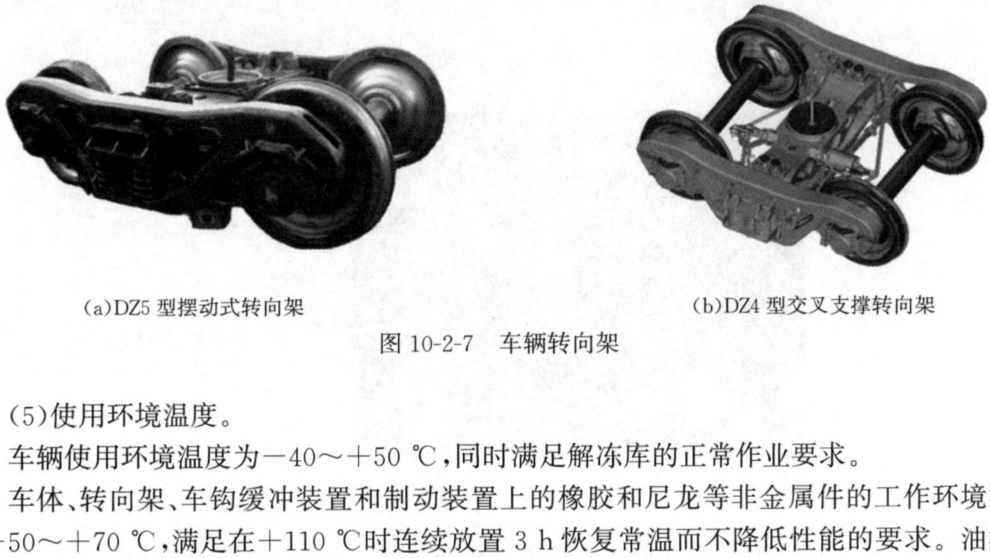

(a)DZ5 型摆动式转向架　　(b)DZ4 型交叉支撑转向架

图 10-2-7　车辆转向架

(5)使用环境温度。

车辆使用环境温度为－40～＋50 ℃，同时满足解冻库的正常作业要求。

车体、转向架、车钩缓冲装置和制动装置上的橡胶和尼龙等非金属件的工作环境温度为－50～＋70 ℃，满足在＋110 ℃时连续放置 3 h 恢复常温而不降低性能的要求。油漆满足在 110 ℃时连续放置 3 h 不脱落、不起皮的要求。

该车解冻时不得用明火烤车，热源不得直接照或烤各种阀、制动缸、软管、电缆和各种接头，以免烤坏橡胶件，影响制动性能。

4. 制动系统管路

制动系统主要由空气制动装置、电空制动装置和人力制动装置等组成，如图 10-2-8 所示。

(1)空气制动装置。

空气制动装置主要由 120-1 型控制阀、KZW-A 型空重车自动调整装置、储风缸、TZD-Ⅱ型脱轨自动制动装置、组合式集尘器、球芯直端塞门、不锈钢列车管系及不锈钢法兰接头等组成。每个转向架装用一套 BAB-1 型或 DAB-1 型转向架集成制动装置。

(2)电空制动装置。

电空制动装置主要由车辆控制装置，与 120-1 型控制阀集成在一起的制动控制模块、连接电缆、车端连接器和车间连接器等部分组成，如图 10-2-9 所示。

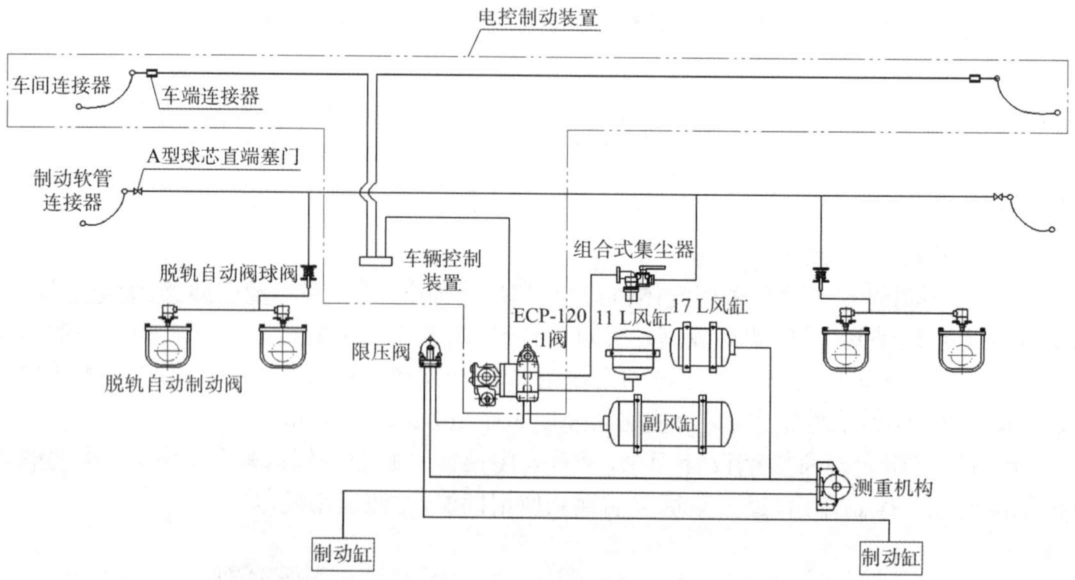


图 10-2-8　制动系统

图 10-2-9　电空制动装置

120-1 型控制阀设在车辆控制装置安装在浴盆端部。与机车连接通电后，车辆控制装置内接通高压电，切记注意安全。车辆控制装置及安装盒安装位置如图 10-2-10 所示。

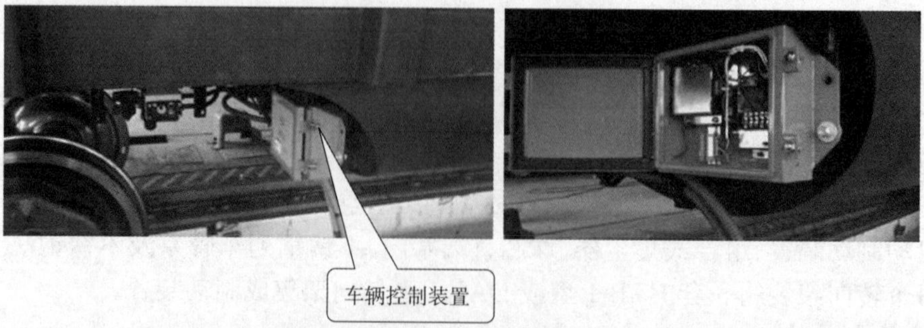


图 10-2-10　车辆控制装置及安装盒安装位置

车辆电制动模块电气(ECP)连接如图 10-2-11 所示。

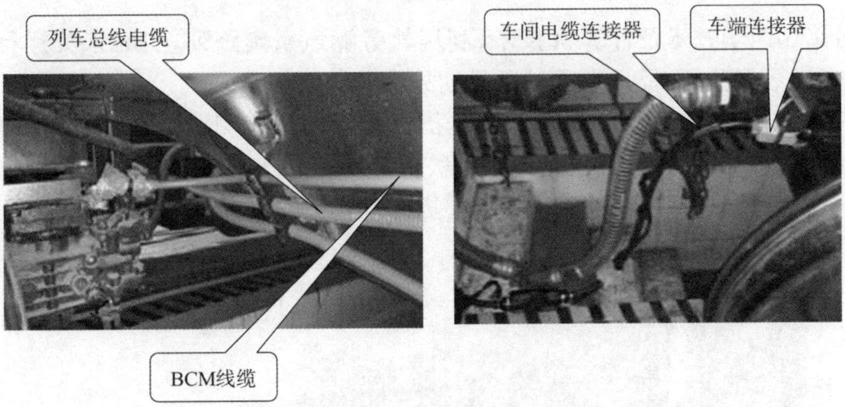


图 10-2-11　车辆间电缆连接

# 第三节　“地对车”安全监控体系(5T)系统应用

## 一、车辆轴温智能探测系统(THDS)

THDS 利用轨旁红外线探头对通过车辆每个轴承温度实时检测,并将检测信息实时上传到铁路局集团公司车辆安全监测中心,进行实时报警。通过配套故障智能跟踪装置,实现车次、车号跟踪,热轴货车车号的精确预报,重点探测车辆轴承温度,对热轴车辆进行跟踪报警,重点防范热切轴事故。THDS 设备布置如图 10-2-12 所示。

图 10-2-12　THDS 设备布置

THDS 实现了联网运行,结合“HTK 红外线轴温探测系统”和“HTK 车号自动识别系统”优势,通过车号信息进行热轴跟踪,并与调度集中系统联网预报,提高热轴预报的准确率和兑现率。

## 二、车辆滚动轴承故障轨旁声学诊断系统（TADS）

TADS 采用声学技术及计算机技术，利用轨旁噪声采集阵列，实时采集运行货车滚动轴承噪声，通过数据分析，及早发现轴承早期故障。

TADS 利用轨道测试平台，对车辆安全指标进行动态检测，检测车轮踏面擦伤、剥离，以及货物超载、偏载等危及行车安全的情况。重点防范货车脱轨事故，防范车轮踏面擦伤、剥离，防范货物超载、偏载等安全隐患，加大货车运行安全监控力度，实现货车运行安全质量互控。TADS 设备布置如图 10-2-13 所示。

图 10-2-13　TADS 设备布置

TADS 功能如下：

(1)自动检测通过列车滚动轴承的滚子、内套、外套等故障。

(2)自动计轴、计辆和测速。

(3)预报的故障轴承的车号和轴位可自动定位。

(4)自动识别列车车次、车号信息。

(5)自动跟踪故障轴承的发展趋势。

## 三、车辆运行品质轨旁动态监测系统（TPDS）

TPDS 重点检测货车滚动轴承内外圈滚道、滚子等故障，使安全防范关口前移，在发生热轴故障之前，对轴承故障进行早期预报。它与红外线轴温监测系统互补，防止切轴事故发生，确保行车安全。TPDS 设备布置如图 10-2-14 所示。

TPDS 功能如下：

(1)识别运行状态不良的车辆。

(2)识别车轮踏面擦伤。

(3)测量车辆货物装载的超偏载状态。

图 10-2-14　TPDS 设备布置

(4)统计轨道负荷当量通过总重。

## 四、货车故障轨旁图像检测系统(TFDS)

(1)自动分辨客车、货车,并自动计轴计辆。

(2)利用轨旁高速摄像机(图 10-2-15),对运行货车进行动态检测,及时发现货车运行故障,重点检测货车走行部、制动梁、悬吊件、枕簧、大部件、钩缓等安全关键部位,重点防范制动梁脱落事故,防范摇枕、侧架、钩缓大部件裂损、折断,防范枕簧丢失和窜出等危及行车安全隐患。

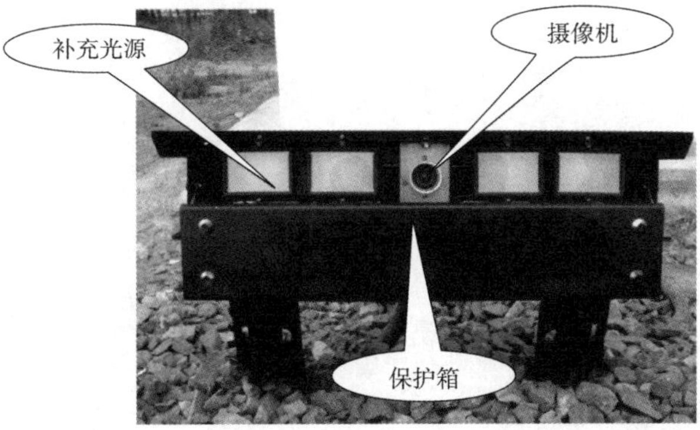


图 10-2-15　轨旁高速摄像机

(3)自动拍摄和筛选出车辆转向架、基础制动装置、车钩缓冲装置、制动故障关门车及车号标签等车辆关键部位图像,主要探测部位为:侧架、摇枕、交叉杆、制动梁、钩缓、轴承、枕簧、心盘螺栓、斜拉板、上下拉杆、钩托板、软管等部件、制动故障关门车、车号标签。

(4)通过人机结合的方式,对抓拍后的图像进行分析,判别出有关故障。

底箱采集设备如图 10-2-16 所示。

图 10-2-16　底箱采集设备

## 五、客车运行安全监控系统(TCDS)

TCDS 主要作用在于防范客车热轴事故。该系统重点对客车运行中的供电、车下电源、空调、轴温报警器、防滑器、制动系统、转向架动力学性能等进行实时监控,实现地面对动车组、25 型车辆、提速客车的全程监控。系统硬件包括各类力学、温度、电流等传感器,列车通信网络,集中存储报警器,人机交互显示屏等。

TCDS 组网方式及数据传输流程是分散检测、集中报警、联网监测、信息共享。三级应用联网、三级应用管理。

# 第三章　机务与电气化铁路供电系统衔接处的结合部

## 第一节　接 触 网

### 一、接触网的结构

接触网由接触悬挂、定位支撑装置(支撑装置、定位装置)、支柱与基础等部分组成,如图 10-3-1 所示。

图 10-3-1　接触网基本组成

机车运行时,受电弓顶部的滑板紧贴接触线摩擦滑行取流。为了保证滑板的良好取流,接触悬挂应达到下列要求:

(1)接触悬挂的弹性应尽量均匀,即在悬挂点间的导线,在相同受电弓压力作用下,接触线的升高应尽量相等,且接触线在悬挂点间应无硬点存在。

(2)接触线对轨面的高度应尽量相等,若受悬挂条件限制时,接触线高度变化应避免出现陡坡。

(3)接触悬挂在受电弓压力及风力作用下应有良好的稳定性,即电力机车运行取流时,接触线不发生剧烈的上下振动。在风力作用下不发生过大的横向摆动,这就要求接触线有足够的张力,并能适应气候的变化。

(4)接触悬挂的结构及零部件应力求轻巧简单,做到标准化,以便检修和互换,缩短施工及运行维护时间。另外,应具有一定的抗腐蚀能力和耐磨性,以延长使用年限。

(5)要结合国情尽量节省有色金属及钢材,降低造价。

## 二、接触悬挂的类型

接触网的分类大多以接触悬挂的类型来区分。在一条接触网线路上，无论是在区间还是站场上，为了满足供电方面和机械方面的要求，总是将接触网分成若干一定长度且相互独立的分段，这就是接触网的锚段。接触悬挂的分类是对接触网的每个锚段而言的。接触悬挂的种类较多，一般根据其结构的不同分成简单接触悬挂和链型接触悬挂两大类。我国接触网悬挂方式一般为全补偿链型悬挂方式，全补偿链型悬挂分为全补偿简单链型悬挂和全补偿弹性链型悬挂两种形式，这两种悬挂的主要区别在于定位点处有无弹性吊索，如图 10-3-2 所示。

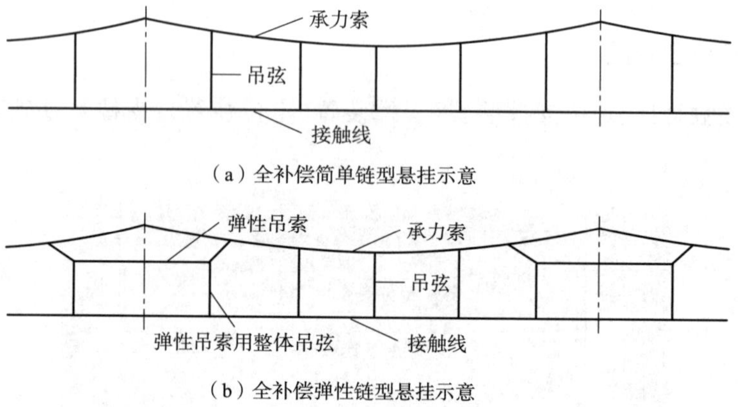


图 10-3-2 悬挂类型

# 第二节 牵引供电系统

## 一、电气化铁路供电方式

铁路牵引变电所从电力系统得到电能后，经变电所主变压器降压至适合于电力机车使用的电压等级后，再经馈电线将电能送到接触网上。因此，接触网是向电力机车供电的特殊输电线路。

1. 单边供电

两个牵引变电所之间将接触网分成两个供电分区（又称供电臂），正常情况两相邻供电臂之间的接触网在电气上是绝缘的，每个供电分区只从一端牵引变电所获得电能的供电方式称为单边供电。

单边供电时，相邻供电臂电气上独立，运行灵活；接触网发生故障时，只影响到本供电分区，故障范围小；牵引变电所馈电线保护装置较简单。这是中国电气化铁路采用的主要形式。

2. 双边供电

若两个供电分区通过开关设备，在电路上连通，两个供电分区可同时从两个牵引变电所获得电能，这种供电方式称为双边供电。双边供电可提高接触网电压水平，减少电能损耗。但馈电线及分区所(亭)的保护及开关设备都较复杂,因此,目前采用较少。

3. 越区供电(非正常供电方式)

当某一牵引变电所或某一供电分区接触网局部故障不能正常供电时,故障变电所负担的供电臂,经分区所(亭)开关设备与相邻供电臂接通,由相邻变电所进行临时供电,如图 10-3-3 所示。

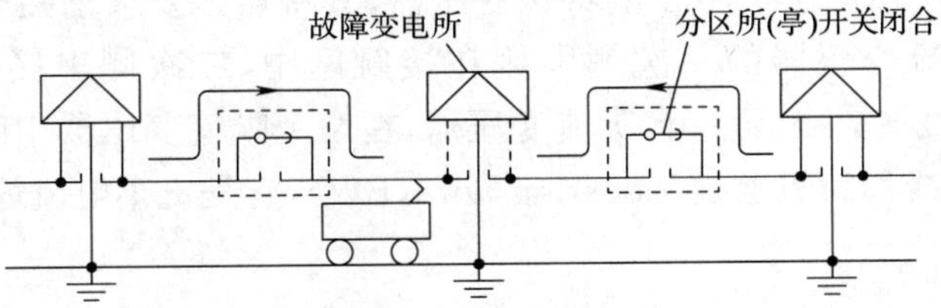


图 10-3-3　越区供电

4. 并联供电

复线区段供电方式与上述基本相同,但每一供电臂分别向上下行接触网供电,因此牵引变电所馈电线有 4 条。同一侧供电臂上下行线通过开关设备(或者电连接线)实行并联供电,如图 10-3-4 所示。并联供电可提高供电臂末端电压,但是接触网发生事故时,影响范围大,运行检修不够灵活。

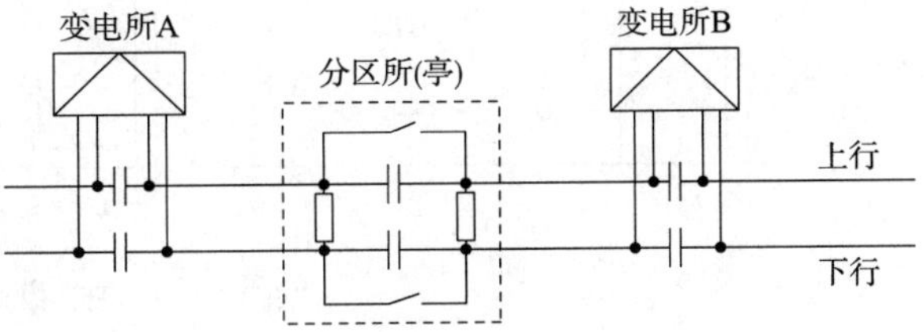


图 10-3-4　并联供电

## 二、牵引供电系统的供电方式

为减少电气化铁路对沿线通信设备的干扰,保障设备、人身安全及正常工作,在牵引供电系统中采取了许多防干扰措施,形成了不同的牵引供电方式。

1. 直接供电方式(图 10-3-5)

直接供电方式是指牵引变电所与接触网间不设置任何防干扰设备。这种供电方式的馈电回路结构简单,造价低,但对通信线路干扰较大。因此,根据我国目前通信设备状况,此种供电方式仅适用于通信线路较少的电气化铁路区段,或将通信线路改迁至远离电气化铁路的地区。

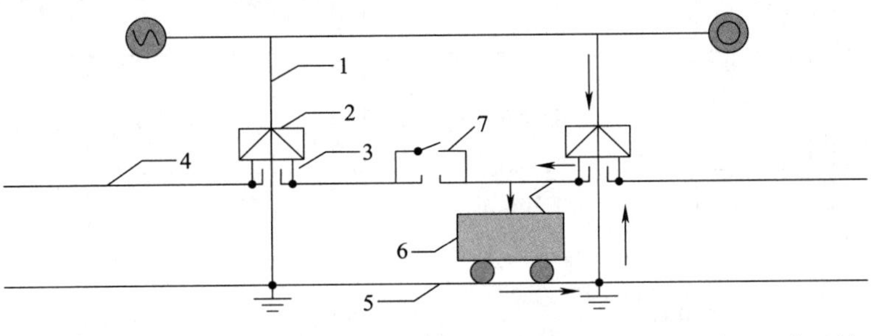


1—输电线;2—牵引变电所;3—馈电线;4—接触线;5—钢轨;6—电力机车;7—分区所(亭)。

图 10-3-5　直接供电方式

2. BT 供电方式(图 10-3-6)

在牵引供电系统中加装吸流变压器-回流线装置的供电方式称 BT(booster transformer)供电方式,BT 供电方式能迫使由轨道回路和从大地返回牵引变电所的机车牵引电流的绝大部分经由回流线路流回牵引变电所。这样,回流线中流回的电流与接触网内流过的牵引电流方向相反,它们形成的电磁场互相抵消。

吸流变压器采用变压比为 1∶1 的特殊变压器,其特点是要求励磁电流小(不超过额定电流值的 2%)。吸流变压器的一次侧串接在接触网中,二次侧串接在回流线(negative feeder,NF)中,每隔 2～4 km 设一台吸流变压器,在两个吸流变压器中间,把轨道和回流线连接起来,这个连接线称为吸上线(boosting wire,BW),它是机车电流返回回流线的通路。

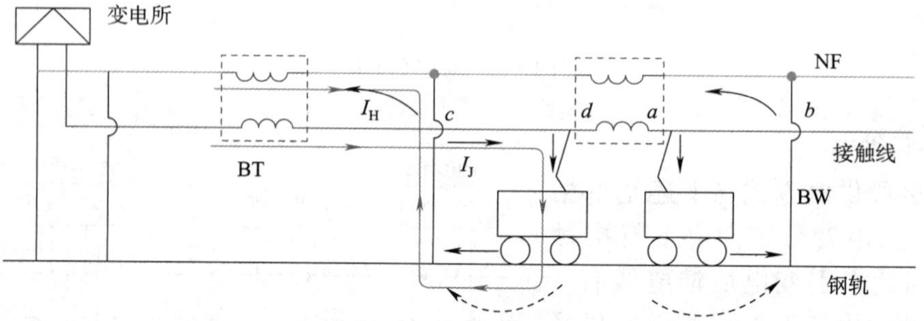


图 10-3-6 BT 供电方式

BT 供电方式因变压器二次线圈和接触线串联,随着铁路的提速,高速、大功率电力机车不断投入运行,机车在通过吸流变压器处的接触网电分段处,易产生电弧,对高速行车不利。

3. AT 供电方式(图 10-3-7)

AT 供电方式又称自耦变压器供电方式,自耦变压器(auto-transformer,AT)是一种电力变压器,它并接于接触网(J)、钢轨(R)和正馈线(AF)之中,这种方式由接触网、钢轨、正馈线和自耦变压器组成供电回路,并在接触网与正馈线之间每隔 10～15 km 左右并联接入一台自耦变压器,其中心抽头与钢轨连接,正馈线与接触悬挂同杆架设,架设于接触网支柱的田野侧。在 AT 牵引变电所中,牵引变压器将 110 kV 三相电降压至单相 55 kV,则钢轨与接触网间的电压正好是自耦变压器两端电压的一半,即 27.5 kV。

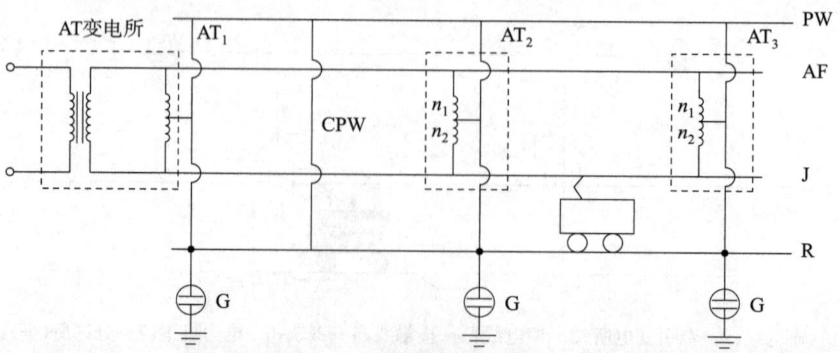


图 10-3-7 AT 供电方式

AT 供电方式的优点是：

(1)采用 AT 供电方式使牵引网电压增高，电流减小，牵引变电所间距离增大，提高了网压水平。

(2)自耦变压器并联于接触网上，不需增设电分段，能适应高速、大功率电力机车运行。

(3)减小了对通信线路的干扰。接触线和正馈线电流是机车负载电流的一半，且方向相反，故对通信线路的干扰大大降低了。

AT 供电方式的缺点是：AT 供电方式的接触网结构复杂，保护方式烦琐，电力损耗较大，需要增设 AT 所等。

4. 直供加回流线供电方式(图 10-3-8)

直供加回流线供电方式是在接触网支柱田野侧，架设一条与钢轨并联的导线，以使钢轨中的电流尽可能经由回流线流回牵引变电所。这样既保持供电回路结构简单的特点，又能起到一定的防护效果。

这种方式的防护效果要比吸流变压器方式差些，但是经济性好、可靠性高、故障率低、维修工作量小，且防干扰性能不随负荷电流改变。同时，这种方式馈电回路简单，回路阻抗较小，一次投资及运营费均较低，是可推广的方式之一。

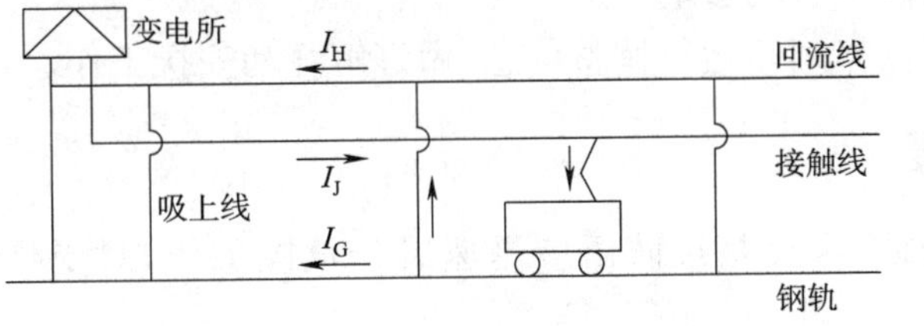


图 10-3-8　直供加回流线供电方式

# 第三节　列车运行中弓网故障的应急处置

## 一、事故报告与响应

(1)当发现铁道供电弓网事故后，现场工作人员应立即向列车司机和调度中心报告。报告内容应包括事故发生的时间、地点、初步判断的事故严重程度及可能影响的范围。

(2)调度中心接到报告后，应迅速启动应急预案，通知相关部门和人员，包括维修队伍、医疗救援队伍、交通管理部门等。

## 二、现场安全保障

(1)列车司机应立即采取紧急制动措施，确保列车安全停车。在停车后，应按照规定设置防护信号，防止后续列车进入事故区间。

(2)现场工作人员应迅速疏散事故现场附近的人员，设立警戒线，禁止无关人员进入危险区域。

(3)对事故现场进行初步的安全检查，确保不会发生二次事故，如触电、火灾等。

## 三、事故勘察与评估

(1)维修人员应尽快到达事故现场,对弓网设备进行详细的勘查和评估,确定事故的具体原因和受损程度。

(2)收集事故相关的数据和信息,如设备运行记录、视频监控资料等,为后续的事故分析和处理提供依据。

## 四、设备抢修与恢复

(1)根据事故评估结果,制定抢修方案。组织维修人员和所需的设备、材料,迅速开展抢修工作。

(2)在抢修过程中,要严格遵守安全操作规程,确保抢修工作的安全和质量。

(3)抢修完成后,进行设备的测试和调试,确保弓网设备恢复正常运行。

## 五、列车运行调整

(1)调度中心应根据事故情况和抢修进度,及时调整列车运行计划,采取迂回、停运等措施,尽量减少对旅客出行的影响。

(2)及时向旅客发布列车运行调整信息,做好解释和安抚工作。

## 六、医疗救援

(1)如有人员伤亡,医疗救援队伍应迅速展开救援工作,对受伤人员进行现场急救和转运。

(2)与附近的医院保持密切联系,确保受伤人员能够得到及时有效的治疗。

## 七、事故调查与分析

(1)成立事故调查组,对事故的原因、经过、责任等进行全面深入的调查和分析。

(2)总结事故教训,提出改进措施和建议,防止类似事故的再次发生。弓网事故发生后能够迅速、有效地进行处理,保障铁路运输的安全和畅通。

# 第四章　30 t 轴重重载机车的重要性与发展

## 一、30 t 轴重重载机车发展的重要性

在全球化竞争与“双碳”目标背景下，铁路重载运输已成为提升物流效率、降低社会运输成本的关键路径。我国自主研发的复兴系列 30 t 轴重重载机车(如 $FXD_1$ 型、$FXD_3$ 型)，以其大轴重、高牵引、智能化的技术特征，重构了重载铁路运输的经济性与可持续性边界。

1. 国家战略支撑：保障能源安全与区域协同

(1)能源运输动脉的强化。

我国煤炭资源分布呈现“西多东少”格局，复兴系列机车牵引的 3 万 t 级重载列车在大秦、浩吉等铁路干线实现日均运量超 130 万 t，占全国铁路煤运总量的 60%以上，有效缓解“煤电油运”瓶颈。在“北煤南运”通道中，30 t 轴重机车的运能较传统 25 t 轴重车型提升 20%，单列车运量可达 3 万 t(相当于 300 辆重卡)，运输成本降低 35%。

(2)国际物流通道建设。

适应“一带一路”中欧班列重载化需求，30 t 轴重技术已出口至哈萨克斯坦、南非等国家，推动中国铁路标准国际化(如南非 Orex 线采用中国机车后，年运量提升至 1.2 亿 t)。

2. 技术创新突破：高端装备自主化的里程碑

(1)核心技术的国产化替代。

永磁同步牵引系统：突破 IGBT 模块、高转矩密度电机设计等技术壁垒，牵引效率达 97%，实现关键部件 100%国产化。

(2)智能控制技术。

基于北斗定位与 5G 通信的列车协同控制系统(如 DP2.0)，使 2 万 t 级列车纵向冲动力降低 40%，突破长大编组控制难题。

(3)重载技术标准的引领。

制定《重载铁路设计规范》(TB 10625—2017)，推动轮轨力、路基强度等 62 项指标成为国际重载协会(IHHA)参考标准。

2023 年，复兴机车在澳大利亚纽曼山铁矿测试中，黏着利用率达 89%，创全球重载铁路最高纪录。

3. 经济效益重构：物流成本革命性降低

(1)全生命周期成本优势。

相较于传统直流机车，复兴系列机车的万吨公里能耗下降至 22 kW · h(降幅 18%)，按年运营 50 万 km 计算，单台机车年节电约 440 万度。

采用激光熔覆轮对修复技术，轮轨维护成本降低 30%，大修周期延长至 160 万 km(国际同类产品为 120 万 km)。

(2)产业联动效应。

拉动钢铁、新材料、高端制造产业链升级,如 Q460E 高强钢、碳化硅变流器等配套产业年产值超 200 亿元。在内蒙古、山西等资源型地区,重载铁路网络使煤炭外运成本降低 0.03 元/吨公里,直接惠及 200 余家能源企业。

## 二、$FXD_{2B}$ 型重载电力机车的发展

2020 年 3 月,由中车大同电力机车有限公司研制的 $FXD_{2B}$ 型电力机车(图 10-4-1)顺利取得了国家铁路局颁发的铁路机车车辆型号合格证和制造许可证,标志着该型号机车正式具备了批量生产和上线运营的条件。从此,我国以“复兴”命名的机车大家族再添“大同造”新成员。

图 10-4-1　$FXD_{2B}$ 型电力机车

$FXD_{2B}$ 型电力机车作为我国第一代具有自主知识产权、达到国际重载铁路标准的大轴重机车,其牵引能力比现有同功率和谐型电力机车高出 20%,能够在特定线路条件下牵引万吨列车。

$FXD_{2B}$ 型电力机车下线后,先后以优异的成绩完成了 30 t 轴重铁路综合试验中的全部项目,并通过了 20 万 km 运用考核。在国铁集团组织召开的相关评审会上,该型机车还被认定为达到国际先进水平,其牵引力、功率、轴重等综合性能指标在电力机车领域均居于国际领先地位。

$FXD_{2B}$ 型电力机车是我国成功开创复兴型重载电力机车产业领域的标志性产品,填补了我国 30 t 大轴重电力机车的技术空白。

# 第五章　机务与工务、电务在行车实践中的结合部

## 第一节　线路平面及限界

### 一、线路平面

铁路线路平面是指线路中心线在水平面上的投影,它由直线和曲线(圆曲线及缓和曲线)组成。曲线基本组成要素有半径 $R$,曲线中心角 $\alpha$,曲线长 $L$,切线长 $T$,缓和曲线长 $l_0$。缓和曲线是指直线与圆曲线或圆曲线与圆曲线之间的过渡线。

1. 直线

列车在直线上运行时条件最好,在同样的坡度下,列车运行阻力最小,行车最平稳。因此,线路平面应尽量多采用长直线。

2. 曲线

铁路线路在平面上由一个方向转向另一个方向时,中间必须用曲线来连接,这种曲线通常称为平面曲线。曲线的组成如图 10-5-1 所示。

(a)

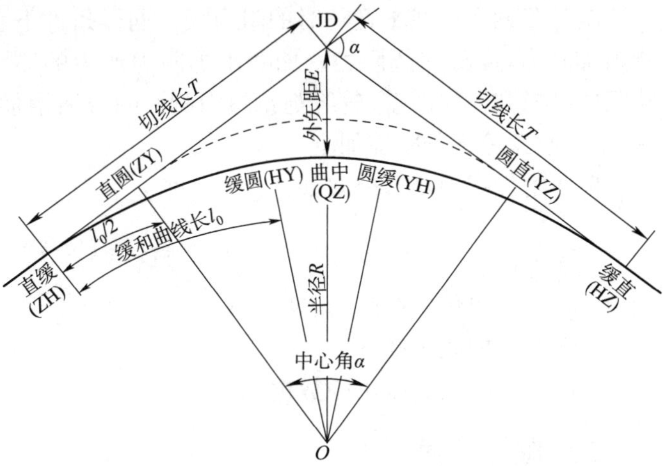


ZY—单圆曲线始点(直圆点);YZ—单圆曲线终点(圆直点);ZH—缓和曲线始点(直缓点);HZ—缓和曲线终点(缓直点);HY—缓和曲线接圆曲线之交点(缓圆点);YH—圆曲线接缓和曲线之交点(圆缓点);QZ—整个曲线的中央点(曲中)。

(b)

图 10-5-1　曲线组成

3. 外轨超高

为了平衡离心力，使内外两股钢轨受力均匀，垂直磨耗均等，需要将外轨抬高一定程度，即设置超高，如图 10-5-2 所示。

实设最大超高，高速铁路无砟轨道 175 mm，有砟轨道一般情况下 150 mm，客货共线铁路单线 125 mm。所规定的是实际设置超高的最大限度，不包括水平误差在内。

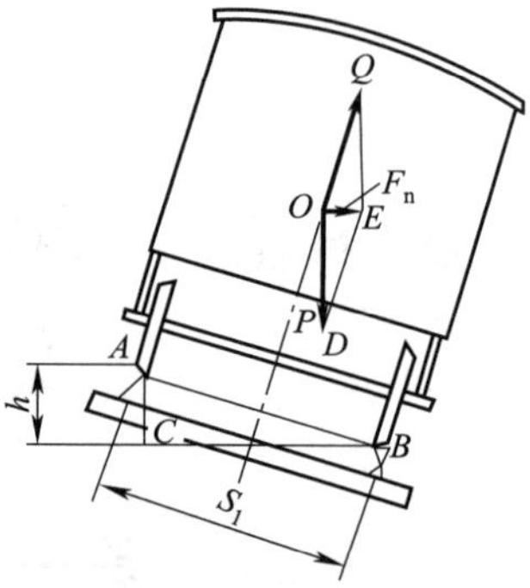


$P$—车体的重力；$Q$—轨道反力；$F_n$—向心力；$S_1$—两轨头中心线距离；$h$—所需的外轨超高。

图 10-5-2　外轨超高

4. 轨距加宽(图 10-5-3)

为防止轮对被轨道楔住或挤翻钢轨，对于小半径曲线的轨距要适当加宽($R \leqslant 350$ m 时，加宽量$\leqslant 15$ mm)，以使机车车辆能顺利通过曲线，并使钢轨与车轮间的横向力最小，减少轮轨间的磨耗。

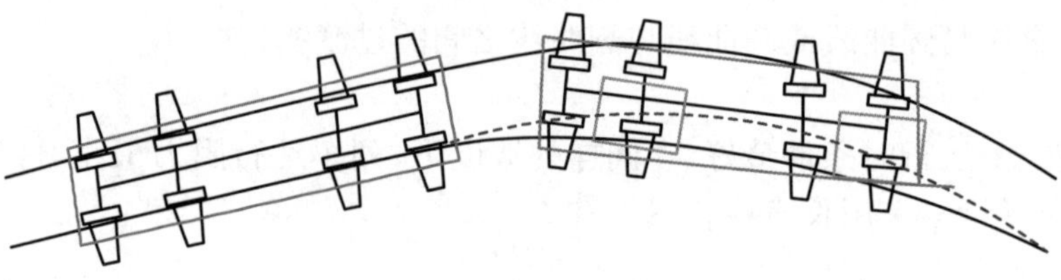

图 10-5-3　轨距加宽

5. 曲线附加阻力

机车车辆在曲线上运行时的阻力大于同样条件下直线上运行的阻力，其增大部分叫曲线附加阻力，简称曲线阻力。曲线附加阻力产生的原因是：机车、车辆在曲线上运行时，轮轨间的纵向和横向滑动、轮缘与钢轨内侧面的摩擦增加，同时，由于转向架转向和侧向力作用，上下心盘等部分摩擦加剧。

曲线附加阻力经验公式如下：

$$\omega_r = \frac{600}{R} \quad (\text{N/kN})$$

式中　$\omega_r$——单位曲线阻力，N/kN；

$R$——曲线半径，m；

600——据试验得出的数据。

## 二、限　　界

限界是指为了确保机车车辆在铁路线路上运行的安全，防止机车车辆撞击邻近线路的建筑物和设备，而对机车车辆和接近线路的建筑物、设备所规定的不允许超越的轮廓尺寸线。铁路限界可分为机车车辆限界和建筑限界两种。

1. 机车车辆限界

机车车辆限界是指与线路中心线垂直的，限制机车车辆外形尺寸的极限横断面轮廓。

客运专线铁路机车车辆上部限界如图 10-5-4 所示。

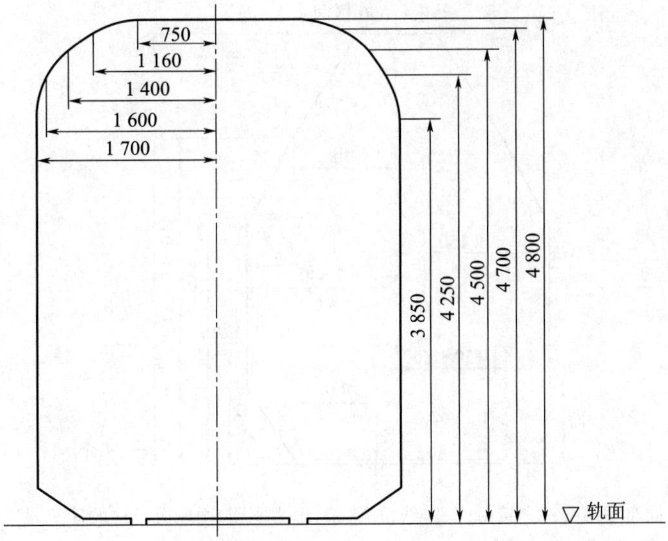


图 10-5-4　客运专线铁路机车车辆上部限界(单位:mm)

客运专线铁路机车车辆下部限界如图 10-5-5 所示。

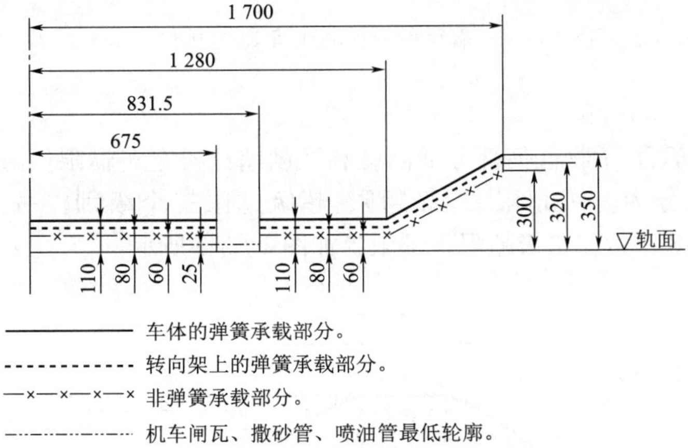


图 10-5-5　客运专线铁路机车车辆下部限界(单位:mm)

客运专线铁路的机车车辆在客货共线铁路运用时,还应符合客货共线铁路机车车辆限界要求。

2. 建筑限界

为了保证列车运行安全,要求靠近铁路线路修建的建筑物及设备,不得侵入规定的与线路中心线垂直断面的轮廓尺寸线,这个尺寸线称为建筑限界。一切建筑物、设备、在任何情况下均不得侵入铁路的建筑限界。客运专线铁路建筑限界如图 10-5-6 所示。

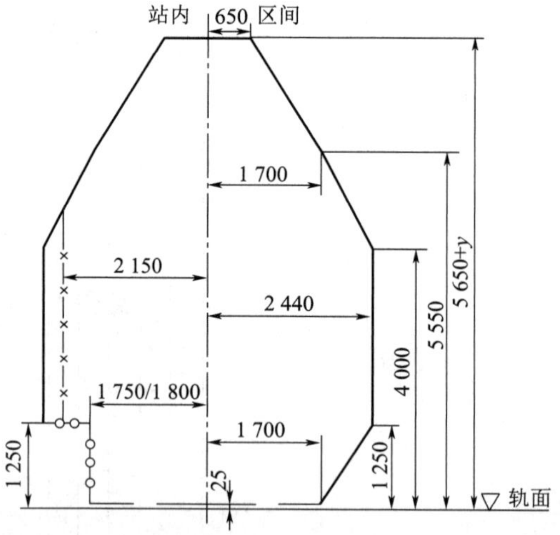


—×—×—× 信号机、高架候车室结构柱和接触网、跨线桥、天桥、电力照明、雨棚等杆柱的建筑限界（正线不适用）。

-o-o-o-o-o- ①站台建筑限界（侧线站台为 1 750 mm；正线站台，无列车通过或列车通过速度不大于 80 km/h 时为 1 750 mm，列车通过速度大于 80 km/h 时为 1 800 mm）。

②站内反方向运行矮型出站信号机的限界为 1 800 mm。

———— 各种建（构）筑物的基本限界，也适用于桥梁和隧道。

y 为接触网结构高度。

图 10-5-6　客运专线铁路建筑限界（单位：mm）

3. 超限货物列车开行

（1）当货物装车后，货物任何部分的高度和宽度超过机车车辆限界，称为超限货物。按货物超限的程度，分为一级超限、二级超限、超级超限三个级别。一、二级超限限界如图 10-5-7、图 10-5-8 所示。二级超限下部限界如图 10-5-9 所示。

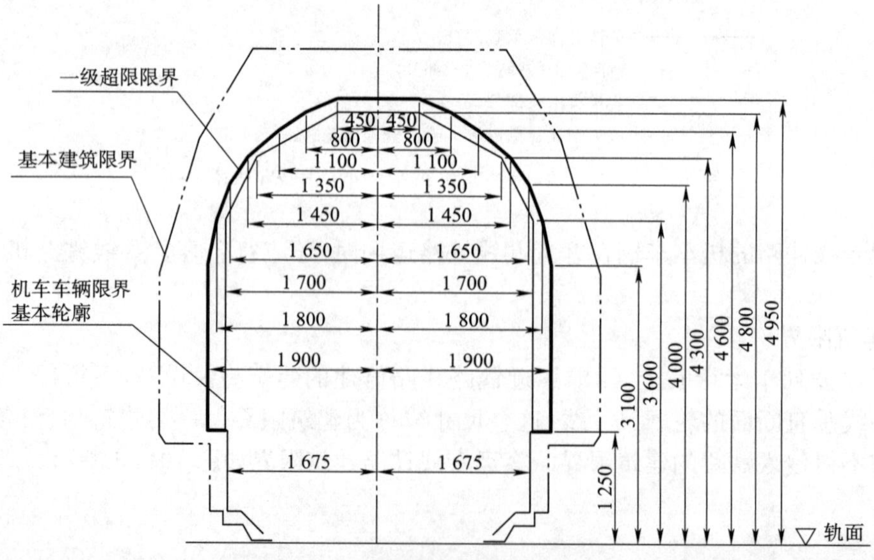


图 10-5-7　一级超限限界（单位：mm）

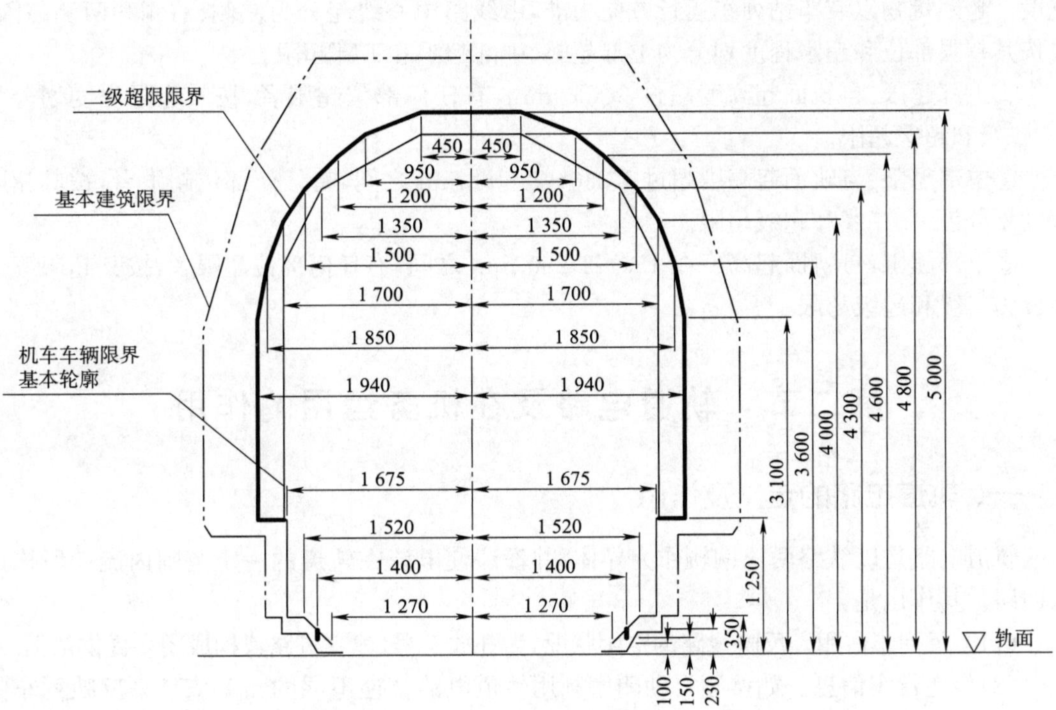


图 10-5-8　二级超限限界(单位:mm)

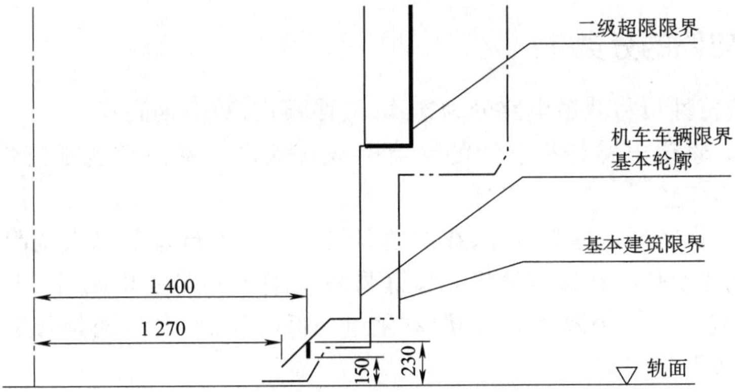


图 10-5-9　二级超限限界(下部)(单位:mm)

(2)超限列车判定标准:

①一件货物装车后,在平直线路上停留时,货物的高度和宽度有任何部位超过机车车辆限界者,即为超限货物。

②一件货物装车后,在平直线路上停留虽不超限,但行经半径为 300 m 的曲线线路时,货物的内侧或外侧的计算宽度仍然超限的,亦为超限货物。

③对装载通过或到达特定装载限界区段内各站的货物,虽没有超出机车车辆限界,但超出特定区段的装载限界时,也是超限货物。

这里涉及铁路运输的两个限界概念,机车车辆限界和建筑接近限界。在运输超限货物之前首先要确定超限货物的等级,主要是根据货物计算点所在检定断面的实测宽度或计算宽度。超限货物以装车站列车运行方向为准，由线路中心线起分为左侧、右侧和两侧超限，并按其超限部位和超限程度划分为上部超限、中部超限和下部超限。

①上部超限：自轨面起高度超过 3 600 mm，有任何部位超限者，按其超限程度划分为一、二级和超级超限。

②中部超限：自轨面起高度超过 1 250～3 600 mm 之间，有任何部位超限者，按其超限程度划分为一、二级和超级超限。

③下部超限：自轨面起高度在 150～1 250 mm 之间，有任何部位超限者，按其超限程度划分为二级和超级超限。

# 第二节　轨道电路及在机务运用的作用

## 一、轨道电路的定义及作用

轨道电路是以铁路两根钢轨作为导体，并设法使电流在轨道的一定范围内流动所构成的回路。其作用是：

(1)监督列车占用。反映线路的空闲状况，为开放信号、建立进路或构成闭塞提供依据。

(2)传递行车信息。如移频自动闭塞利用轨道电路传递不同的频率信息来反映列车的位置，决定通过信号机的显示或决定列车运行的目标速度，从而控制列车运行。

(3)检查线路的完整性。

## 二、轨道电路的分类

按传送电流特性可将轨道电路分为连续式、移频式、数字编码式。

(1)连续式。轨道电路传送连续的交流电或直流电。唯一功能是监督轨道的占用与否，不能传递更多信息。

(2)移频式。钢轨传送移频电流，在发送端用低频作为行车信息去调制载频，使移频频率随低频作周期性变化。在接收端将低频解调，去动作继电器。电路可传送多种信息。

(3)数字编码式。采用调频方式，但不是单一低频调制频率，而是若干个，根据编码去调制载频，可传递更多信息。

## 三、轨道电路的组成及各部作用

轨道电路由钢轨、绝缘节、轨端接续线、送电端、受电端(轨道继电器)等组成，如图 10-5-10 所示。

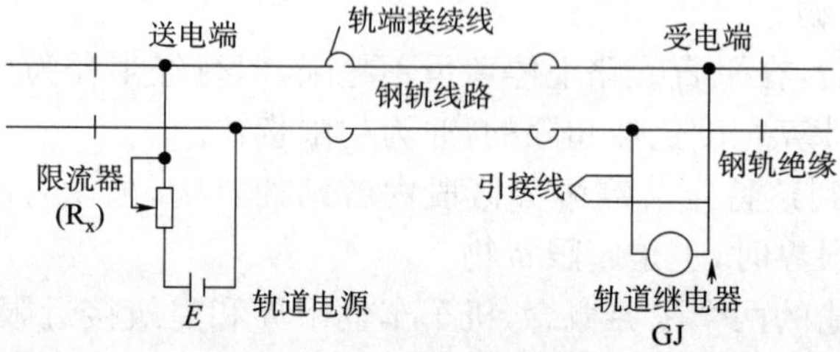


图 10-5-10　轨道电路示意

(1)钢轨。两条钢轨是传输轨道电流的导体。

(2)轨端接续线。在两节钢轨的接头处,为了减少钢轨与钢轨夹板间的接触电阻,用轨端接续线连接,如图 10-5-11 所示。

图 10-5-11　轨端接续线

(3)引接线。该线用于送电设备、受电设备与钢轨的连接,如图 10-5-12 所示。

图 10-5-12　引接线

## 四、轨道电路的工作原理(图 10-5-13)

列车未进入轨道电路,即线路空闲时,电路从轨道电路电源正极→钢轨→轨道继电器→电源负极,使继电器保持在吸起状态,接通信号机的绿灯电路。表示该轨道电路为未占用状态。

当列车进入轨道电路区段内,即线路被占用时,电流同时流过机车车辆轮对和轨道继电器线圈,由于轮对电阻比轨道继电器电阻小得多,因而流经轨道继电器线圈的电流减小到继电器的落下值,使轨道继电器释放衔铁,用继电器的后接点接通信号机的红灯电路,表示该轨道电路区域被占用。

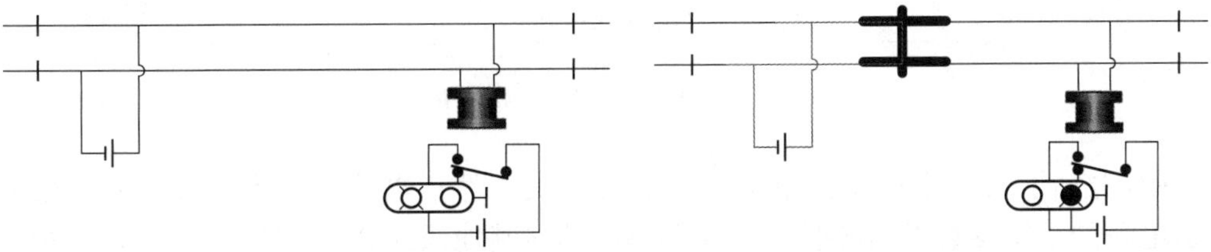

图 10-5-13　轨道电路工作原理

# 第三节　无绝缘轨道电路及在机务运用的作用

## 一、无绝缘轨道电路

1. 无绝缘轨道电路分类

(1)电气隔离式,又称谐振式。它是在轨道电路分界处,采用电容和钢轨电感构成谐振电路。相邻轨道电路采用不同频率的信号电流,使轨道电路电气隔离。

(2)自然衰耗式,又称叠加式。它是利用轨道电路的自然衰耗,相邻轨道电路采用不同的信号电流,通过在轨道外滤波的原理使相邻轨道电路的工作互不影响。

通过以上两种无绝缘轨道电路类型的描述,我们可以看出:电气隔离式的隔离性能要优越于自然衰耗式;自然衰耗式的绝缘节结构更加简单。国内轨道电路系统多采用谐振式电气绝缘节。

2. 调谐区

相邻轨道电路区段采用两个不同的载频,在闭塞分区的信号点上各设一对由电容和钢轨电感组成的谐振槽路,分别谐振于那两个载频,这两个槽路之间的距离一般为 29 m。这个 29 m 的区段就是谐振区或调谐区,如图 10-5-14 所示。

图 10-5-14　调谐区

3. 调谐区的工作原理

由于当前铁路线路多为长轨,且多为电气化牵引,为了减少锯轨,采用电气分割相邻轨道电路信号,利用调谐单元对不同频率信号的不同阻抗值实现相邻区段信号的隔离,划定了轨道电路的控制范围,如图 10-5-15 所示。

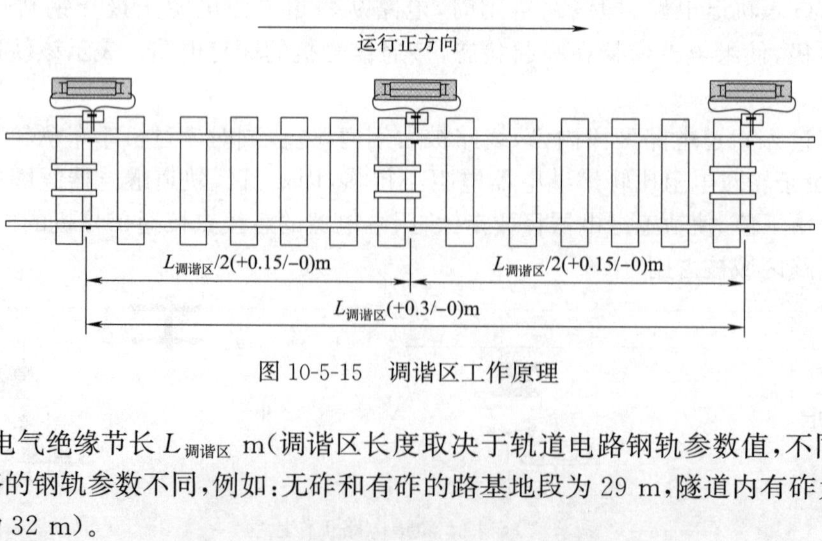

图 10-5-15　调谐区工作原理

图中,电气绝缘节长 $L_{调谐区}$ m(调谐区长度取决于轨道电路钢轨参数值,不同轨道结构的轨道电路的钢轨参数不同,例如:无砟和有砟的路基地段为 29 m,隧道内有砟为 30 m,隧道段无砟为 32 m)。

## 二、轨道电路调谐区标志的设置

依据《铁路信号显示规范》(TB/T 30010—2023),轨道电路调谐区标志设置如下:

(1)Ⅰ型为反方向区间停车位置标,涂有白底色、黑框、黑“停”字、斜红道,标明调谐区长度的反光方形板标志,如图 10-5-16(a)所示。

(2)Ⅱ型为反方向行车困难区段的容许信号标,涂有黄底色、黑框、黑“停”字、斜红道,标明调谐区长度的反光方形板标志,如图 10-5-16(b)所示。

(3)Ⅲ型用于反方向运行合并轨道区段之间的调谐区或因轨道电路超过允许长度而设立分隔点的调谐区,为涂有蓝底色、白“停”字、斜红道,标明调谐区长度的反光方形板标志,如图 10-5-16(c)所示。

(a)Ⅰ型　(b)Ⅱ型　(c)Ⅲ型

图 10-5-16　轨道电路调谐区标志

## 三、电力牵引区段扼流变压器设置的作用

扼流变压器安装于牵引回流与钢轨的连接处,用于导通牵引电流,或安装于区间上下行轨道电路中平衡牵引电流,使之不影响轨道电路的正常工作,如图 10-5-17 所示。其作用有如下几个方面:

(1)导通牵引回流。在电气化铁路区段,钢轨(道岔)在信号系统中的作用有三个方面,一是反映列车占用;二是传递机车信号;三是导通牵引回流。

图 10-5-17　扼流变压器设置位置

(2)导通回流。一是实现钢轨绝缘处回流导通;二是实现钢轨与接触网、牵引变电所的回流导通。

(3)平衡牵引电流。在 ZPW-2000A 型轨道电路区段,用于线路间等电位连接(横向连接),平衡牵引电流。

# 第六章　机务运用应急状态下与其他部门的结合部作业

## 第一节　牵引有限制运行条件列车的结合部作业

有限制运行条件的列车包括：挂有装载超限超重货物的车辆或限速运行的机车车辆、列车换长超过牵引区段规定的超长列车等。根据调度命令和有关规定限制运行条件。开行前必须认真阅读命令，明确要求，并与车站、调度等卡控。

### 一、牵引挂有装载超限超重货物的车辆时的结合部互控

《铁路技术管理规程(普速铁路部分)》规定：除与机车车辆有直接相互作用的设备(如车辆减速器、接触网等)外，一切建(构)筑物、设备，均不得侵入铁路建筑限界，机车车辆无论空、重状态均不得超出机车车辆限界。

《铁路超限超重货物运输规则》定义：货物装车后，车辆停留在水平直线上，货物的任何部位超出机车车辆限界基本轮廓或车辆行经半径为 300 m 的曲线时，货物的计算宽度超出机车车辆限界的基本轮廓者，均为超限货物。超限货物存在与其他行车设备相互剐碰可能。电气化区段，上部超限与接触网不足 350 mm 时，须停电运输。

货物装车后，重车总重活载效应超过桥涵设计标准的货物。机车、车辆、救援起重机等车辆在运行中对线路会产生动载荷，即所谓的活载效应。铁路桥涵应能承受列车中机车车辆的动、静载荷。牵引挂有超重货物的车辆或重型铁路救援起重机时，由于其质量大，按正常速度通过时，其活载效应可能超出桥涵承受能力，须限制速度或采取其他安全措施。

牵引挂有装载超限超重货物的车辆时，应做到：

(1)开行前必须认真阅读命令内容，领会运行限制条件。调度命令重点确认内容：超限超重货物列车挂运车次、超限超重车辆的辆数、超限等级及超限类型、限制运行条件的起止站，最高限速及曲线、道岔、桥梁限速，允许会车的区间及会车时的限速，禁止会车的区间及禁止交会的列车类别，禁止接入(进入)的线路(如，禁止接入或进入有高站台的线路)，以及其他要求。

(2)了解运行区段内的小曲线半径、侧向道岔限速及道岔号数、限速运行的桥梁及限速要求，特别是对曲线半径 300 m 及以下的地段及限速 30 km/h 的道岔(9 号)等关键处所必须心中有数。在 LKJ 中准确输入车速等级，做好预想。

接到列车编组顺序表后，确认超限车辆位置，后部瞭望重点确认。

### 二、开行注意事项

(1)遵守调度命令，按限速要求及其他运行条件控制运行速度。

(2)关键处所提早联控，了解接车进路及进出站信号机显示情况，提示车站列车超限。如发现接车进路与命令要求不符时(如调度命令规定禁止接入或进入有高站台的线路而列车进入有高站台的线路时)，必须立即报告，核对命令要求。侧线进、出车站时要提前确认是否允许侧向运行、经由道岔的限速值，遵守调度命令要求的侧向道岔限速。如发现经由的道岔限速(道岔号数)小于命令中允许通过的道岔号数时，必须及时停车，并报告车站值班员，说明停车原因，核对道岔限速和命令要求。

(3)牵引挂有限速机车车辆时的结合部互控：

确认命令，在 LKJ 中准确输入车速等级，严格按限速要求运行。

(4)牵引超重货物列车时的结合部互控：

超重列车也叫超轴列车，是指实际牵引重量超过运行图规定的牵引区段货物列车质量标准(考虑规定的波动尾数 81 t)的货物列车。

列车重量应根据机车牵引力、区段内线路状况及其设备条件确定。编组超重列车时，编组站、区段站应商得机务段调度员同意，在中间站应得到司机的同意，并均须经列车调度员准许。

(5)开行前开好小组会，做足充分预想：如不良天气、线路施工、分相绝缘位置、机车性能，司机操作心理素质，牵引超轴列车的操纵。

牵引下坡方向的超轴列车时，要充分考虑循环制动时充风时间(严格落实《铁路机车操作规则》及各区段特定操纵办法，如因运行条件特殊及时联系车站(列车调度员)，说明情况避免不良反馈)。

## 第二节　机车回送途中行车结合部作业

### 一、回送机车编挂要求

(1)回送机车挂于本务机车次位，每列不得超过 2 台；专列回送每列不超过 5 台(不包括本务机车，双节机车按一台计)；在受桥梁限制的区段按规定进行隔离。在线路坡度超过 20‰及以上区段，禁止办理机车专列回送。

(2)旅客列车不应附挂回送机车，但担当旅客列车任务的客运机车走行部和制动装置良好时，在保证安全的前提下可随旅客列车附挂回送，并按国铁集团命令办理。

(3)走行部及制动机等严重破损的机车禁止随列车跨铁路局回送，在铁路局管内回送时，按照铁路局制定的回送办法执行。

(4)专列回送按货运机车长交路接运。货运机车应附挂直通、直达货物列车回送，不准附挂旅客列车。

回送司机应熟悉回送机车编挂等有关规定，发现不符合上述规定时，应报告所属铁路局或国铁集团机车调度员。

### 二、有动力回送机车出、入外段注意事项

(1)所在机务段应派人带道，行车安全装备故障时不得自走行。

(2)办理出、退勤手续，报告机车状态，自行打温，无特殊原因停留时间不得超过 24 h。补充燃料、油脂、冷却水等，凭回送司机签认的回送清单，机务段间进行清算。

### 三、回送机车故障处理注意事项

(1)及时报告,联系维修。

(2)如有动力回送转为无动力回送,报告所在地机务段转报所属铁路局机车调度员同意后,办理无动力回送手续,重新发电报。同时,报告本段机车调度室。

(3)无动力回送处置:切实做好防溜,报告本段专职人员,在其指导下,逐项操作、逐项确认(根据不同机型执行好作业指导书相关规定)。连挂有动力机车后,须进行制动机试验,确认回送机车制动、缓解作用良好方可出段运行。

## 第三节　运行中车辆故障应急处理结合部作业

### 一、列车运行中遇有折角塞门关闭时的判断

(1)减压制动时排风时间过短或者感觉制动力明显减弱,难以控制速度时。

(2)列尾装置压力不正常的报警。这种情况下的列尾风压异常报警与列车分离引起的报警不同,列车分离时列尾风压会突然为“0”,而因折角塞门关闭引起的列尾风压下降是因管系漏泄引起的,有一个渐变过程。

(3)空气压缩机长时间不泵风,假如折角塞门关闭,机车对车辆供风量就会减少,压缩机泵风的间隔时间就会延长。

### 二、双管供风旅客列车供风系统故障处理时的结合部互控

双管供风的旅客列车运行途中,司机发现制动主管压力显示正常,但列车总风管压力出现波动、机车总风压力低于 750 kPa 时,应迅速检查机车空气压缩机工作状态,按下列程序处理。

(1)确认机车空气压缩机作用不良时,应及时停车处理,并报告列车调度员或车站值班员,无法处理时,立即请求救援,并做好列车防溜和防护工作。

(2)确认空气压缩机作用良好,但长时间泵风不止,检查确认机车总风管路无异常时,司机应立即通知车辆乘务员检查车辆。

(3)接到车辆乘务员已排除故障的通知后,司机确认机车总风缸压力能保持在 750～900 kPa,且空气压缩机工作正常后,根据车辆乘务员准许开车的通知,继续运行。

(4)接到车辆乘务员“锁闭全列 1/3 厕所”的通知后,司机确认机车总风缸压力能保持在 750～900 kPa,且空气压缩机工作正常时,通知车辆乘务员逐一打开锁闭的厕所,打开过程中,如出现机车总风缸压力下降且不能保持 750～900 kPa 时,通知车辆乘务员重新关闭厕所维持运行。

(5)锁闭全列 1/3 厕所后,如机车总风缸压力仍不能保持 750～900 kPa 时,司机通知车辆乘务员继续检查处理,并报告列车调度员或车站值班员请求前方站停车处理。司机接到列车调度员或车站值班员允许在前方站停车处理的通知后,及时通知车辆乘务员做好停车处理准备。

(6)列车在前方站停车后,车辆乘务员继续进行检查处理,司机配合检查确认,正常后继续运行。

## 三、车辆热轴现象及判定标准

确认车辆轴承发热等级。检查确认热轴车辆轴承温度时，应注意与周围车辆、同一车辆同侧轴承及同一轴承前、中、后各点温度进行比较，确定高温点。车辆热轴发热等级判定标准如下：

(1)微热：轴颈较正常运转热稍高，但手可以较长时间接触轴箱，顶针孔油脂干燥，有的轴颈变成淡黄色。

(2)强热：轴颈发黄或发蓝，严禁手触。

(3)激热：轴箱已冒烟烧损，轴颈变成深褐色，油卷烧焦，轴瓦白合金熔化，轴承外圈有新圆周磨痕、有磨出的铁沫，外圈破损、变形、变色(变蓝或发红)，密封罩脱出、甩油、透油等异状。

## 四、货物列车车辆热轴应急处理

(1)"强热"前方站停车处理；如为"激热"及时常用制动停车。

(2)车辆热轴停于站内，有检车员时，由检车员检查处理；如无检车员时，司机应与车站值班员联系，甩掉热轴车辆。

(3)无车辆乘务员的货物列车因车辆热轴停于区间时，由司机检查判断，确认能否继续运行或限速运行到就近站甩车处理。配备红外线拦停轴承故障智能判断及远程传输系统TRDS-1时，应使用该系统判断。

(4)其他检查项点：轴箱各部件有无裂纹、脱落、摩擦、歪斜、松动、丢失；轴箱周围是否有部件异常摩擦引起温度升高；车轮踏面有无擦伤、剥离、碾堆等异状。

(5)汇报处理：

①当轴承出现外圈有新圆周磨痕、有磨出的铁沫，外圈破损、变形、变色(变蓝或发红)、冒烟、密封罩脱出、甩油、透油等激热或烧损症状时，司机应立即报告车站值班员或列车调度员安排列检人员现场处理。

②如无激热症状，及时报告车站值班员(列车调度员)，根据调度命令限速运行至前方站，或以不超过 15 km/h 的速度退回后方站检查处理。

③平热或微热，报告，按其指示继续运行至前方站检查确认。

(6)处理热轴车辆的注意事项：

①禁止采用撒砂土、浇水降温，以免部件突然变脆断裂。

②发现邻线列车异常拦停。

## 五、货物列车车辆抱闸应急处理

(1)选择坡度较为平缓、具备简略试验条件的地段。停车后，司机应立即将停车位置及有关情况报车站值班员或列车调度员。

(2)列车停于站内时，有列检人员的，由列检人员检查处理；无列检人员的，由车辆乘务员负责确认处置；无车辆乘务员时，由车站指派胜任人员会同司机检查确认，需关闭车辆截断塞门时，须排尽副风缸余风，确认车辆缓解正常。如车辆关门违反《铁路技术管理规程(普速铁路部分)》规定时，司机应与车站值班员联系甩车或倒换车辆位置。

(3)"一看、二蹬、三试"。区间停车后，经检查确属车辆抱闸时，根据实际情况进行相应的处置。

## 第四节　线路异常时的行车结合部作业

环境因素对线路的影响很大。线路故障一般都有一个渐变过程，有一定的规律可循。运行中注意倾听列车下部是否有异音、运行中列车姿态异常等。

### 一、常见线路故障

1. 路基、道床常见病害

路基、道床常见病害包括：路基松软、沉陷、变形、翻浆冒泥、板结、空吊。

前后左右不均匀沉降，造成线路前后高低不平或左右不平顺。如出现明显的坑洼，称为“静态不平顺”；如表面正常，列车通过时在机车车辆动载荷的作用下，则会出现“动态不平顺”。

列车通过上述线路病害地段时，轻则会有上下颠簸或左右摇晃的感觉，重则会造成列车脱轨甚至颠覆事故。

2. 钢轨常见病害

钢轨常见病害包括：轨面擦伤、剥离、断轨、轨缝过宽（大于构造轨缝—18 mm），因机车严重空转将轨面打出深坑等。列车通过钢轨病害地段时，往往会听到异音，有晃车的感觉。

3. 轨道连接零部件松脱、破损或丢失

轨道连接零件按其连接部位可分为钢轨接头连接零件和钢轨与轨枕连接零件。钢轨接头连接零件包括钢轨接头的接头夹板（俗称：鱼尾板）、螺栓和弹簧垫圈等；钢轨与轨枕连接零件包括连接螺栓、道钉、垫板、弹性扣件等。这些连接零部件如发生松脱、破损或丢失，钢轨便会失去稳定性。在列车通过时冲击力的作用下会加剧其破坏，导致线路几何尺寸超限，列车通过时会有晃车的感觉。

### 二、列车通过限速地段时的行车注意事项

（1）提前核对揭示命令信息，核对不一致时，在进入限速地点前的车站停车报告核实发令。

（2）确认 LKJ 限速曲线、地面减速信号牌显示、减速地点标与限速命令是否一致，呼唤限速地点、限速值，按照限速要求准确控制运行速度，通过限速区段。不一致时，以最低限速值和最长限速距离控制列车运行，并报告车站值班员（列车调度员）。

（3）遇有由车站值班员或列车调度员口头交付的临时限速命令及遇有关行车标志或减速信号时，应立即减速。如无相关标牌，运行中须注意核对线路“断链”数据。

所谓“断链”是指在线路测量过程中，出现线路桩号与实际里程不符的现象。断链有“长链”和“短链”之分，当线路桩号长于地面实际里程时叫短链，反之则叫长链。断链原因较多，但主要有两种：一种是由于计算和丈量发生错误造成的；另一种则是由于局部改线、分段测量等原因造成双线地段同一个区间的上下行线路长度不等，而两端站的位置及标注里程相同，则区间线路必然会长短不齐，也就会出现线路断链。

（4）反方向运行或者经由枢纽地区联络线运行，车次、上下行线别发生变化时，注意 LKJ 揭示命令的有效时限，避免因 LKJ 临时数据失效造成揭示信息不起控，从而造成行车事故。

（5）遇施工取消、提前结束或改变行车办法等必须取消 LKJ 临时数据控制时，须根据命令解除相应的 LKJ 临时数据控制。

# 第十一篇
# 教学技能

陶行知先生曾说“生活即教育”，当教师善于将学者的“生活世界”与“知识世界”打通时，学习会自然发生。这种教学方式对教师的要求更高（需敏锐观察、灵活设计），但回报是学习者更活跃的课堂参与和更扎实的能力成长。教学技能是教师在教学过程中，运用一定的专业知识和经验，为达到教学目标、完成教学任务所采取的一系列行为，它是一种综合能力。企业员工学习教学技能不仅能提升个人能力（沟通能力、知识共享、职业竞争、协同合作等），还能为企业的整体发展带来积极影响。

# 第一章　教学基础

## 第一节　教学概述

### 一、教学的概念

教学是一种有组织、系统的教育活动，旨在引导学习者获取知识、培养能力、发展潜能。教师是教学的主导者，应根据学习者的特点和需求，灵活运用各种教学方法和手段，创设良好的教育环境，培养学习者的综合素质，实现教育教学目标。教学是一项充满挑战的工作，需要教师具备扎实的学科知识和教育理论知识，同时具备良好的教学技巧和沟通能力，不断提高教学质量和效果。

### 二、教学的基本要素

教育家弗·鲍良克在其著作《教学论》中提出“三要素说”，这一观点在教育学中被称为广泛认可，他提出教学的三个基本要素(图 11-1-1)是教师、学习者和教学内容。其中教学内容是指：教学内容是教学活动的载体，包括教材、课程目标、知识体系和技能体系。它是教师与学习者互动的媒介，也是学习者学习的核心资源。教学内容的设计和组织需要符合学习者的认知水平和学习需求。

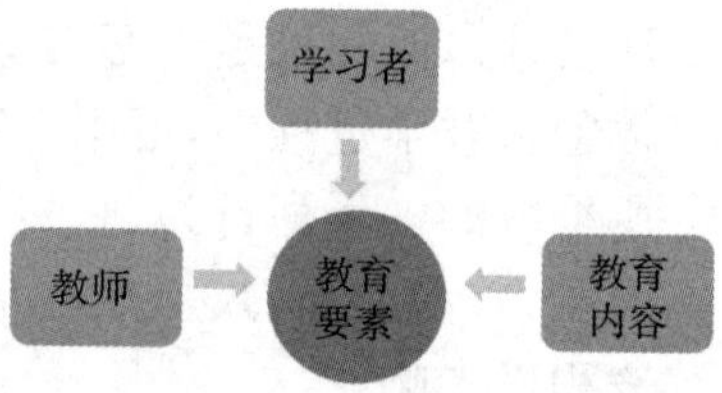

图 11-1-1　教育三要素

## 第二节　学情分析

### 一、学情的含义

学情，即学习情况，是指学习者在开展某项学习活动前的学习状态，包括他们的知识基础、能力水平、认知倾向、学习习惯、兴趣点等。

美国教学家杜威曾提出“教学确实是从学习者的经验开始的。”教学应从学习者的已有经验出发，通过探究和合作的方式，促进道德和智力的发展。也就是说，教学绝不能只是从教师的角度出发来进行教学，每一堂课必须充分分析学者的认知情况，在此基础之上再进行教学活动，才能够达到良好的效果。

### 二、在职人员培训的特点

企业在职人员培训是企业为了提高劳动生产效率，通过对员工的培训，使培训内容转化为工作行为，从而更加有效地为企业的生产经营活动服务的过程。

1. 对象不同

学校教育的对象是零起点的、几乎没有任何实践经验可言的学生，而企业在职人员培训的对象是企业员工，他们是带着丰富的实践经验，带着工作中的问题与困惑，带着对实践的思考参加培训，他们往往比在校学生、比刚进企业的新人更有目的性，也更用心，更愿意投入时间、情感等。

2. 内容不同

学校对学生的教育，强调知识的系统性，普遍以理论教学为主，辅以一定的实践教学。而企业在职人员的培训却强调培训内容的实用性，主要有三个方面的内容：(1)职业心态，就是人们通常所说的职业理念、职业意识；(2)职业技能，就是员工胜任岗位的技术能力，即达到任职资格要求的基本专业水平；(3)职业行为规范，就是告诉员工做什么，如何做，即员工在工作中哪些该做，哪些不该做，哪些先做，哪些后做等等。

3. 考核不同

学校对学生的考核一般是通过试卷来了解学生对知识的掌握情况，因此就有了所谓的及格与否的标准。对企业在职人员培训情况往往是通过实践来检验的，如产量、合格率、销售额、客户满意度等业务指标。正是由于企业在职人员培训的特殊性，在组织培训时，需要采取有针对性的教学策略，提高在职人员培训的水平与质量。

# 第二章　教学策略与方法

## 第一节　教学策略概述

### 一、课前准备

1. 明确培训目的

企业为什么要对在职人员进行培训？培训需要达到什么目的？这是培训师在组织培训工作前首先要了解的。是调整员工的职业心态？是提高员工的职业技能？还是规范员工的职业行为？是为了解决当前某个问题？还是为了可持续发展？目的的不同，会决定后续工作的不同开展。

2. 了解培训对象

根据受训者岗位、年龄、性别、工作经历、文化程度、技能水平、业绩现状、培养目标等的不同，培训师在设计培训内容、方式和进程时都会有所不同。

3. 分析培训需求

做好培训需求分析是培训成功的基础。要分析企业的培训需求和员工个人培训需求分别是什么，分析各自需求背后的动机或者出发点是什么，分析各个职位的工作任务，各项工作任务要达到的标准，以及完成这些任务所必需的知识、技能和态度。分析培训项目的员工现状是什么，差距在哪里，如何通过培训让员工提高等。要做好这样的分析，调研是必不可少的。

4. 设计培训内容

在做好上述三项主要工作后，就要进行培训内容的设计。这里需要注意的是，内容的设计一定要有针对性和实用性，针对培训的目的，针对培训对象的实际情况，才能够对培训对象产生实实在在的作用。

### 二、课堂组织

课堂组织是培训工作的核心环节。首先，为了规范教学秩序，一般开讲前要统一学习要求，如手机调静音等；其次，要注重打造一个互动的学习气氛，要注重课程一开始的破冰，调动学员的学习积极性；第三，培训中要注意观察学员的微表情，从而了解学员的学习掌握情况；第四，灵活地调整培训内容，以适应学员的学习进度。

1. 鼓励学员参与互动，共同体验

例如，在《安全用电》课程教学中，教师组织学员模拟触电急救，虽然大家对触电急救措施内容比较熟悉，但实际操作比较欠缺，教师可以假设一名触电者，指导学员如何切断触电者身上的电源，怎样采用“胸外按压法”急救(图 11-2-1)。通过共同体验，将理论应用于实践，学员的学习效果会大大提高。

2. 以实践驱动理论认知，边做边学

当讲到异步电动机的正反转互锁电路时，教师在学员理解其原理的基础之上，将学员分组，利用培训单位的实验室，让每组学员进行现场接线，结合控制线路中常用的低压电器，掌握这些电器在控制线路中所起的作用，帮助学员对所学理论知识的理解。

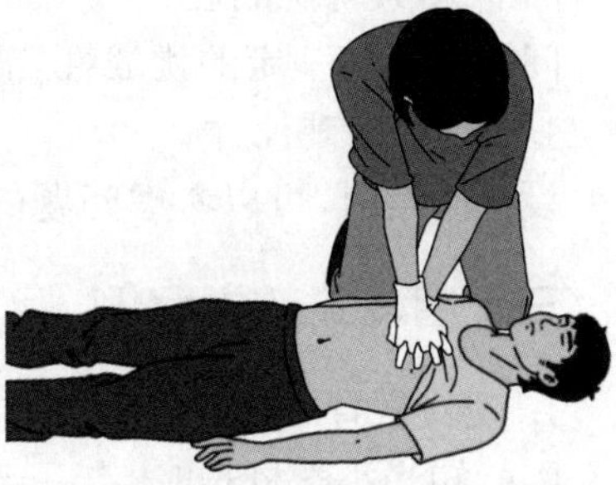

图 11-2-1　“胸外按压法”急救

3. 激发学员学习兴趣，多元评价

在“电力拖动控制线路”课程教学中，学员个体显现出多元性，兴趣、爱好、能力有很大差别。有些学员对电气知识的基本理论掌握扎实，但是实操技术较差；有些学员实操技术较好，但理论知识较差。因此，教师教学中需激发学员的学习兴趣，考查学员掌握理论知识状况、基本技能水平的同时，还要考查学员认知能力、动手能力、知识转化能力和创造能力等。

## 第二节　启发式教学法

教学方法多种多样，根据不同的教学目标、内容和学习者的特点，教师可以选择合适的教学方法。如：讲授法、讨论法、案例教学法、启发式教学法、探究式教学法、角色扮演法、混合式教学法和参与式教学方法等。

提到“启发式教学”，最早是我国儒家学派创始人孔子提出的。《论语・述而》中写到“子曰：‘不愤不启，不悱不发，举一隅不以三隅反，则不复也。”朱熹对孔子上述言语做了逐字逐句解释：教学者，不到他苦思冥想怎么也弄不明白，从而着急、郁闷乃至悲苦的时候，不去启示他，开导他；经过思考，不到他明白可表达不出来、着急的困境，不发表言论。告诉他四方形物体的一个角，他不能触类旁通地理解另外三个角，就不再教他更多、更深的知识。

### 一、启发式教学法概念

启发式教学法，顾名思义，是指通过提出问题来启发和引导学习者进行学习的一种方法。它强调在教学过程中，教师根据教学目的、内容及学习者的知识水平和认知规律，巧妙地设置问题，以此激发学习者的好奇心和求知欲，促使他们积极主动地思考、探索和解决问题。这种方法不仅传授知识，更注重培养学习者的能力，特别是思维能力和解决问题的能力。

### 二、启发式问题的设计

1. 明确教学目标

在设计启发式问题之前，首先要明确教学目标和学习内容，确保问题与教学主题紧密相关。

2. 问题具有开放性

设计的问题应是开放性的，允许学习者从不同的角度进行思考，而不是只有唯一的正确答案。

3. 问题具有挑战性

问题应具有一定的挑战性，能引发学习者的好奇心和探索欲，促使他们进行深入思考。

4. 问题具有层次性

设计问题时，可以考虑问题的层次性，从简单到复杂，逐步引导学习者深入思考。

## 三、启发式教学案例

1. 现代教育经典——“四块糖”的故事

陶行知当小学校长时，有一天看到一个学生用泥块砸自己班上的同学，当即上前叫停，并让他放学时到校长室里去。放学后，陶行知来到校长室，这个学生已经等在门口了。

可一见面，陶行知却掏出一块糖送给他，并说：“这是奖给你的，因为你按时来到了这里而我却迟到了。”学生有些诧异地接过糖。

随之，陶行知又掏出一块糖放到他手里，说：“这块糖也是奖给你的，因为我喊停时你立即住手了，这说明你很尊重我，我应该奖给你。”

那个学生更诧异了。陶行知又掏出第三块糖塞到他手里，说：“我调查过了，你用泥块砸那些男生，是因为他们不守游戏规则，欺负女生。你砸他们，说明你很正直善良，有作斗争的勇气，应该奖励你啊！”

那个学生感动极了，他流着泪后悔地说：“陶校长，你打我两下吧！我错了，他们毕竟是我的同学啊！”

陶行知满意地笑了，他立马掏出第四颗糖果递过来，说：“为你正确地认识自己的错误，我再奖给你一块糖果，我没有多的糖果了，我们的谈话也可以结束了。”

2. 思政教育启发——《那一堂课》

小李在南京念中学，班上几乎都是南京本地学生。那一年拉防空警报，纪念南京大屠杀遇难同胞时，我们正在上地理课。地理老师突然说：“同学们，认为自己是南京人的请起立。”没站起来的人寥寥无几。

老师又说：“父母也是南京人的，可以继续站着。”至少一半的同学坐下了。老师再次开口：“爷爷奶奶或者外公外婆也是南京人的同学请站着。”这次没有学生站着了。老师说，你们知道这是为什么吗？

地理老师启发地诠释了南京大屠杀之痛永不敢忘的真相。这堂课比小李之前参加的任何一场爱国主义教育都要刻骨铭心。血泪未干，家国之殇，永不能忘！

# 第三节　教学媒体与资源

## 一、媒体的概念

媒体指承载、加工和传递信息或者人类信息交流的手段。在文字发明以前，人们主要依靠结绳记事，即绳子每打一个结都有相同的一件事情发生，所以，绳子就成了媒体。

## 二、教学媒体

由媒体的概念可知当某一媒体被用于教学目的时，就被称为教学媒体。由此，我们可以得出教学媒体的概念，即指承载、加工和传递教学信息的介质或工具。

例如，我们常用的粉笔和黑板，可以用来加工和传递文字形式的教学信息，因此粉笔和黑板就是教学媒体；教学一体机不但可以传递声音、图像及文本，还具有交互功能，这都是教学媒体。

## 三、教学资源

教学资源(图 11-2-2)是指能够支持教育教学活动的各种人力和物质条件，主要包括：信息、资料、设备、人员、场所等。专业课程要求合理利用和积极开发课程资源，给学习者提供贴近学习者实际、贴近生活、贴近时代的内容；要积极利用音像、书刊杂志、网络信息等丰富的教学资源，拓展学习的渠道。

图 11-2-2　教学资源

教师应该利用学习者身边发生的事，作为教学的实际资源，这样可以使学习者学以致用，有利于学习者的全面发展。

# 第十二篇
# 微课设计与开发

微课是一种以现代教育技术为支撑，针对单一知识点或技能点进行针对性教学的短时、高效的学习形式。微课通过高度浓缩知识点或技能点，以视频为载体，结合动画、图表、实景演示等多媒体形式，在 5～15 min 内向学习者高效传递知识，达成学习效果。微课利用互联网高效传递学习内容，学习不再受时间、地点等因素的制约，适应了当前学习者利用碎片化时间学习的需求。因此，微课是技术赋能下的精准教学工具，通过“小而精”的设计，重塑知识传递方式。

# 第一章　操作演示型微课

## 第一节　操作演示型微课的设计

操作演示型微课是一种以分步骤、可视化展示实际操作过程为核心的微课类型，其将抽象技能转化为可模仿的行为链，通过动态演示帮助学习者快速掌握某项技能或工具的使用方法，尤其适合技能型、程序性知识的学习。诸如机车换端操作、无动力设置操作等培训内容皆可归入操作演示型微课。

### 一、操作演示型微课的特点

1. 步骤清晰

操作演示型微课需要将复杂操作分解为简单、有序的步骤，按实际操作顺序逐步演示，避免信息过载。也可按实际操作步骤，对操作的设备进行拍照，制作微课时将拍摄的照片按操作步骤排序。

2. 实景还原

操作演示型微课可以通过真人实拍或动画模拟，真实还原操作场景，增强代入感。

3. 强调细节

操作演示型微课制作时放大关键动作、操作点或界面，必要时添加文字，标注注意事项，避免学习者遗漏细节。

4. 结果导向

操作演示型微课需要明确展示操作后的预期结果，验证步骤的正确性。

### 二、操作演示型微课的设计要点

1. 脚本精准

简化语言，避免冗长解释，用动作指令替代理论描述。

2. 强化视觉

使用箭头、圆圈、高亮等标注工具突出操作重点。

3. 控制节奏

关键步骤适当放慢速度，复杂步骤可延长播放时间或重复播放。

## 第二节　操作演示型微课的制作

根据上述操作演示型微课的特点和设计要点，使用视频编辑软件 Camtasia Studio 制作操作演示型微课的一般方法如下。

## 一、准备工作

假设某实际工作任务由以下 5 步完成，现将该工作内容制作成微课，作为后续职工培训的学习素材。按照工作的完成步骤，对每一步的工作项点进行拍照或录视频。

第 1 步：将 CCBⅡ型制动系统电子制动阀的单独制动手柄置运转位，自动制动手柄置重联位拍照。照片编号为 1 号。

第 2 步：将司机电钥匙置断电位拍照，照片编号为 2 号。蓄电池闸刀置断开位。照片编号为 3 号。

第 3 步：将 ERCP 模块的无动力回送塞门置投入位拍照。照片编号为 4 号。

第 4 步：将塞门 A10 置关闭位拍照。照片编号为 5 号。

第 5 步：排放总风缸空气，对总风压力表进行拍照。拍照时总风压力表显示 250 kPa 以下。照片编号为 6 号。

5 步共计 6 张照片或视频拍摄完成后，按操作顺序编号备用。

## 二、使用 Camtasia Studio 制作操作演示型微课

1. 新建项目及保存项目

双击 Camtasia Studio 软件桌面快捷方式，打开视频编辑软件 Camtasia Studio。单击“文件”菜单，选择“新建项目”建立新的视频编辑任务，如图 12-1-1 所示。单击“文件”菜单，选择“项目另存为”，选择保存的路径并未文件命名，如图 12-1-2 所示。

图 12-1-1　新建项目

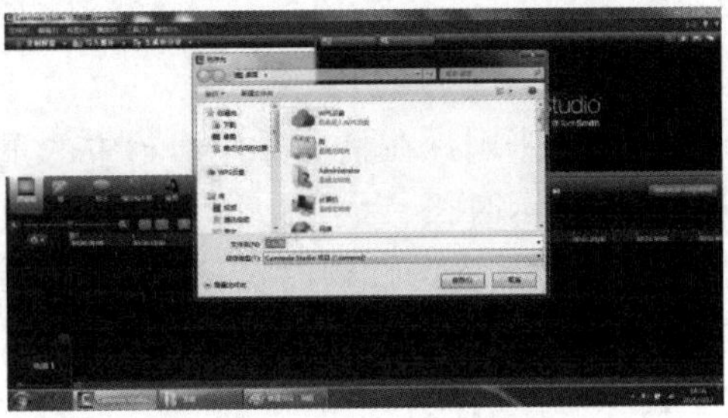

图 12-1-2　项目另存为

2. 导入媒体

单击“导入媒体”，弹出“打开”对话框，如图 12-1-3 所示，找到前期准备的照片和视频，并将照片和视频全部选中，单击打开。所有选中的照片或视频自动导入到左上角的资源区，如图 12-1-4 所示。注意，这里导入的媒体只能是图片、音频和视频文件，word 文档或 PPT 不能导入。

3. 媒体资源添加到轨道区

按照完成工作任务的顺序将准备的照片、视频，依次排放在轨道上。排放的时候可以按媒体分类排列，比如轨道 1 排列照片，轨道 2 排列视频等，如图 12-1-5 所示。各种媒体资源在排列时，不论是同一轨道还是不同轨道之间，必须按照工作任务的步骤排布。

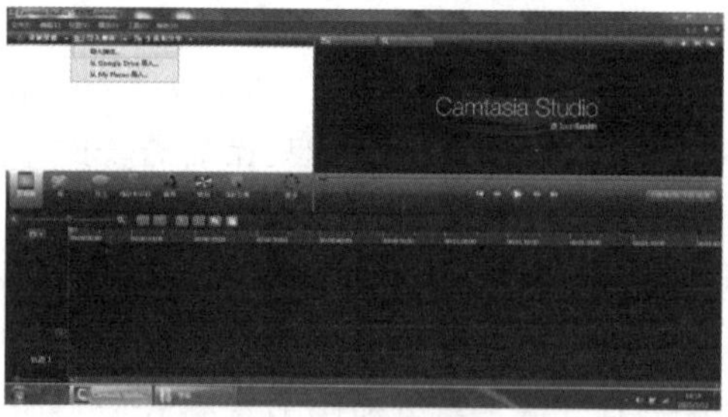


图 12-1-3　导入媒体

图 12-1-4　媒体导入到资源区

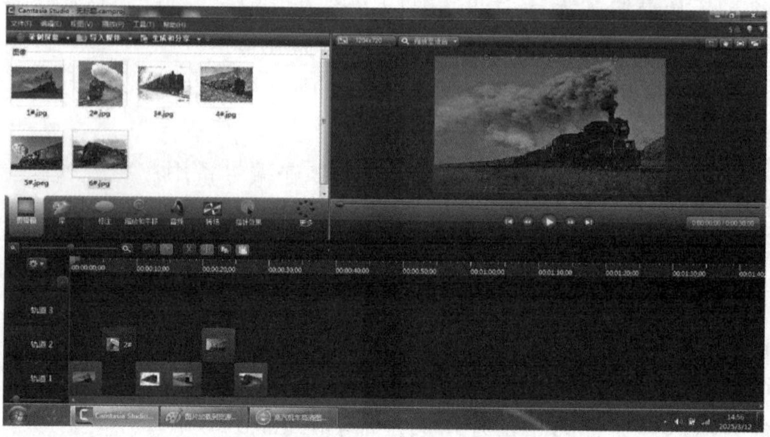

图 12-1-5　媒体添加到轨道区

4. 调整图片显示时长

根据每一张照片在整个操作演示中的重要性和难易程度，可以有选择的调整相应图片在视频中的显示时长，为学习者留足观看时间。在 Camtasia Studio 中，每张图片的默认显示时长为 5 s。插入的视频内容只能进行裁剪，不能调节时长。右击需要调整显示时长的照片，如图 12-1-6 所示，选择“持续时间”即可。单击“持续时间”，单击向上箭头延长时间，单击向下箭头缩短时间，如图 12-1-7 所示。

图 12-1-6　右击显示持续时间

图 12-1-7　调整持续时间

5. 图片上添加文字

当图片显示内容不能完全呈现课程内容，需要补充文字说明时，可以在相应的图片上添加文字。首先，将时间标尺移动到需要添加文字的图片上，单击“标注”，选择“添加标注”，选择标注的形状，如图 12-1-8 所示。然后对标注进行调整，一般在“边框”中选择“无边框”，如图 12-1-9 所示。在“填充”中选择“无填充”，以免标注遮挡图片信息，如图 12-1-10 所示。接下来，输入文字并调整文字的字体、字号、颜色等信息，如图 12-1-11 所示。添加文字信息较多时，务必注意文字信息与图片的对应关系。

图 12-1-8　时间标尺、标注、添加标注

图 12-1-9　边框选择

图 12-1-10　填充选择

图 12-1-11　输入文字并调整字体字号颜色

6. 添加背景音乐

上述内容完成后，可以给微课添加轻盈舒缓的背景音乐。背景音乐可以从 Camtasia Studio 自带的库内选择，也可以由微课作者按照导入图片的方式导入。这里以选用库内音乐为例介绍相关操作。单击“库”，单击音乐前的“＋”展开目录，单击并拖住“完整音乐”前的小喇叭至轨道区，即可完成添加音乐。如图 12-1-12 所示，轨道 3 即为添加上去的音乐。

图 12-1-12　添加背景音乐

7. 剪辑背景音乐

如果添加的音乐时长超过了图片显示时长，需要对音乐进行剪辑，保证音乐时长等同于图片显示时长。将音乐轨道与图片轨道的左端对齐，将时间标尺拉至图片显示的最右

端，单击音频轨道，单击轨道操作工具条上的“分割”即可，如图 12-1-13 所示。

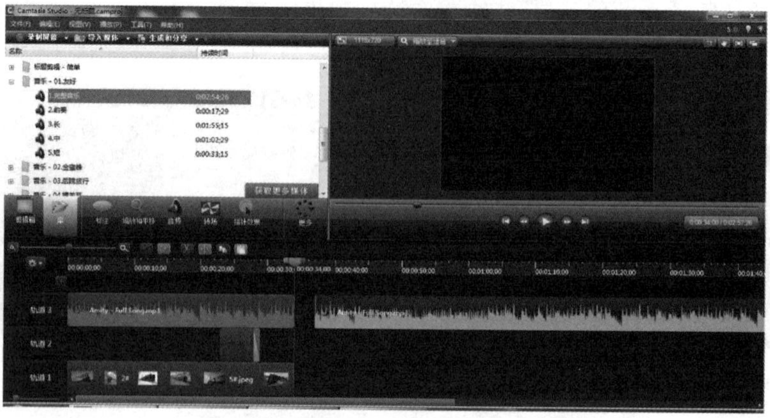

图 12-1-13　剪辑背景音乐

8. 添加片头和片尾

完成以上各步，并对图片、文字、视频、音乐做精细剪辑、调整后，一个简单的操作演示型微课的雏形便完成了。再在微课的前端和尾端分别加上精美的片头和片尾。

9. 生成视频

“生成”是制作微课的最后一步。单击“生成和分享”选择下拉菜单中的“生成和分享”，如图 12-1-14 所示，进入生成向导。在“生成向导”中单击下拉选项，选择“仅 MP4（最大 720P）”，如图 12-1-15 所示，单击“下一步”。给视频命名，并选择视频的保存位置，如图 12-1-16 所示。单击“生成向导”下方的“完成”键，进入“渲染”环节，如图 12-1-17 所示。渲染完成后，可以在图 12-1-16 中设置的文件保存位置找到 MP4 型的微课。到此，操作演示型微课制作完成。

图 12-1-14　生成和分享

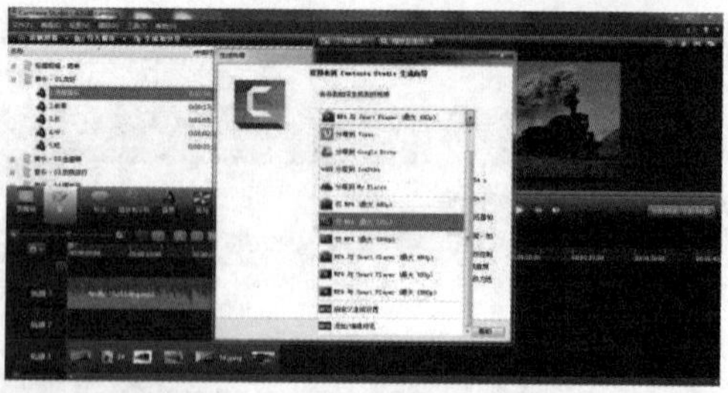

图 12-1-15　设置视频格式

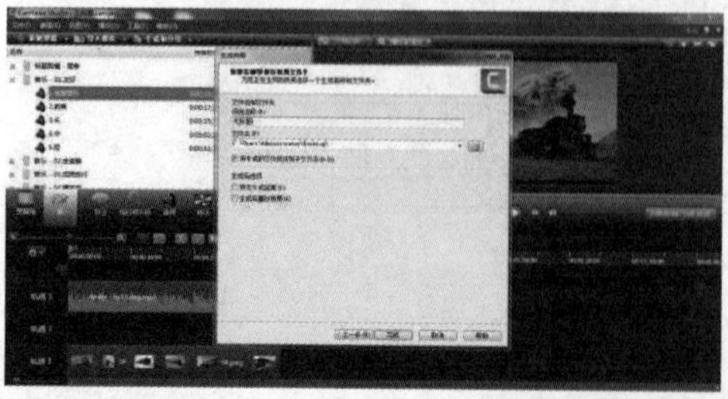

图 12-1-16　命名、设置存储位置

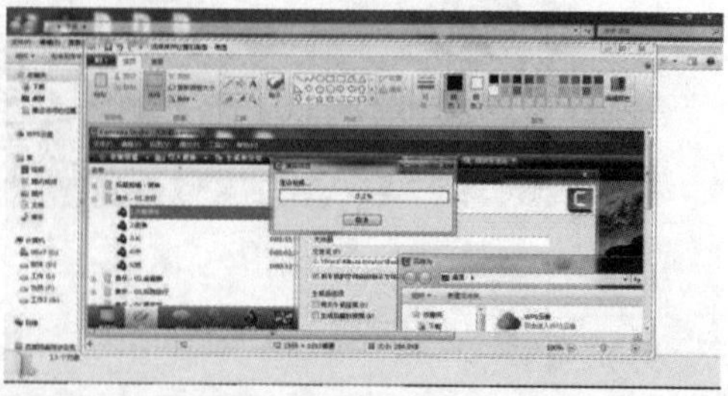

图 12-1-17　渲染

# 第二章　知识讲解型微课

知识讲解型微课是一种以系统阐述概念、原理或理论为核心的微课类型，旨在通过逻辑化的内容设计和直观的呈现方式，帮助学习者理解抽象知识、建立认知框架，其核心在于“知其然且知其所以然”。诸如机车控制原理、制动系统原理、规章条目解析等培训内容皆可归入知识讲解型微课。

## 第一节　知识讲解型微课的设计

### 一、知识讲解型微课的特点

1. 主题聚焦

围绕一个核心知识点（如 ERCP 工作原理、受电弓升降原理、规章条文）展开，避免内容泛化，确保学习目标明确。

2. 逻辑严密

通过“问题导入→原理推导→结论归纳”的结构化路径，展现知识的内在逻辑。

3. 抽象具象化

将复杂理论转化为可视化模型、类比或生活案例，降低理解门槛。

4. 启发思考

通过提问、假设等设计，引导学习者主动探索而非被动接受。

5. 跨学科链接

在讲解中关联其他领域知识，增强知识迁移能力。

### 二、知识讲解型微课的设计要点

知识讲解型微课的制作方法有多种，本章以录制 PPT 型微课为例，讲解知识讲解型微课的设计要点。

1. 制作精美 PPT

制作精美的 PPT 是录制 PPT 型微课的关键和前提。制作者可对已有的 PPT 按照知识讲解型微课的特点，对 PPT 继续进行完善和改进，提高微课的可学习性和受欢迎程度。

2. 配套讲稿

知识讲解型微课录制时，需要微课作者对 PPT 的内容进行简明扼要的讲解，同时也为了避免录制过程中微课作者的口语化表述或口误等现象的出现，在 PPT 制作完成后，需要为每一页 PPT 撰写讲解稿，包括对插入的其他类型资源，诸如图片、视频等内容，也要有配套的讲解稿。

# 第二节 知识讲解型微课的制作

准备了精美的PPT，并为PPT配套了讲解稿，就可以开始使用Camtasia Studio录制知识讲解型微课了。

## 一、新建项目及保存项目

此项操作内容参见操作演示型微课制作部分对应内容。

## 二、录制设置

提前准备好PPT和Camtasia Studio，单击“录制屏幕”，如图12-2-1所示。弹出录制屏幕设置对话框，如图12-2-2所示。选择区域栏的“全屏”表示对计算机显示器整个显示区域进行录制；“自定义”表示可根据需要对计算机显示器某个部分区域进行录制。摄像头选择开关，可对计算机配置的摄像头进行开关控制。使用麦克风录音时，需要打开音频开关，并选择录制麦克风。单击录制屏幕设置对话框最右侧的红色按钮“rec”开始录制。

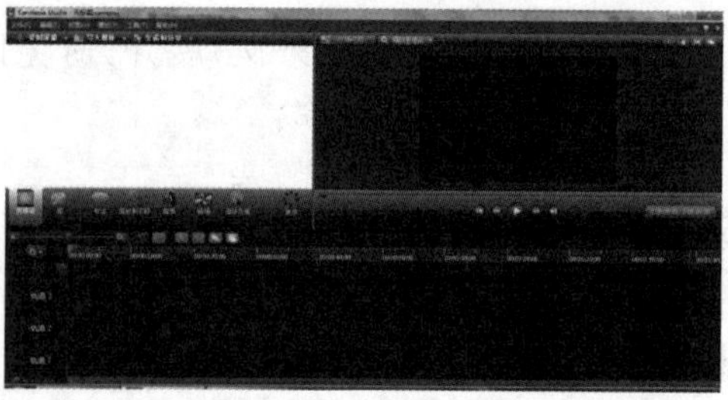

图12-2-1 录制屏幕

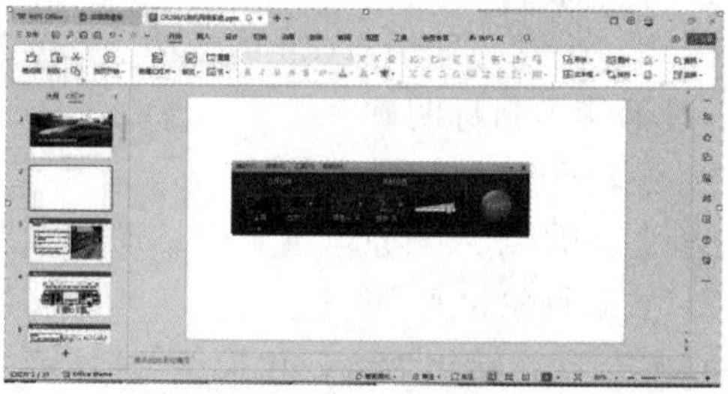

图12-2-2 录制屏幕设置对话框

## 三、录 制

单击红色“rec”，自动弹出“按F10停止录制”提醒框，如图12-2-3所示，即在录制过程中任意时刻按压【F10】即刻停止录制。该对话框显示3 s后，录制屏幕正式开始。录屏开始后，将PPT全屏，拿着提前准备好的讲稿，一边读讲稿，一边翻PPT，保证讲解内容与计算机显示内容一致，直至录完所有的PPT页面。

图12-2-3 F10停止录制对话框

## 四、预　　览

按压【F10】停止录制，Camtasia Studio 自动弹出“预览”窗口，如图 12-2-4 所示。对第三步录制的视频从头到尾细致认真地看一遍，确认视频是否满意。如果不满意，单击右下角的“删除”，重新录制。如果确认无误，单击右下角的“保存并编辑”。单击“保存并编辑”后，首先将录制的视频保存到相应的位置，然后 Camtasia Studio 会自动将录制的视频加载到剪辑箱和轨道区，如图 12-2-5 所示。

图 12-2-4　预览窗口

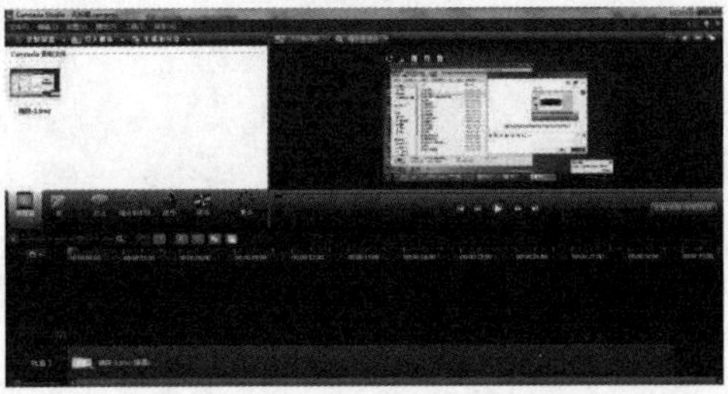
图 12-2-5　剪辑箱和轨道区

## 五、视频剪辑

这一步，可参照操作演示型微课制作第七步剪辑背景音乐的方法对轨道上的视频进行剪辑。视频剪辑完成后，添加背景音乐并调整背景音乐的时长与视频时长一致。

## 六、添加片头、片尾、生成视频

这一步的操作方法与操作演示型微课制作的第八步和第九步完全一致，可按照前述方法完成。

受篇幅限制，制作微课过程中，诸如图片显示范围与预览显示范围之间的关系，包括转场的添加、音频的调整等问题，还需要学习者进一步的摸索 Camtasia Studio 的使用方法，从而做出更受欢迎的微课，提高日常职工的培训质量。

# 第十三篇

# 行车安全心理学

铁路行业的快速发展，对工作在行车一线的从业人员提出了越来越高的要求。仅仅具备过硬的业务素质，未必就能胜任工作。心理学的研究表明，人的一切行为都是受心理活动的控制。因此，机车乘务员的心理健康与业务能力同等重要。行车安全心理学通过优化机车乘务员心理素质、构建系统性预防策略，可显著提升铁路行车安全效能。

# 第一章　心理学概述

心理学是一门研究人类和动物的心智与行为的科学，旨在揭示个体和群体在认知、情感、动机、社会互动等方面的规律。它结合自然科学和社会科学的方法，探索心理过程的本质及其与外部环境的关系。

## 第一节　健 康 心 理

### 一、心理学的研究对象和内容

通俗地说，人的心理就是人的主观活动、精神活动、头脑里的活动。心理学就是研究人的心理活动及心理现象的一般规律的科学。

我们每个人每时每刻都在进行着各种各样的心理活动，表现出各种各样的心理现象。心理学将人的心理现象分为相互联系、不可分割的两个方面，即心理过程和个性心理。

1. 心理过程

心理过程是人对现实的反映过程，是一个心理现象的动态过程。它包括认识过程、情感过程、意志过程三个阶段。认识过程即通过感觉、知觉、思维、想象等认识客观事物的过程。情感过程即人们在认识客观事物时的主观体验，如喜、怒、哀、乐、爱、憎、厌、惧、忧等。意志过程即根据对客观事物的认识，自觉地确定目标，拟定计划步骤，并不断地调节、支配自己的行为去克服各种困难，力求实现预定目标的心理过程。这三者之间的关系是：人们在认识客观事物时（认识过程），必会产生一定的情感（情感过程），在积极的情感推动下，会产生强烈的追求欲望，并由此产生坚强的意志，从而达到目的（意志过程）。

2. 个性心理

个性心理是一个人在社会实践中形成的相对稳定的各种心理现象的总和，它包括个性心理倾向性和个性心理特征。个性心理倾向性指人的需要、动机、兴趣、理想、信念、世界观等，是人们进行活动的基本动力。个性心理倾向制约着人的全部心理活动和决定着人的举止行为。个性心理特征是一个人在心理活动中所表现出来的比较稳定和经常的特征，即一个人的精神面貌。包括一个人的能力、性格、气质。

### 二、健康心理

健康心理指的是一种和谐的、有序的、平衡的心理状态。健康心理的标准大致包括以下几个方面。

1. 智力正常

智力正常是人正常生活最基本的心理条件，是心理健康的首要标准。智力是人的观察力、注意力、记忆力、想象力、思维和实践活动能力的综合。一般认为，智商在 80 以上是心理健康的标准。

2. 人际关系和谐

和谐的人际关系既是心理健康不可缺少的条件,也是获得心理健康的重要途径。一个心理健康的人,乐于与人交往,有稳定而广泛的人际关系;在交往中保持独立而完整的人格,有自知之明,不卑不亢;因而在工作和生活中有较强的适应能力和较充足的安全感。

3. 了解自我,悦纳自我

心理健康的一个重要标志和表现就是了解自我,悦纳自我。一个心理健康的人能体验到自己存在的价值,具有自我反省的自制力,对自己的能力、性格、情绪和优缺点都能做到恰当、客观的评价。喜欢并愉悦地接受自己,能够正确看待自己;既不自恃清高,也不自轻自贱。正确对待自己的缺点,学会接纳不完美的自己,保持对生活的信心和对未来的向往。

4. 保持与社会的协调一致

心理健康的人,能够面对现实、接受现实,并能够主动地去适应现实;对周围事物和环境能做出客观认识和评价,正确处理个人与环境之间的关系。思想和行动跟得上时代的发展,能自觉地用社会规范约束自己,使个人行为符合社会规范的要求。

5. 人格完善独立

人格指人类心理特征的整合、统一体,是一个相对稳定的结构组织。并在不同时间、地域下影响着人的内隐和外显的心理特征和行为模式。心理健康的人,其人格结构能平衡发展,思考问题的方式适中合理,待人接物恰当灵活,对外界的刺激不会有偏激情绪和行为反应。

## 第二节　心理因素在行车安全中的地位

行车安全事故发生的原因多种多样,但是不管什么原因,其中人的因素是事故发生的最主要因素。所以,要想搞好行车安全工作,必须分析机车乘务员个体的心理特点和心理需要,采取相应的措施和方法,消除人的不安全行为,实现安全行车。

在行车作业中,我们经常会遇到:在同样的作业环境下,有的机车乘务员很少出事故或不出事故,而有的机车乘务员却出事故或出严重事故。所以,在行车作业中,人是占主导地位的,人的行为是否符合安全要求,是事故发生与否的关键。人的安全行为归根结底又来源于人的安全意识和动机,因为每一个人都是有思想、有个性的,在社会生活中随时可能受到生活环境、工作环境、人际关系等诸多因素不同程度的影响,会在其思想上形成相应的压力。一般在正常情况下,机车乘务员会以安全行车为目标。但是,当遇到不顺心的事或被逆境所困扰时,思想上负担增大、精神压力随之加重,此时若得不到及时排解,一旦不利的心理状态占了主导地位,就会出现精力分散、思想集中不起来、动作缓慢、失误增多等不安全的行为现象,进而引发事故。

总之,在行车作业中,最重要的因素是人。只有把人的工作做好了,才能从根本上为行车安全提供可靠保证。在进行各级安全教育时,要教育机车乘务员具备安全意识,遵守行车安全规章制度,养成良好的行车安全习惯。

# 第二章　机车乘务员心理过程与行车安全

心理过程是指心理现象发生、发展和消失的过程。在行车安全中，研究人的心理过程十分必要且完全可行。因为行车安全中的实践为人的心理过程提供了动力源泉，为人的心理活动的发展创造了必要的条件。人的心理过程与行车安全密切相关，因而研究人在行车作业中的心理过程具有十分重要的现实意义。

## 第一节　感知觉与行车安全

### 一、感觉与行车安全

感觉是客观事物直接作用于人的感觉器官，在人脑中所产生的对事物个别属性的反映。它包括视觉、听觉、嗅觉、味觉、肤觉、平衡觉、内脏感觉等。行车工作对视觉的感受性和视敏度都要求比较高，色弱、色盲均不能从事机车乘务工作。机车乘务员在工作中还要通过听觉接收一些重要信息，并对机车运转声音进行分析判断，根据突然发生的异常响声判断故障及故障所在的部位进而及时处理或排除故障，所以听觉对于机车乘务员来说也很重要。平衡觉可以让人感受到物体运动的速度和方向的变化，如机车的起动、转弯、减速、停车等，平衡觉过于敏感或过于迟钝都不宜从事行车工作。

### 二、知觉与行车安全

知觉是直接作用与感觉器官的客观事物的整体在人脑中的反映，包括空间知觉和运动知觉。在行车时机车乘务员要随时了解道路几何形状、障碍物及车站、站台或行人的远近、运动方向等，以便正确处理驾驶中出现的问题。

### 三、记忆力与行车安全

记忆即人脑对感知过、思考过、体验过、行动过的事物的反映，也就是说这些事物在人脑里留下的痕迹。一个完整的记忆过程包括识记、保持和重现三个阶段。作为完整的过程三者缺一不可。在这三个环节中，识记是前提、是基础，保持是必要的环节，重现是结果和目的。

机车乘务员从入职开始，就在运用他的记忆系统为将来的工作做准备了。书本上看到的知识、教员课堂上讲过的知识、师傅教过的知识、自己见习时体验过的知识等用心记下来，这就是识记。这些知识信息被编码后记录在脑子里，经过一段时间后，储存在脑子中的知识信息有的被淡忘了，有的却被再次或多次重复，继续得到编码储存，这就是保持。复习考试的知识、教员和师傅多次讲解演示过的知识，会被牢牢地记住。当在工作中遇到某些问题时，就会想起教员或师傅曾经讲过的某方面的知识，或者想起目前遇到的情形正是与当初曾经历的情形一样，这就是重现。

# 第二节　情绪与行车安全

行车安全是铁路运输的头等大事，机车乘务员的心理和情绪对行车安全有着重要的影响。研究表明，当情绪发生波动和紧张时，人的反应能力，动作的协调性和精确性，思维的灵活性都会下降。在机车乘务员工作中，良好的情绪状态是准确完成各种操作，实现行车安全的保证。

## 一、认识情绪

情绪是人对客观事物的态度的一种反映，其产生与客观事物是否符合人的需要有关。情绪是影响工作及生活质量的一个重要的心理因素。情绪是内心的感受经由身体表现出来的状态。比如，高兴时有人会手舞足蹈、愤怒时有人会是咬牙切齿、忧伤时有人会茶饭不思、悲伤时有人会痛心疾首，等等。这些就是情绪在身体动作上的反应。因此，我们可以通过外在行为来判断人的情绪。

对于机车乘务员来说要时刻关注自己的情绪状态。在行车前，若感觉情绪不佳，如愤怒、沮丧或焦虑，要意识到这种情绪可能会影响行车安全。例如，在与他人发生争吵后，在开车前停顿片刻，问问自己是否还处于愤怒情绪中。

## 二、情绪的分类

人的情绪复杂多样，很难有准确的分类。近代西方学者认为人的基本情绪分四类：喜、怒、哀、惧。我们有时候会郁闷，会焦虑，会害羞，会紧张，会快乐。这些都是由这四种基本情绪衍生出来的次级情绪。情绪，没有好坏之分，但由情绪引发的行为或行为的后果是有好坏之分的。积极的情绪能使人感知清晰，反应敏捷，操作准确，办事效率提高；消极的情绪会使人感知模糊，反应迟钝，操作失误，办事效率降低。

另外，积极情绪对身体和心理健康有着诸多益处。它有助于增强免疫系统，降低压力荷尔蒙的分泌，使身体处于一种更健康的生理状态。长期处于消极情绪中会对身体和心理健康产生不良影响。消极情绪可能导致免疫系统功能下降，增加患病的风险。例如，长期处于愤怒情绪中的人，血压可能会升高，增加患心血管疾病的可能性。消极情绪还可能导致抑郁、焦虑等心理问题。如果一个人总是沉浸在悲伤情绪中无法自拔，可能会发展成抑郁症。机车乘务员的不良情绪，如愤怒、急躁、沮丧、紧张等，会导致注意力不集中、反应迟缓、判断失误，增加行车事故的风险。所以合理的管理情绪对行车安全至关重要。

## 三、情绪管理

情绪管理是指一个人对自己情绪的认知、理解、调节和控制的能力。良好的情绪管理有助于减轻压力，避免长期处于焦虑、愤怒等负面情绪中对身体造成的不良影响，如高血压、失眠等。积极的情绪能增强免疫力，促进身体健康，提高行车安全。

1. 情绪管理的第一步：察觉自己的情绪

若要进行情绪管理，第一步就是要正确觉察自己的情绪，通过自我觉察，能够意识到自己的情绪变化时，就能够避免在情绪高涨时做出冲动的决定或反应，从而减少不必要伤害。

2. 情绪管理的第二步:要能够适当表达自己的情绪

著名心理学家弗洛伊德曾经说过:“未被表达的情绪永远都不会消失。他们只是被活埋了,有朝一日以更丑恶的方式爆发出来。”所以,我们要做的从来不是强行压抑情绪,而是学会合理的表达情绪。我们的每一个负面情绪里,都藏着自己最真实的内在感受。因此,我们必须学会正确地处理自己的情绪,不要让它们成为我们生活的负担。

3. 情绪管理的第三步:对觉察的情绪进行调节

(1)转移注意力。

注意力转移法就是把注意力从引起不良情绪反应的刺激情境中,转移到其他事物上去或去从事其他活动的自我调节方法。比如:散散步、看看电影、读读书、下盘棋、找朋友聊天、换换环境等,有助于情绪平静下来,在活动中寻找到新的快乐。

(2)适度宣泄。

过分压抑只会使情绪困扰加重,而适度宣泄则可以把不良情绪释放出来,从而使紧张情绪得以缓解。发泄的方法,如大哭、跑步、打球、唱歌、向他人倾诉,等等。宣泄的时候,要记得合情、合理、合法、适量、适度。不要影响别人。

(3)换个角度思考问题(即理智调控法)。

情绪的发生是无法避免的,有些时候我们并无法完全了解我们的情绪从何而来;或是我们内在的需要得不到满足时,这时候我们要学着转换信念,反向思考问题。塞翁失马,焉知非福,我们的情绪不同往往不是由事物本身引起的,而是取决于我们看待事物的不同思维方式。

## 第三节　注意与行车安全

### 一、注意对行车安全的影响

注意是指心理活动对一定对象的指向和集中,即人的心理活动有选择地集中指向某一具有特别意义的事物上。注意能使人的感受性提高,知觉清晰,思维敏捷,从而行动及时、准确。由于工作的特点,机车乘务员的注意特征对安全行车有极大的影响。

机车乘务员的工作,要求从业人员必须具备良好的注意品质,他们的注意品质既要稳定又要善于分配和转移。

1. 注意的稳定性

所谓注意的稳定性是指注意长时间地保持在某种事物或某种活动上,也称注意的持续或保持。注意稳定的标志是在一定时间内保持注意的高度集中。同注意的稳定性相反的状态是注意的分散,即注意离开了当时所应完成任务的对象而被其他无关的事物对象所吸引。注意分散是行车安全的大敌。

2. 注意的分配和转移

注意的分配是人在进行两种或两种以上活动时,能够把注意同时指向完成任务过程的各种对象的现象。注意的转移是根据一定的目的,主动地把注意从一个对象转移到另一个对象上,或由一种活动转移到另一种活动上。

以机车乘务员为例,他们在工作中不仅要把注意指向和集中在机车各主要设备和部件检查及仪表的确认上，而且更要善于在同一时间内把自己的注意指向不同对象，边瞭望，边操纵机车动力系统，边了解行车有关信息，边监视机车各部件的运转状况；既能注意行车工作的各个内容，又能操纵机车安全、正点、平稳的行驶。

## 二、提高注意力的途径

机车乘务员提高行车注意力的途径可以从以下几个方面进行。

1. 加强心理教育引导

铁路企业要根据机车乘务员的工作年限、家庭情况等综合考虑，制定有针对性的心理教育措施，帮助机车乘务员保持稳定的思想状态。例如，对于刚入职的机车乘务员，要及时了解他们对环境和岗位的适应情况，并在入职初期就重视心理教育引导。此外，企业还应培养专业的心理健康队伍，为机车乘务员提供持续稳定的心理科普、危机防范等内容，提高心理健康教育能力，对机车乘务员常见的心理问题进行识别、预防与干预。

2. 开展案例学习与经验分享

搜集整理因忽视安全而引发的事故案例组织学习，以鲜活的实例警示机车乘务员，使安全第一的思想深深扎根于每一位机车乘务员心中。同时，定期组织经验丰富的机车乘务员分享行车过程中的注意事项、应对突发情况的技巧等，帮助其他机车乘务员提高应对复杂情况的能力。

3. 优化工作环境

确保机车乘务员的工作环境舒适、安全，减少外界干扰因素。例如，保持机车驾驶室内的温度、湿度适宜，设备布局合理，便于操作；同时，加强对机车设备的维护和检修，确保设备运行良好，减少因设备故障导致机车乘务员的注意力分散。

4. 完善管理制度

建立健全科学合理的工作制度和流程，明确机车乘务员的工作职责和操作规范，避免因工作安排不合理或职责不清导致的注意力不集中。例如，合理安排机车乘务员的工作时间和任务，避免过度劳累；严格执行出勤、退勤制度，确保机车乘务员在工作前有充足的休息和准备。

# 第三章 机车乘务员心理调适

机车乘务员的心理状态直接影响到他们的工作表现和决策能力。心理调适能够使他们在工作中保持冷静、专注和果断，及时应对各种突发情况，避免因情绪波动或心理压力导致的操作失误，从而保障行车安全。

## 第一节 机车乘务员作业特点和行为分析

### 一、机车乘务员作业特点

机车乘务员在工作中操作动作单一，长时间站在（或坐在）操作台前，还要注意力集中，势必会产生单调感和疲劳感。机车乘务员操纵机车执行牵引任务时必须严格按照运行图运行，不允许擅作变动，牵引的车次、时间、方向都规定明确，行止都须服从有关信号指令。任何一趟列车的开行，都必须通过计划调度，车、机、工、电、辆等部门工种的配合，单一机车是无法进行有效的生产活动的。即使是单独执乘，也不是单靠一个机车乘务员就可以完成的。

机车乘务员是一项专业性很强的工作，必须经过学校教育或专门训练才可以胜任。一旦获得机车乘务员的资格后，机车驾驶便很可能成为他终身唯一的职业，职业的专门性使机车乘务员很少有改行的可能。

### 二、机车乘务员工作环境

机车乘务员长期在机车上工作，空间封闭而且狭小，还要时刻注意操纵台及信号、轨道等，很容易产生郁闷感和压抑感。单独执乘还要求机车乘务员数小时单独完成牵引机车的任务。这时，无论出现什么意外情况，都须机车乘务员独自做出决策，并果断及时解决问题，这就使得机车乘务员面对的压力更大，很容易产生紧张、焦虑的情绪。另外，机车内的噪声、行车过程中的振动及电磁场都会对机车乘务员的生理乃至心理产生不良影响。

机车内的噪声是一种中高频性噪声，机车乘务员基本是在噪声干扰十分严重的情况下工作的，容易出现听觉迟钝、头痛、心悸、高血压等症状，还会产生烦躁情绪，致使反应迟钝，记忆力减退，工作容易疲劳，注意力不集中。振动可危及人的听觉，致人眩晕、呕吐，长期在振动下工作，容易使人肌肉紧张和疲劳，严重者还会导致心率加快和血压升高。这些都直接影响行车的安全性。

### 三、机车乘务员心理现象分析

1.“大车”心理

火车是现代社会的先进的交通运输工具，牵引力大，速度快，驾驶这样一个钢铁庞然大物，确实会使人产生一种骄傲和神气的感觉。火车风驰电掣，势不可挡，千里之遥，半日可达，这一切，只需机车乘务员轻轻扳动一下手柄。于是，机车乘务员不自觉就会产生一种自信的“大车”心理。在这种意识下产生的心理效应有：

(1)侥幸与麻痹。过分相信自己的技术、判断和经验，认为不会出现险情，即使出现也可化险为夷。

(2)臆测行车。凭老经验办事，以“惯例”为行车依据，不估计可能发生的变更，认为客观条件会符合自己的主观愿望。

2. 负重心理

数千吨的货物或千余人的性命都系于机车乘务员一身，责任之大，无可比拟，一旦出事，个人、家庭、单位均承担不起。列车运行受多方关注，全盘统一指挥，若有差池，层层追究，影响全局，因而使机车乘务员有一种负重心理。此种心理会产生如下心理效应：

(1)依从、疑惧加重。因为责任重大，所以格外谨慎，想尽量避免个人决断，自信力减弱，过分依赖调度命令，遇到意外情况犹豫不决，反应迟缓，对外界信息的选择能力降低，心理压力大，精神紧张，容易疲劳。

(2)精神松懈。这是负重心理的负效应，因为心理上长期负重，当任务接近完成或中间间歇时，便有如释重负之感，不自觉地放松了警戒，由谨慎小心向麻痹松懈逆转。

3. 孤寂心理

就机车乘务员来说，一出乘就是十几小时甚至一两天，单独操作，程式单调，活动范围有限，尤其是夜间行车，外界刺激也少，因此，很容易产生寂寞、冷清之感。这种心态可能产生以下心理效应：

(1)注意分散。因为感到孤寂，机车乘务员便希望有更多的刺激，于是东张西望，被一些无关的东西所吸引，或者默想心事。这样，精力很难集中到行车上，极易产生瞬间疏忽。

(2)精神不振。单独值乘无交流伙伴，加上工作环境单调，时间一长，就使人精神涣散，兴奋不起来，意志力减弱，甚至打瞌睡，夜间行车更是如此。

## 第二节　影响机车乘务员心理健康的主要因素

职业心理学的研究表明，从业人员对职业的满意度、在职业活动中的人际关系及工作压力、工作环境等因素，都会影响到从业人员的心理健康。具体到机车乘务工作，其对从业人员的影响主要表现在以下几个方面。

### 一、对职业的满意度

机车乘务是铁路行业的重要工种，从业人员长年工作，不能确保节假日按时休息。这些因素会导致他们对职业不满，在工作中就会产生刻板的、单调的、重复的不愉快情绪。不愉快情绪又会引发一系列心理失衡的现象，如果得不到及时的排除，就会影响工作的积极性，还会形成易疲劳、厌倦和压抑的消极心理，最终会导致不能集中精力于工作而造成意外事故。

## 二、工作中的人际关系

就机车乘务员而言，单独执乘使得机车乘务员在工作中极端缺乏人际交往，而从心理卫生角度看，人际交往的缺失，会导致焦虑、不安、恐惧、孤独、愤怒、敌对等不良的情绪，这些不良的情绪又会作用于生理活动，从而危及人的健康。因此，机车乘务员在工作中的人际关系对其心理健康乃至工作效率都有重大影响。

## 三、工作中的心理压力

机车乘务员承受着比其他工人大得多的心理压力，他们的工作责任大，风险大，因而心理压力也大。另外，机车乘务员在社会上、经济上的压力也很大。铁路运输安全状况是社会关注的焦点问题，铁路内部为了加强安全管理，不得不采取经济上的制裁措施，这给职工特别是机车乘务员造成很大压力。

## 四、工作中的应激状态

应激是人在遇到出乎意外、紧张情况下所引起的情绪状态。多数人在应激状态下，机体会得到充分的动员，身心潜力会得到充分的发挥，以应付与战胜紧急的局面。但长期的应激状态，将大大地消耗体力与精力，降低人的抵抗力，易患疾病。机车乘务员工作的特点就是工作时几乎全身主要的感觉器官、运动器官，都要承担任务，积极参与活动。因而机车乘务员在工作时一般情绪都比较紧张，注意力高度集中，不得有片刻疏忽，显然处于应激状态，如果他们不善于降低自己的应激状态的时间或降低应激反应的程度，就易患身心疾病。

## 五、工作环境与值班制度

机车内的噪声、振动、磁场及机车内产生的大量热能，无疑对机车乘务员的精神状态和心理健康是一个不良刺激。再加上机车乘务员的值班制度非常特殊，他们的“生物钟”要经常打破常规，按照值班制度运转，于是就会出现生理的和心理的紊乱，这种紊乱要靠人的生理和心理能力去调节，以便适应并维持平衡，否则就会产生身心疾病。

## 六、家庭因素

作为个体的人总会生活在家庭中，机车乘务员也是这样，他们的心理时刻受到家庭因素的影响，尤其是出现亲人逝世、离异等重大变故时，就会增加他们的心理负担，产生沮丧、抑郁、痛苦、焦虑、紧张和失望等消极情绪。这些消极情绪会降低他们的反应速度和动作的准确性，从而产生事故或差错，导致新的不幸，使人觉得“祸不单行”，在心理上遭受更大的挫折和打击。

# 第三节　机车乘务员心理素质训练

## 一、心理素质训练的含义

机车乘务员心理训练，从广义上讲，就是有意识、有计划地对他们的心理施加影响，以提高其心理机能。从狭义的角度看，就是通过放松、呼吸调节、想象、暗示等多种技术性方法，提高他们的心理调控能力，增强对机车的操纵水平。

## 二、机车乘务员心理训练的具体方法

1. 摆脱心理压力的训练

在现代社会里，工作的要求、技术的要求越来越高，生活节奏加快，每个人都会感到压力，尤其是机车乘务员的工作压力比其他工种更大，当这些压力积累到一定程度，就会产生心理效应，使人感到头昏、乏力、目眩、食欲下降、脾气变得暴躁、情绪易波动等。心理训练可以增强心理耐力，及时摆脱或减轻心理压力。

摆脱心理压力的方法很多，比如宣泄电话、发泄中心、直面烦恼等。这里介绍一种简便易行、效果也较为显著的自我训练方法：自律训练法。练习的姿势常以仰躺在床上为多，要求尽量舒适，不紧张，不着力。慢慢地进行5～6次深呼吸，想象体内肌肉的紧张随着呼出的气流而消散。然后按下面的步骤进行练习：

(1)心情稳定。

按照自律练习法反复暗示并认真体验七八遍，你就会感到心情平静。然后作消去练习，其方法是：紧握双手做四五次的双臂屈伸动作；接着，举起双手，用力伸直，一面伸手，一面慢慢吸气，深吸气后，慢慢放松双臂，同时徐徐吐气。如此反复两次。

(2)重感体验。

恢复原先感到舒服的姿势，轻轻闭上眼平静一下心情。如果你惯用左手，就从左手开始练习，反之就从右手开始。下面以从右手开始为例，介绍这一步骤的练习方法。默念下面的词，体验相应的感觉："心情平静、右手感到很沉重、右臂感到沉重、左臂也感到了沉重……"这种重感的体验要从右手波及全身。如果你的重感没有出现，不要着急，反复以平静的语调默念或悄声地念，并用心体验，重感必会出现。

(3)温感体验。

温感练习与重感练习顺序一样，姿势、要求相同。只是这一次体验的不是"重"的感觉而是"暖"的感觉。强化体验的指导语是"很暖和、非常暖和、更暖和了"等。温暖感觉出现后，通常会使人很舒服，这时可以作消去动作，你会有一种清醒愉快的体验。

上述三步是一个相当有效的组合训练，上班前几分钟，途中短暂休息都可以做一做。姿势除正规的仰卧以外，还可以取坐姿、站姿等。切记完成后要做消去动作。

2. 磨炼个性的训练

个性是指一个人的精神面貌，包括一个人的需要、动机、兴趣、理想、信念，以及能力、气质、性格等。机车乘务员要通过自我暗示、自我说服等方法，正确看待自己的职业，使自己产生安全行车的需要和动机，提高自己对本职工作的兴趣，改变自己个性中不良的方面，形成良好的性格特征。

3. 专业心理的训练

专业心理训练，主要用于提高专业技术的熟练操作，处理专业问题的能力等。训练的方法是根据训练的原理，以专业知识、技能材料为内容进行。其方法主要是感知能力训练法、模拟训练法、念动训练法。

(1)感知能力训练法。

感知能力训练法目的在于提高机车乘务员在工作中对道路情况、列车工作状态,以及对机车做出操纵动作时各种肌肉定向感觉。感知能力训练包括以下几个方面:对车体的感知能力、对列车运行状态的感知能力、对道路系统的感知能力、对操作的感知能力。

(2)模拟训练法。

模拟训练法就是通过分析任务与要求、行车环境等因素,向训练者呈现有关刺激,使之作出合理反应的一种训练方法。通过模拟训练,使机车乘务员中枢神经系统形成优势中心,建立一般的、细节合理的动力定型结构。在工作过程中,如果机车乘务员事先熟悉工作环境及其可能出现的变化,就能较好地应对各种变化的情况,避免出现暂时神经联系中断和自动化动作消失现象。

(3)念动训练法。

念动训练法就是机车乘务员有意识地、积极地利用头脑中已形成的操作表象进行训练的一种心理练习方法。进行念动训练,可按如下步骤进行:

①确定某一套操作技能系统,冠之以一个标准名称。如紧急制动、机车制动、机车检查等。

②确定系统动作中各种动作的先后顺序,按标准动作要求列出模拟程序清单。

③对动作程序中每一动作作出简单明了的说明,并冠以简要名称。

④联系实际操作的肌肉定位感觉,分别对每一动作进行表象操作,力求获得清晰的肌肉定位感觉。

⑤将练习好的操作表象,按程序单列的先后顺序组成固定动作表象系统。

⑥反复进行表象练习,直至建立动力定型,实现动作自动化。

## 第四节　心理疏导及放松技术

### 一、机车乘务员心理疏导的重要性

机车乘务员心理疏导具有多方面的重要性,主要体现在以下几点:

1. 保障铁路运输安全

机车乘务员的工作状态直接关系到铁路运输的安全,心理压力过大或心理状态不佳可能导致注意力不集中、反应迟钝等问题,增加操作失误的风险,如列车出轨、相撞等严重事故。通过心理疏导,帮助机车乘务员缓解心理压力,保持良好的心理状态,能够有效减少安全隐患,确保铁路运输的安全稳定。

2. 提高工作效率和服务质量

心理压力会影响机车乘务员的工作效率和服务质量。当机车乘务员处于心理疲劳或情绪低落状态时,可能会出现精力不集中、工作积极性不高、对旅客服务态度不佳等问题。心理疏导能够帮助机车乘务员调整心态,提高工作热情和创造力,从而提升工作效率和服务质量,为旅客提供更好的出行体验。

3. 维护机车乘务员的身心健康

机车乘务员的工作具有高强度、高压力、作息不规律等特点,长期处于这种工作状态下，容易出现身心健康问题，如焦虑、抑郁、失眠、身体疲劳等。心理疏导能够帮助机车乘务员缓解心理压力，调节情绪，增强心理抵抗力，预防和减少心理疾病的发生，同时也有助于身体的恢复和健康。

4. 增强团队凝聚力和稳定性

通过心理疏导，为机车乘务员提供一个倾诉和交流的平台，能够增强他们之间的沟通和理解，促进团队凝聚力的提升。同时，关注机车乘务员的心理健康，帮助他们解决心理问题，能够提高机车乘务员的工作满意度和忠诚度，减少人员流失，保持团队的稳定性。

## 二、机车乘务员心理疏导的方法

1. 规律作息，健康饮食

机车乘务员应保证充足的睡眠，例如每天尽量保证 7～8 h 的睡眠时间。合理安排休息时间，避免在休息时过度娱乐或熬夜，以保持良好的身体状态来应对工作压力。

摄入均衡的营养，多吃蔬菜水果、全谷物、优质蛋白质等食物。减少高热量、高脂肪、高糖食物的摄入，避免因不健康的饮食导致身体疲劳和情绪波动。

2. 适度运动，改善情绪

在休息时间进行适度的运动，如散步、慢跑等。每周可以安排至少 3～4 次，每次 30 min 左右的运动时间。运动可以释放身体内的内啡肽，改善情绪状态。

3. 培养兴趣爱好

鼓励机车乘务员在业余时间培养自己的兴趣爱好，如绘画、摄影、阅读等。这些兴趣爱好可以转移注意力，让他们从工作压力中暂时解脱出来，放松身心。

## 三、放松技术

机车乘务员在工作中面临着较大的压力和紧张的工作环境，因此掌握一些放松技术对于他们的身心健康和工作效率至关重要。以下是一些常见的机车乘务员放松技术。

1. 身体放松

(1)深呼吸。

深呼吸是一种简单而有效的放松方法。机车乘务员可以在工作间隙或休息时间，找一个安静的地方坐下或躺下，闭上眼睛，慢慢地吸气，让空气充满腹部，然后再缓缓地呼气，重复几次。深呼吸可以帮助放松身体，缓解紧张情绪。

(2)渐进性肌肉松弛。

渐进性肌肉松弛法通过依次紧绷和放松身体的各个肌肉群来达到放松的效果。例如，从脚部开始，先紧绷脚部肌肉几秒钟，然后突然放松，感受肌肉的松弛，接着依次对小腿、大腿、腹部、胸部、手臂、肩膀、颈部和面部的肌肉进行同样的操作。

2. 心理放松

(1)冥想。

冥想是一种通过集中注意力和排除杂念来达到内心平静的方法。机车乘务员可以在工作间隙或休息时间，找一个安静的地方坐下或躺下，闭上眼睛，排除杂念，想象进入你最喜欢的、美好的、安静的自然环境当中。让自己的身心得到深度的放松。

(2)正面思考和自我暗示。

机车乘务员可以通过正面思考和自我暗示来改变自己的心态和情绪。例如,他们可以告诉自己“我很放松”“我能够应对工作中的各种挑战”等积极的话语,从而增强自己的自信心和心理韧性。

(3)听音乐和阅读。

听音乐和阅读是两种常见的心理放松方法。机车乘务员可以在工作间隙或休息时间,听一些舒缓的音乐或阅读一些轻松的书籍,让自己的身心得到放松和愉悦。

# 参考文献


[1] 中国铁路总公司. 铁路技术管理规程(普速铁路部分)[S]. 北京:中国铁道出版社,2014.

[2] 中国铁路总公司. 铁路技术管理规程(高速铁路部分)[S]. 北京:中国铁道出版社,2014.

[3] 黄绘. 电气化铁路接触网基础[M]. 成都:西南交通大学出版社,2022.

[4] 王奇钟. 机车乘务员结合部作业安全[M]. 北京:中国铁道出版社,2017.

[5] 陈忠胜. CCBⅡ制动机[M]. 北京:中国铁道出版社有限公司,2022.

[6] 李益民. 机车制动系统[M]. 北京:中国铁道出版社有限公司,2021.

[7] 李作奇. 电力机车控制[M]. 北京:北京交通大学出版社,2021.

[8] 中华人民共和国铁道部. 铁路机车操作规则[S]. 北京:中国铁道出版社,2013.

[9] 张春雨. $HXN_5$ 型内燃机车原理与操作[M]. 北京:北京交通大学出版社,2016.

[10] 江利国. 机车柴油机的运用与检修[M]. 成都:西南交通大学出版社,2020.

[11] 许人华,姚国胜. 关于中国铁路内燃机车及其柴油机发展问题的研讨[J]. 铁道机车与动车,2021(1):1-19.

[12] 伍赛特. 机车柴油机开发流程研究及技术趋势展望[J]. 机械管理开发,2023(12):64-68.

[13] 伍赛特. 内燃机车技术发展趋势展望[J]. 现代工业经济和信息化,2021(3):19-23.

[14] 张中央. 机车新技术[M]. 成都:西南交通大学出版社,2023.

[15] 中国国家铁路集团有限公司劳动和卫生部、工电部. 铁路基础设施维护[M]. 北京:中国铁道出版社有限公司,2025.

[16] 张雪平. 在职人员培训课程教学策略探讨:以《有效沟通》为例[J]. 职业时空,2015,11(9):7-9.

[17] 黄莲花,唐星华,林土淦. 问题启发式教学法在课堂教学中的实施策略[J]. 汽修职教,2024,12:14-16.

[18] 朱晓宁. 旅客运输心理学[M]. 北京:中国铁道出版社,2013.

[19] 苏颖,龙叶明,钱传贤. 城市轨道交通心理学[M]. 成都:西南交通大学出版社,2016.

[20] 薛文利. 员工培训教学中的"趣味化教法"初探:以电气化教学为例[J]. 中国培训,2014(4):2.